beck'sche reihe

W0064425

b^{sr}

Die Weltpolitik lässt sich nur verstehen, wenn man die Macht der Religionen erkennt. Ob es sich um das konfliktbeladene Verhältnis zwischen dem Christentum und dem Islam handelt oder um die jüdisch-islamische Konfrontation im Nahen Osten, um den hinduistisch-islamischen Kaschmirkonflikt oder um die Kämpfe zwischen den buddhistischen Singhalesen und den hinduistischen Tamilen auf Sri Lanka: Die Macht, die von den Religionen ausgeht, nimmt in den Glaubenskonflikten der Weltpolitik konkrete Gestalt an.

Das Buch bietet einen eindrucksvollen Überblick über die religiösen Konfliktherde. Betrachtungen über die Chancen und Grenzen eines interreligiösen Dialogs und einer friedlichen Koexistenz der Religionen runden den Band ab.

Wilfried Röhrich ist Professor em. für Politikwissenschaft und war langjähriger Direktor des Instituts für Politische Wissenschaft der Universität zu Kiel. Er ist Autor zahlreicher Buchpublikationen. Bei C. H. Beck ist zuletzt erschienen: Die politischen Systeme der Welt. bsr 2128.

Wilfried Röhrich

Die Macht der Religionen

*Glaubenskonflikte
in der Weltpolitik*

Verlag C.H. Beck

Originalausgabe
ISBN 3 406 51090 6

Umschlagentwurf: + malsy, Bremen
© Verlag C. H. Beck oHG, München 2004
Gesamtherstellung: Druckerei C. H. Beck, Nördlingen
Printed in Germany

www.beck.de

Inhalt

Vorwort

Die Zeiten sind vorüber, in denen man den Islam, den islamischen Fundamentalismus und den Terrorismus ignorieren oder emotional zum «Feindbild Islam» stilisieren konnte. Zunehmend ist bewusst geworden, dass die Weltpolitik von Glaubenskonflikten bestimmt wird, die sich nicht nur – zwischen dem Islam und der christlichen Welt – im islamistischen Terrorismus und im amerikanischen Präventivkrieg manifestieren. Neben der jüdisch-islamischen Gewaltsamkeit im Rahmen des Nahost-Problembereichs bestehen unter anderem nicht geringe Konflikte zwischen dem Islam und dem Hinduismus, dessen Politisierung zu einem militanten Hindu-Fundamentalismus im Kaschmirkonflikt geführt hat. Nimmt man wie in diesem Buch noch den Buddhismus und den Konfuzianismus hinzu, so zeigt sich das breite Spektrum der Religionen, deren Macht zu einer bedeutsamen Komponente in der Weltpolitik geworden ist. Die Macht der Religionen darf nicht als eine Gegebenheit hingenommen werden. Als notwendig erweist sich vielmehr ihre Analyse – unter der realpolitischen Perspektive eines interreligiösen Dialogs und einer friedlichen Koexistenz der Weltreligionen.

Damit ist bereits angedeutet, worum es in diesem Buch geht. Hier werden die Weltreligionen zunächst systematisch aufgezeigt, um dann ihre Macht in exemplarischen Länderstudien darzustellen. Zugute kam mir bei dieser komplexen Aufgabe, dass die ausgewählten Länder mir in ihren Problemen bekannt sind und ich auf Gespräche mit Kollegen, Geistlichen und Politikern vor Ort zurückgreifen konnte. Weitere Erkenntnisse gründen auf einem umfangreichen Literaturstudium; aus den Hinweisen im Text und in den Anmerkungen geht hervor, welchen Autoren ich zu besonderem Dank für wertvolle An regungen verpflichtet bin. Dem Politologen waren die Institute und die gut bestückte Bibliothek der Theologischen Fakultät der Universität zu Kiel sehr hilfreich. Ich bedanke mich bei meinen theologischen Kollegen, die mir schwierige Fragen zu entschlüsseln halfen, und bei Herrn Dipl.-Bibliothekar Rolf Langfeldt, der für mich die wichtigste Literatur vorauswählte.

Des Weiteren danke ich herzlich Frau Anna-Doris Lükewille, die das Manuskript in allen seinen Stadien betreute, und dem Verlag C.H. Beck für die harmonische Zusammenarbeit.

Kiel im Oktober 2003   Wilfried Röhrich

Einleitung

Die Weltreligionen haben eine politische Macht erlangt, die in ihrer Tragweite der der christlichen Kreuzzüge vom 11. bis zum 13. Jahrhundert und der der islamischen Djihad-Kriege vom 7. bis zum 17. Jahrhundert nahe kommt – zumal, wenn man die Politisierung der jeweiligen Religion mit dem Resultat eines religiösen Fundamentalismus in die Betrachtung einbezieht. Ob es sich um die westlichen Religionen der historischen Gottesoffenbarung oder um die östlichen Religionen des immerwährenden Weltgesetzes handelt: Die Macht, die von den Weltreligionen ausgeht, nimmt in den Glaubenskonflikten der Weltpolitik konkrete Gestalt an. Dies gilt für das Judentum, das Christentum und den Islam sowie für den Hinduismus, den Buddhismus und den Konfuzianismus, dessen Morallehre mit ihrer religiösen Substanz im Fernen Osten eine bedeutsame Triebkraft ist.

Die Macht der Weltreligionen dokumentiert sich in jüngster Zeit auch in der neuen Form jenes religiös fanatisierten Terrorismus, der sich in der islamistischen Herausforderung der westlichen Zivilisation durch die Anschläge in New York und Washington am 11. September 2001 veranschaulichte. Die Fundamentalisten sind – um beim Islam zu bleiben – keine Muslime, die ihre politischen Forderungen nur religiös ummanteln; sie sind Gläubige und sehen in ihrer Überzeugung den alleinigen wahren Glauben. Auch die Terroristen vom 11. September waren gläubige Muslime.[1] Der einzelne Terrorist mag jede Sure des Islam missachten, letztendlich glaubt er immer noch daran, dass ihm Erlösung zuteil wird, wenn er sich opfert.

Das geschichtsträchtige Schlagwort vom Kreuzzug und das vom Djihad in seiner historisch-kriegerischen Version haben eine Revitalisierung erfahren: zunächst bei den Terroranschlägen, die Osama Bin Laden als Djihad-Krieg gegen den Westen bezeichnete, sodann durch Präsident Bush, den bekennenden «wiedergeborenen» Christen, der zu «einem Kreuzzug gegen das Böse» aufrief, um die Welt von den Übeltaten zu befreien, und schließlich im letzten Irak-Krieg, in dem muslimische Stimmen laut wurden, die einen kriegerischen Djihad gegen die Vereinigten Staaten forderten. Die beiden größten Religionen – der Islam und das Christentum: hier das amerikanische Christentum – haben in ihren Ländern tiefe Wurzeln geschlagen. Nur wenn man dies beachtet, erklärt sich die Macht der Religionen, die bis zum Fundamentalismus und zum Terrorismus reicht. Grundlegend ist die Praxis der beiden Religionen: dort die islamischen Stätten des Gebets und der Lehre, die Moscheen, von deren Minaretten der Muezzin fünfmal täglich zum Gebet ruft; hier die Vereinigten Staaten, die ein ausgeprägt christliches Land sind: Über ein Drittel aller Bürger lässt sich als streng gläubig einordnen. Der Kirchgang an jedem Sonntag ist obligatorisch. Die Kabinettssitzungen im Weißen Haus beginnen stets mit einer kurzen Andacht. Und auf jedem Dollarschein steht zu lesen: In God We Trust. In diesem religiösen Kontext ist für die Bush-Administration das Kriterium des Politischen – die Unterscheidung von Gut und Böse – eine religiöse Unterscheidung, die das genuin politische Freund-Feind-Denken noch verstärkt. So wurden und werden ganze Staaten wie die einstige Sowjetunion von Ronald Reagan als «Staat des Bösen» apostrophiert oder wie die «Schurkenstaaten» (Irak, Iran und Nordkorea) von George W. Bush in die «Achse des Bösen» eingeordnet.

Nach dieser aktuellen Betrachtung soll der Blick auf die sechs Weltreligionen des vorliegenden Bandes gelenkt werden, die die Überzeugung von der Wirkkraft transzendenter Mächte mit dem Glauben an eine normativ bestimmte Welt verbinden – ob in säkularer Form oder in der des Sakralen und Politischen. Hier hat das Interesse an Religion und an den Weltreligionen in den letzten Jahren erheblich zugenommen. Nicht von ungefähr, lässt sich doch nur unter Berücksichtigung der religiösen Komponente die gegenwärtige und zukünftige Weltpolitik adäquat verstehen. Auf diesem Terrain kommt den Religionen eine jeweils spezifische Bedeutung zu: ob man auf die Vereinigten Staaten mit ihren zahlreichen Sekten schaut, auf die sunnitische und schiitische Welt des Islam, oder ob man auf die hinduistischen, buddhistischen und konfuzianistischen Länder in Süd-, Südost- und Ost-Asien blickt – überall zeigen sich komplexe Phänomene in Gestalt religiöser Konflikte, die substantiell zu erfassen sind. Sie gründen weitgehend auf der Revitalisierung des Sakralen: Seit dem Ende des 20. Jahrhunderts erhob sich in den hier relevanten nicht-westlichen Ländern die Forderung, ihre mit der westlichen Moderne verbundene Kultur zu re-sakralisieren. Es kam zu einer kulturellen Rückbesinnung auf die Religionen.

Das Verständnis der Macht der Religionen erweist sich als ein schwieriges Unterfangen, das auf dem Betrachter und dem Betrachtungsgegenstand beruht. So sind das Judentum und – bedingt – der Islam durch ihre relative Nähe zum Christentum hinlänglich zu erfassen, während sich der Hinduismus, der Buddhismus und der Konfuzianismus nicht leicht begreifen lassen. Die von der abendländischen Tradition verschiedenen Denk- und Wertesysteme erschweren das Verständnis der östlichen Glaubensvorstellungen. Das Denken in Antithesen und in Kategorien der Ausschließlichkeit hat sich nur da ausgeprägt, wo der Hellenismus ein vom Logos durchherrschtes Universum schuf.[2] Das östliche Denken dagegen wird aus abendländischer Sicht von einem unverbundenen Nebeneinander der Blickrichtungen und durch die Gleichsetzung all dessen bestimmt, was vom Existenzursprung her in Relation zum Menschen steht. Darüber hinaus ist dem Hinduismus, dem Buddhismus und dem Konfuzianismus, aber auch dem Islam jenes Bewusstsein fremd, das die Neuzeit prägte: jene europäische

Epoche um etwa 1500, die durch die Renaissance, den Humanismus und letztendlich durch die Reformation charakterisiert ist. In der Neuzeit entstand eine dreifache Bestimmung des bürgerlichen Subjekts: die Autonomie des Individuums, der poietische Subjektivismus und der possessive Individualismus. Diese drei Momente konstituieren das bürgerliche Subjekt als epochale Idee. Die Autonomie des Einzelnen, die technisch-industrielle Weltorientierung (der poietische Subjektivismus) und das private Aneignen (der possessive Individualismus): diese explosive Verbindung von teils widersprüchlichen Momenten hat die westliche Welt heraufgeführt.[3]

Eingangs wurde auf die aktuelle Konfrontation zwischen dem Islam und dem Christentum hingewiesen. Die beiden größten Weltreligionen sind seit weit über einem Jahrtausend durch eine ineinander verwobene Geschichte verbunden, die von gegenseitiger «Bedrohung und Faszination» (Bassam Tibi) gekennzeichnet ist. Gegen Ende dieser Einleitung sollen nochmals die Begrifflichkeiten hervorgehoben werden, die den Islam und den Islamismus prägen. Da war zunächst die Rede von den Djihad-Kriegen in der islamischen Geschichte, über die noch zu sprechen ist. Hier soll darauf verwiesen werden, dass der Begriff «Djihad» nach dem Koran «Anstrengung zur Verbreitung des Islam gegen die Ungläubigen» und nicht Gewaltanwendung bedeutet, wenngleich der Djihad in concreto die Gewaltanwendung nicht ausschließt. Weiterhin müssen die Begriffe «islamischer Fundamentalismus» oder «Islamismus» eine Klärung erfahren, weil sie sich tief greifend vom «Islam» unterscheiden. Islamisten wollen die Welt entwestlichen und im Sinne einer weltweiten Herrschaft des Islam neu ordnen. Dem Islamismus liegt eine Politisierung des Islam zugrunde, während sich der islamistische Terrorismus auf die martialische Ideologie des Djihadismus stützt.

Die von den Islamisten proklamierte Islamische Ordnung, die Nizam Islami, beinhaltet wie die von Bush senior geforderte New World Order ein auf der Macht der Religionen gründendes Konfliktpotential, da sowohl eine Pax Islamica als auch eine Pax Americana ideologisch geprägte Intentionen sind, die zu keiner Friedensordnung führen. Gleichwohl haben die Vereinigten Staaten – ungeachtet der politisch-religiösen Konflikte und Konfliktpotentiale – ihre Pax Americana verhältnismäßig weit ausgedehnt: entsprechend ihrem Glauben, es bestehe für ihre Nation eine gottgewollte Missionsaufgabe, die es zu erfüllen gelte. Dieser Glaube, so der intellektuelle Hardliner der amerikanischen Politik Robert Kagan,[4] diene de facto als Grundlage dafür, dass die Vereinigten Staaten in einer anarchischen Hobbesschen Welt, in der letztlich die jeweilige Machtposition über Sicherheit und Erfolg der Staaten entscheide, ihre Macht ausübten – in einer Welt, in der auf internationale Regelungen und auf das Völkerrecht kein Verlass sei. Einem solchen Politikverständnis muss mit aller Entschiedenheit widersprochen werden. «Wo immer Macht über Recht und Vernunft gesetzt wird, haben die Religionen Einspruch zu erheben» (Hans Küng).[5] Es geht heute mehr denn je um eine friedliche Koexistenz und um einen interreligiösen Dialog. Dazu bedarf es der Grundlage universell geteilter Normen des Völkerrechts. Nicht gefragt ist hingegen die Alleingültigkeit eines Modells, sei es der American Way of Life oder der universelle Islam – und schon gar nicht ein amerikanischer Hegemon. In diesem Sinne lässt sich Benjamin R. Barber zustimmen: «Keine Nation kann realistischerweise glauben, in einer Welt der Interdependenz als Solistin Karriere machen zu können, es sei denn, sie könnte sich irgendwie die dauerhafte Vorherrschaft über den ganzen Planeten sichern, etwas, von dem man sich nicht vorstellen kann und mag, dass es in einer interdependenten Welt irgendeiner Nation gelingen könnte.»[6]

In den nachfolgenden Themenbereichen werden die Weltreligionen zunächst im jeweils ersten Kapitel systematisch und in den anschließenden Kapiteln exemplarisch dargestellt. Dem folgt ein ausführlicher Themenbereich, dessen erster Teil die Übereinstimmungen und Unterschiede der Religionen und dessen zweiter Teil die Prämissen und Perspektiven mit Blick auf einen interreligiösen Dialog aufzeigt.

I. Das Judentum

1. Die Religion und der jüdische Fundamentalismus

Theokratie und Charisma

Unmittelbar unter dem Eindruck von Berichten über das Warschauer Ghetto komponierte Arnold Schönberg sein kleines Werk «Ein Überlebender aus Warschau». Gleich einem traumatischen Wieder-Erleben des Unvergessbaren berichtet der Sprecher, wie die Menschen auf dem Weg in die Gaskammern ganz unvermittelt in das längst vergessene und doch allen vertraute «Schema Israel» einstimmten, das mit den Worten beginnt: «Höre, Israel! Jahwe, unser Gott, Jahwe ist einzig.» Dieser Satz aus dem Deuteronomium 6,4 beinhaltet das Grundbekenntnis der Juden, die dieses im häuslichen wie im synagogalen Gebet ablegen. Mit ihm bekennen sich die Betenden zu dem einen und einzigen Gott, neben dem es kein weiteres göttliches Wesen gibt und geben kann. Eng damit verbunden ist die Beziehung zwischen Gott und dem «auserwählten Volk»: Das biblische Israel und das Judentum haben sich immer in einem besonderen Verhältnis zu dem einen Gott wahrgenommen. Der göttliche Anspruch auf Anerkennung und Verehrung und die menschliche Verpflichtung auf diesen Gott, die Hinwendung Gottes zum Menschen und dessen Gemeinschaft mit Gott entsprechen einander. Sie manifestieren sich in der Erwählung Israels aus den Völkern, in der Zuweisung des «Heiligen Landes» und in der Übermittlung der Thora, der fünf Bücher des Moses. – In diesen wenigen Einleitungssätzen lässt sich bereits jene Substanz erkennen, die das Judentum auszeichnet – ein Judentum, dessen Geschichte ein vielfältiges Gepräge trägt. Dieser Hinweis lässt es denn auch angezeigt erscheinen, das rabbinische Judentum der Antike in einigen seiner Grundzüge aufzuzeigen.[1]

Das erste Werk in einem über dreitausendjährigen Zeitraum stammt aus dem Jahre 94 n. Chr.: verfasst von dem jüdischen Historiker Flavius Josephus, der das Wort «Theokratie» als Begriff zur Erklärung markanter Charakteristika des Judentums prägte. In seinem Werk «Contra Apionem», das sich gegen Apion von Alexandrien und dessen Verleumdungen der Juden wandte, beschreibt Josephus die mosaische Verfassung mit folgenden Worten: «Nun sind aber unendlich die Unterschiede bei den Sitten und Gesetzen unter allen Völkern; nach den Hauptstücken könnte man sie so durchgehen: die einen haben die Staatsmacht den Monarchien, die anderen den Dynastien (Familien), andere aber den Massen übertragen. Unser Gesetzgeber richtete sich nach überhaupt keiner davon, sondern entwarf den ‹Staat› als ‹Theokratie›, indem er Gott die Herrschaft und die Gewalt zuwies.»[2] Die so umschriebene jüdische «Politeia» ist für ihn zunächst die Herrschaft eines einzigen Gottes, könne doch nur so die Verfassung unerschütterlich bleiben, so unveränderbar wie Gott selbst. Welche Bedeutung Josephus mit seiner Terminologie hatte, zeigt sich noch im «Dictionnaire universel» von 1701, dessen Artikel «Théocratie» von Josephus ausgeht: «Ein Staat, regiert vom absoluten Willen Gottes allein. Nach Josephus war die alte Regierung der Juden theokratisch, denn Gott entschied dort alles, was zur souveränen Autorität gehört.»[3]

Ein Gott, ein Volk, ein Tempel: so lautete die Parole, an die Flavius Josephus das konfliktbeladene Judentum und seine Diaspora erinnerte. In dieser Parole hört sich zwar der Hinweis auf den im Jahre 70 n. Chr. von den Römern zerstörten Tempel (s. 2. Kapitel) utopisch an. Es darf jedoch nicht übersehen werden, dass der heilige Tempel nach seiner im Jahre 586 v. Chr.

erfolgten Zerstörung von seinem Wiederaufbau im Jahre 520 v. Chr. bis zum Jahre 70 n. Chr. als heilige Stätte der Juden bestand – als eine heilige Stätte, deren geschichtliches und politisches Symbol die heutige Klagemauer, die Westmauer des ehemaligen Tempels, ist. Für Flavius Josephus bestand die Bedeutung des Tempels in der Priesterschaft. Wie Gott die Welt führe, so sollten auch die Priester Volk und Tempel leiten.[4] «Theokratie» stand mithin primär für die Gottesherrschaft; der Begriff bezeichnete aber auch die hierarchisch organisierte jüdische Priesterherrschaft im römischen Imperium.

Flavius Josephus, der jüdische Historiker, griff in seinem Werk «Contra Apionem» nicht auf die heiligen Schriften der Juden, sondern auf phönizische, ägyptische, babylonische und griechische Quellen zurück. Nach diesen war eine Theokratie in wichtigen Epochen der jüdischen Geschichte realisiert: unter Moses und unter den Richtern (s. u.) bis zu Samuel. Danach übernahm die Theokratie erneut ihre Bedeutung als priesterliche Leitidee. Diese hat sich – im Ganzen gesehen – nicht verwirklicht. Gleichwohl zeigt sie über die erwähnten wichtigen Epochen hinaus markante Züge des Judentums. Das steht durchaus im Einklang damit, dass nach der Tempelzerstörung (70 n. Chr.) der synagogale Gottesdienst zum einigenden Band für die Judenheit wurde. Die priesterlich-hierarchische Funktion im Zentralheiligtum hatte ein Ende; das pharisäisch-rabbinische, das schriftgelehrte Synagogen-Judentum gewann die Zukunft.

Bevor die Darstellung sich dieser Zukunft zuwendet, soll eine weitere interessante Erscheinung in der Frühgeschichte des Judentums Erwähnung finden. Gemeint ist die Institution der so genannten Richter, die – wie im Buch der Richter im Alten Testament aufgezeigt – für den Kriegsdienst eine wesentliche Rolle spielten und als «charismatische Führer» bezeichnet werden können – analog der Terminologie Max Webers, der den Begriff «Charisma» von Rudolph Sohm und dessen Untersuchung der frühchristlichen Kirche[5] übernahm und soziologisch formte. Charisma bedeutet nach Weber «eine als außeralltäglich … geltende Qualität einer Persönlichkeit …, um derentwillen sie als mit übernatürlichen oder übermenschlichen oder mindestens spezifisch außeralltäglichen, nicht jedem anderen zugänglichen Kräften oder Eigenschaften [begabt] oder als gottgesandt oder als vorbildlich und deshalb als ‹Führer› gewertet wird».[6] Dementsprechend kam den Richtern die mitreißende Kraft des Charisma zu.

In diesem Sinne war – in Max Webers Terminologie – die Geschichte Israels vom 13. bis zum 11. Jahrhundert v. Chr.[7] durch eine mehr militärische als politische charismatische Herrschaft charakterisiert, die sich in mannigfachen Verteidigungskriegen für ein Israel einsetzte, in dem das national-religiöse Bewusstsein nicht zuletzt durch den nahezu chronischen Kriegszustand sich abzuschwächen drohte. Nach Max Weber erklärt sich in diesen Zeiten der äußeren und inneren Not[8] die Zuflucht zu charismatischen Führern. Der charismatische Richter, ausgestattet mit außeralltäglichen Gaben, ist nach eigenem Verständnis und nach dem seiner Anhänger ein Bote Dei gratia, der Israel errettet – in einem Akt, der ihm höchste Autorität innerhalb seines Volkes verleiht.

Die Herrschaft der Richter als charismatischer Führer währte bis zur Einrichtung des Königtums am Ende des 11. Jahrhunderts v. Chr.[9] Der Übergang freilich vollzog sich gleitend; der Richter, der nur bis zum Ende des jeweiligen Krieges seine Funktion ausübte, musste mit Blick auf die andauernde Gefahr seitens der Philister gegen eine Institution ausgetauscht werden, die eine ständige Kampfbereitschaft einbeschloss. So entschied man sich für eine Einrichtung, die es bislang in Israel noch nicht gab: für ein Königtum. Man entschloss sich, den bereits als Richter im Krieg gegen die Ammoniter bewährten Saul zum König zu küren. Es entstand das Königtum Sauls und das seines Nachfolgers: König David.

Die politischen Entwicklungen Israels nach dem Tode Davids und der Herrschaftsphase seines Sohnes und Nachfolgers Salomo sind insgesamt verworren und brauchen hier nicht dargestellt zu werden. Der Rückblick auf die Geschichte Israels war insbesondere deshalb von Bedeutung, weil das Judentum vor allem anderen «geglaubte Geschichte» (Arnold Goldberg) ist. Das zeigt sich namentlich darin, dass das Volk Israel nicht durch Glaubenssätze, sondern im historischen Zusammenhang zu seinem Gott findet: zu seinem Gott, der die Väter erwählte und Israel erlöste. Dieser Gott gilt, dem israelischen Monotheismus entsprechend, als der ewige und heilige Gott, der in Liebe seine Schöpfung ins Leben rief und erhält. Erhabenheit, Güte und Mitleid mit seinen Geschöpfen sind wichtige Bestandteile seines Wesens. Er hat Israel unter den übrigen Völkern «erwählt» und durch Moses am Berg Sinai einen Bund mit ihm bis zum Ende aller Tage geschlossen, damit Israel die Thora erfülle.

Der einzige Gott
Eingedenk der geglaubten Geschichte verfügt das Judentum über kein Glaubensbekenntnis. Die dreizehn Artikel des Maimonides wurden zwar in die Liturgie aufgenommen; von wenigen verbindlichen Sätzen der Pharisäer abgesehen, kennt das Judentum jedoch keine Dogmen. Der Eingottglaube geht nicht von einer Gottesidee, einem Denken über Gott, sondern von einer lebendigen Erfahrung und einer Beziehung zu Gott aus. Die Bibel begründet den ausschließlichen Anspruch Gottes auf Israel: Er hat das jüdische Volk aus Ägypten geführt – aus der Knechtschaft in die Freiheit. Aus dieser Erfahrung und der daraus folgenden Beziehung Israels zu seinem Gott ergibt sich die Verpflichtung, nur diesen zu verehren. So heißt es zu Anfang der Zehn Gebote im Buch Exodus 20,1–3: «Und dann sprach Gott alle diese Worte: Ich bin Jahwe, dein Gott, der dich aus Ägypten geführt hat, aus dem Sklavenhaus. Du sollst neben

mir keine anderen Götter haben.»[10] Aus diesem klaren und eindeutigen Eingottglauben folgt nicht zuletzt, dass das Judentum die christliche Trinitätslehre ablehnt: Der Eingottglaube schließt nicht nur eine Mehrheit von Göttern aus, sondern auch eine Aufspaltung der Einheit Gottes in mehrere Gestalten oder Personen, die mit einer gewissen Unabhängigkeit voneinander ausgestattet sind. Das Judentum hat darum in der christlichen Trinitätslehre immer ein Abweichen vom Eingottglauben erblickt, denn in der Überzeugung von der Einzigkeit Gottes sah es zugleich dessen Einheit festgelegt. Das entspricht dem eingangs erwähnten Satz aus dem Buch Deuteronomium 6,4, dem fundamentalen Glaubensbekenntnis.

Neben den Glauben an den einzigen Gott treten das Vertrauen und die Liebe – so wie es im Deuteronomium 6,5 heißt: «Darum sollst du den Herrn, deinen Gott, lieben mit ganzem Herzen, mit ganzer Seele und mit ganzer Kraft.» Die Liebe, die hier angesprochen ist, meint einen religiösen Eros, wie er sich beispielsweise beim Propheten Hosea zeigt oder später bei den Interpreten des Hohenliedes: die Liebe Gottes zu Israel und die Liebe Israels zu Gott. «Der Jude blickt, sofern er es tut», so die Deutung Arnold Goldbergs, «auf seine Geschichte zurück und sieht darin nicht nur seine, sondern auch Gottes Geschichte mit ihm. Es ist nicht immer nur ein Bild, wenn er diese Geschichte als das Auf und Ab im Zusammenleben zweier Liebender sieht, man kann es auch verbaliter so verstehen. Und es ist wirklich Geschichte, wie das verstanden wird, denn aus jedem Sich-Verlieren und Sich-Finden, aus jedem Aufstieg und Abstieg, aus jeder Katastrophe wächst etwas Neues, eine neue Erfahrung, und man erkennt Gott besser. Aber dieser geschichtliche Eros erlaubt kein Sich-Verlieren in Gott.»[11]

Da das Judentum Gott als einen Einzigen wahrnimmt, lässt sich auch nur ein einziger Wille bei ihm erkennen. Damit stellt sich mit Arnold Goldberg[12] die Frage, wie Gott einerseits der allgütige Vater, der liebende und barmherzige, und andererseits der strenge und gerechte Richter ist. Das rabbinische Judentum erklärt dies mit den beiden Weisen oder Eigenschaften Gottes (middoth). Danach verkörpert Gott sowohl die Weise der Barmherzigkeit als auch die Weise des strengen Rechtes – zwei Weisen, die mit den beiden Gottesnamen Jahwe und Elohim verbunden sind. Damit ist allerdings das Problem des Bösen und der Theodizee keiner Lösung näher gebracht. Diese deutet sich erst an, wenn man das prophetische Buch Jesaja 45,7 heranzieht, wo es heißt: «Ich erschaffe das Licht und mache das Dunkel, ich bewirke das Heil und erschaffe das Unheil. Ich bin der Herr, der das alles vollbringt.» Damit schreibt sich Gott selbst zu, Unheil in der Welt zumindest zuzulassen. Dem Satan kommt eine sehr geringe Bedeutung zu. Er ist um der Gerechtigkeit willen von Gott als Ankläger eingesetzt, um den aufsässigen Menschen auf die Probe zu stellen. Dort, wo der Satan den Menschen in Versuchung führt, kann es dazu kommen, dass ein Gerechter schuldlos leidet. Ein solches Leiden erweist sich gleichwohl nicht als sinnlos. Die Opferung Isaaks – eine Versuchung des Menschen – lässt sich als Prototyp des versöhnenden Leidens deuten. Das Leiden des Gerechten führt zum Mitleiden Gottes im Rahmen einer Leidenstheologie, die das Leiden des Gerechten, aber auch das «willig ertragene Leiden» zum stellvertretenden Leiden erhebt. – Im Christentum kristallisiert sich diese Leidenstheologie in ihrer ganzen Konsequenz heraus. Und im Buddhismus bildet das Leiden den Mittelpunkt der Lehre von der Reinkarnation.

Doch zurück zum Monotheismus des rabbinischen Judentums und zu seinem Menschenbild: Der Mensch wird als Gottes Geschöpf geschaffen – nach seinem Ebenbild (be-Zelem-Elohim). Er verfügt über seinen freien Willen und kann daher zwischen Gut und Böse unterscheiden. Obwohl im Buch Genesis 8,21 das Trachten des Menschen als böse bezeichnet wird, wohnen dem Menschen ein guter und ein böser Trieb inne. So kann er trotz seiner triebhaften Neigung zum Bösen gleichwohl Gutes vollbringen und das Schlechte neutralisieren. Darüber hinaus erscheint das Leben als ein hoher Wert; und die Liebe zum Nächsten wird aus dem Wissen um die den Menschen wesenhaft eingeborene Gleichheit und Würde abgeleitet. Bedeutsam ist noch, dass auch das Judentum den Sündenfall des ersten Menschen kennt. Im Unterschied zum Christentum jedoch lehnt das Judentum den Gedanken einer schicksalsmäßigen Erbsünde ab und spricht allen Menschen die Fähigkeit zu, das Gute zu tun. Alle Menschen sind in ihrem Wert gleich; im einzelnen Menschen ist die gesamte Menschheit enthalten – so wie sie aus einem Menschen entstand. Das rabbinische Judentum spricht zwar davon, dass der Mensch aus Leib und Seele besteht, vermeidet aber die Trennung zwischen beiden. Vollständig ist der Mensch nur mit Leib und Seele, als Einheit, und so wird auch in der Auferstehung der vollständige Mensch wiederhergestellt. – Im Paradies, und dies bedeutet: in der Gemeinschaft mit Gott, war der Mensch dazu bestimmt, ewig zu leben. Gott suchte die Gemeinschaft der Menschen, das war die Absicht der Schöpfung. Da er diese Gemeinschaft jedoch nicht zu schaffen vermochte, vollendet sich die Schöpfung erst in der Geschichte – in dem Maße, wie die Gemeinschaft mit Gott angestrebt wird.

In der Gemeinschaft mit Gott vollzieht sich die Gebotserfüllung, die den Menschen heiligt, wie es im Buch Levitikus 11,44 heißt: «Denn ich bin der Herr, euer Gott. Erweist euch als heilig, und seid heilig, weil ich heilig bin.» Die Heiligung schließt alle Lebensbereiche ein, namentlich den Bereich der Gerechtigkeit im Umgang mit dem Nächsten. So lässt sich der Text des Talmud zum Deuteronomium 13,5 verstehen: «Dem Herrn, eurem Gott, folget nach? Ist es denn einem Menschen möglich, der Einwohnung nachzufolgen? Heißt es denn nicht schon: Denn der Herr, dein Gott, ist ein fressendes Feuer? Nein, sondern den Verhaltensweisen des Heiligen, gelobt sei er, [ist] nachzufolgen: Wie er Nackte kleidete – es steht nämlich geschrieben: Da machte der Herr, Gott, für den Menschen und sein Weib Fellröcke, damit er sie bekleide –, so kleide auch du Nackte!»

Im Mittelpunkt des rituellen und des täglichen Lebens steht für das Judentum die Thora, die mit «Weisung» übersetzt werden kann. Nach orthodoxer Tradition wurde die Thora dem Moses von Gott unmittelbar geoffenbart. Die Thora besitzt für den gläubigen Juden eine kaum zu überschätzende Bedeutung, sind doch aus ihr für das über alle Welt zerstreute Volk die Kräfte der Beharrung zu entnehmen. Die Thorarolle, die bald nach dem Jahre 625 v. Chr. im heiligen Tempel zu Jerusalem gefunden wurde, ist – charakteristisch für das Judentum allgemein – geoffenbarte Geschichte, Weisheit und Liturgie. In der Thora trifft der Jude unmittelbar auf Gott, er lernt seinen Willen kennen. Die Thora ist für ihn Gottes Wort und «Unterpfand der Liebe Gottes zu Israel» (Arnold Goldberg). Die Juden leben dementsprechend thoragemäß, wenn sie den Gott lieben, der sein Volk erwählt hat. Der Glaube als Gehorsam gegen Gottes Thora führt zur «Heiligung des Alltags», die alles der Thora unterwirft und keinen Lebensbereich ausklammert. In ihr findet der Jude Antwort auf all seine Fragen. Denn ihre Einsicht und ihr Verständnis waren bereits im alten Israel ein Bildungsideal, wie es im 1. Psalm heißt: «Wohl dem Mann, der ... Freude hat an der Weisung des Herrn, über seine Weisung nachsinnt bei Tag und bei Nacht.» Nachdem seit einem Jahrtausend keine zentrale Institution des Judentums mehr existiert, gewährleistet das Leben nach der Thora die Gemeinschaft der Juden – so wie es die Lehre im Konsens mit der Tradition anleitet.

Neben der Thora besteht im Judentum das umfangreiche Kompendium des Talmud. Dieser beinhaltet die Mischna (das wiederholt Gelernte) und die Gemera (den Lernstoff) und bringt insgesamt Kommentare und Erläuterungen. Einige dieser Kommentare sind in Form von klaren Anweisungen wie-

dergegeben, andere wiederum beschränken sich auf Überlegungen. Auch Begebenheiten werden geschildert, die den Le-
ser bzw. den Studierenden dazu anleiten sollen, die behandelten Fragestellungen selber lösen zu können.

Der jüdische Glaube weist eine personale Struktur auf. Auch
die im Zusammenhang mit der Thora stehende Ethik ist perso-
nal geprägt. Dafür lässt sich auf die Ge- oder Verbote verweisen, die Lebens- und Verhaltensregeln beinhalten. Sie wenden
sich an den einzelnen Menschen und rufen ihn zu einem Leben
nach den geheiligten Regeln auf; nach ihnen soll er sein Leben
gestalten. Erfüllt der Mensch die Gebote, dann lebt er thorage-
recht; übertritt er sie, so stellt sich die Sünde (chowah) ein. Insgesamt gibt es über sechzig Ge- und Verbote. Weit darüber
hinaus ist die Todsünde angesiedelt, was darauf zurückgeht,
dass angesichts der Verfolgungen im frühen Judentum eine
äußerste Grenze gezogen werden musste.

Im rabbinischen Judentum stehen Glauben und Handeln in
einer engen Relation. Das Tun und Lassen des Menschen vollzieht sich nicht isoliert, sondern existiert in einer Wechselbeziehung zum Handeln Gottes.[13] Der Glaube erstreckt sich weder auf die Annahme religiöser Lehren noch auf das religiöse
Empfinden. Er umfasst vielmehr das Vertrauen auf Gott und
die Unterwerfung unter seinen Willen. Das rechte Handeln
bildet einen genuinen Bestandteil des Glaubens, und rechtes
Handeln gründet in der Thora. Bedeutsam zu erwähnen ist
noch, dass dem Tun und der Rechtfertigung (sakhut) niemals
nur eine individuelle Bedeutung, sondern zugleich auch eine
solche für die Gesamtheit Israels zukommt. Wesentlich ist
hierbei die Vorstellung von Israel als einer Gemeinschaft von
Bürgern, die füreinander einstehen und füreinander zur Re-
chenschaft gezogen werden.

Zu den zentralen Grundvorstellungen des Judentums zählt
der Glaube an den Messias. Man unterscheidet mehrere Formen: Der restaurative Messianismus, wie ihn Maimonides ver-

trat, erwartete in der Zukunft das verklärte Königreich Davids. Der so genannte utopische Messianismus, wie er im Buch Jesaja 2 und im Buch Micha 4 vertreten wird, sehnt ein «universelles Reich des Friedens, der Liebe und der Gerechtigkeit» herbei. Der restaurative Messianismus wurde im Zionismus säkularisiert, der utopische im Sozialismus. Im Reformjudentum wurde der Messias entpersönlicht und zur Symbolgestalt – einer «Chiffre für die Hoffnung».

Der Fundamentalismus

Der Messianismus – namentlich der restaurative Messianismus – kann zum letzten Teil dieses Kapitels überleiten: zum jüdischen Fundamentalismus. Hierbei lässt sich davon ausgehen, dass für die Juden erst durch den Messias ein Gottesstaat errichtet werden kann. Teilt man mit Michael Wolffsohn die jüdischen Fundamentalisten in die beiden Gruppierungen der «nachhelfenden Aktivisten» und der «passiv Abwartenden» ein, so haben die nachhelfenden Aktivisten bereits mit dem Aufbau des Staates begonnen, der dann einen Gottesstaat, *ihren* Gottesstaat, bilden soll. Die passiv abwartenden jüdischen Fundamentalisten betrachten schon diesen ersten Schritt zur Staatlichkeit als eine Dokumentation des Unglaubens, der auf dem mangelnden Vertrauen in Gott beruhe. Jüdische Staatlichkeit ist für sie, die orthodoxen Fundamentalisten, mit der Heiligkeit des Gelobten Landes nicht verbunden. Im Gegenteil, die eigentliche Zielsetzung der erstgenannten Aktivisten, die der Zionisten, sei von Anfang an eine rein politische gewesen. Zweifellos kann man die Gründerväter des Zionismus nur bedingt als religiöse Menschen bezeichnen. Ihre Hinwendung nach Zion war politisch motiviert. Sie wollten eine jüdische «Heimstätte» errichten und vermieden dabei, von einem «Staat» zu sprechen – wohl wissend, dass für die religiösen Juden der Staat ein Gottesstaat ist. Die Heimstätte allerdings musste das Heilige Land sein – auch für die nichtreligiöse

Mehrheit der Zionisten. Doch auch diese Zielsetzung der Zionisten provoziert die religiösen und erst recht die orthodoxen Juden, weil ihre Rückkehr nach Zion das Werk Gottes sein müsse und nicht von Menschen initiiert werden dürfe. Für diese religiösen Juden war der Zionismus ein Teil des jüdischen Fundamentalismus.

Mit der zionistischen Bewegung, die zur Gründung des Staates Israel führte, wurde der Messianismus ebenso gestärkt wie durch den Sechstagekrieg von 1967, der die Heiligen Stätten in den neuen Staat Israel integrierte. Dieser neue religiöse Messianismus sah im säkularen wie im religiösen Zionismus eine «Ideologie an der Oberfläche, die von tieferen Kräften gespeist wird».[14] Sie zielen auf die Rückkehr ins Land Israel, das entsprechend der göttlichen Schöpfungs-, Welt- und Offenbarungsordnung zum «Eigentum» des jüdischen Volkes erklärt wird. Es soll hier jedoch nicht auf die normative politische Geographie, auf das von Gott verheißene Land der Väter eingegangen werden, mit dem sich das nachfolgende Kapitel befasst. Vielmehr soll der oben mit der zionistischen Bewegung verbundene Sechstagekrieg in seiner religiösen Bedeutungskomponente kurz herausgestellt werden, scheint er doch «das Moment zu sein, wo das säkulare Konzept eines Staates Israel durch das religiöse Konzept eines Landes für die Juden ersetzt wurde ...».[15] Die ultraorthodoxen Kookisten proklamierten das Jahr 1967 zum Jahr eins des Zeitalters der Erlösung. Seitdem ist «Eretz Israel», das Land der biblischen Verheißung, zur «fixen Idee» (Michael Wolffsohn) ultraorthodoxer Kreise geworden. Hier zeigt sich die enge Verbindung zwischen der Ideologie des religiösen wie des säkularen Zionismus mit der Intention des ultraorthodoxen jüdischen Fundamentalismus, dem etwas näher nachgegangen werden soll.

Die orthodoxen und ultraorthodoxen Gruppen sind – das ist das allgemeine Charakteristikum des jüdischen Fundamentalismus – davon überzeugt, dass der säkulare Staat mit allen Mitteln zu überwinden ist: zugunsten des religionsgesetzlich orientierten Staates, der sich auf die Halacha gründet. Die Halacha, die als schriftliche Thora die Gebote der fünf Bücher von Moses und als mündliche Thora vor allem deren Interpretation beinhaltet, ist das jüdische Religionsgesetz. Damit verbindet sich die jüdische Grundüberzeugung, dass stets in einem bestimmten Maße über die Grundfragen der schriftlichen und mündlichen Thora diskutiert werden muss. Hier nun dokumentiert sich der orthodoxe und ultraorthodoxe jüdische Fundamentalismus in der Unnachgiebigkeit, diese Grundfragen nicht mehr zur Diskussion zu stellen. Statt dessen verfolgt er die Intention, den religionsgesetzlichen Bereich zu radikalisieren und seine rigorose Meinung durchzusetzen.

Diese Orthodoxie stellt seit der Gründung des Staates Israel im Jahre 1948 einen dominierenden Faktor dar. David ben Gurion, der erste israelische Staatspräsident, war bereits bemüht, eine Beziehung zwischen der Orthodoxie und der Politik Israels herzustellen. Damals wurde mit der «Agudat Israel», einer Vereinigung orthodoxer Gruppen, die sich der traditionellen Frömmigkeit und Lebensweise verpflichteten, ein Vertragsdokument erarbeitet, das unter anderem den Sabbat als nationalen Ruhetag absicherte und die religionsgesetzliche Speiseverordnung festschrieb. Abgelehnt wurde hingegen die Einbeziehung Gottes in den Staat Israel. So sprach die Gründungsakte nur von dem «Fels Israel» – einer Umschreibung Gottes. Diese orthodoxe Haltung durchzog und durchzieht die gesamte Geschichte des Staates Israel, dem die orthodoxen politischen Gruppen einen «jüdischen Charakter» zu geben erstrebten – mit Gesetzen, die an die eingangs erwähnte Theokratie in der Interpretation von Flavius Josephus erinnern.

Von nun an bildeten sich mehrere orthodoxe Gruppen heraus, die von den israelischen Regierungen als Koalitionspartner einbezogen wurden, um die jeweilige Parlamentsmehrheit zu sichern. Zu ihnen zählte vor allem die ultraorthodoxe Schass-

Partei, die in den achtziger Jahren des 20. Jahrhunderts aus der Agudat Israel hervorging und vom «Rat der großen Talmudgelehrten» beherrscht wird. Sie sorgte seit ihrer Gründung bis zu den Parlamentswahlen von 2003 durchgehend für die notwendige parlamentarische Mehrheit der jeweiligen Ministerpräsidenten des Likud. Geht man historisch vor, so sind zunächst die «Gush-Emmunim», der Block der Gläubigen, zu nennen: eine Bewegung, die sich nach dem Oktober-Krieg von 1973 herausbildete und die sich massiv für die Re-Judaisierung Israels sowie für eine forcierte Siedlungspolitik (s. 2. Kapitel) einsetzte. Im Jahre 1977 wurde Menachem Begin vom Likud nur mit Unterstützung der Nationalreligiösen und vor allem der ultraorthodoxen Agudat Israel zum Ministerpräsidenten gewählt. Die Agudat Israel verlangte für diese Unterstützung keinen Ministerposten, wohl aber eine Verschärfung der Religionsgesetze, die unter anderem das Sabbatgesetz, das Kaschrutgesetz und das Ehegesetz einbeschlossen. Die vom agudatistischen Rabbi Benjamin Minz erteilte Parole, die den «Marsch durch die zionistischen Organisationen» beinhaltet, beruhte auf der im Jahre 1947 bereits geäußerten Einsicht: «Wir wissen zwar, dass der jüdische Staat nicht die vollständige Erlösung ist, an die wir glauben, aber wir wissen, dass dieser Staat Erleichterung und Rettung für viele hunderttausend Juden bringen wird. Daher ist es vielleicht möglich, den jüdischen Staat als Beginn der Erlösung zu betrachten.»[16]

2. Israel und der Nahost-Konflikt

Die normative politische Geographie
Dieses Kapitel konzentriert sich vorrangig auf die so genannte erste Ebene des Nahost-Konflikts, in dem sich die jüdische Gemeinschaft bzw. der spätere Staat Israel und die Palästinenser gegenüberstehen. In geringerem Maße wird die zweite

Ebene des Konflikts behandelt, den Israel und die arabischen Staaten austrugen und austragen. Um die erste Ebene des Konflikts adäquat darzustellen, muss man bis auf die Vorgeschichte Israels zurückgehen – auf seine normative politische Geographie, die das im Alten Testament von Gott verheißene Gebiet des Gelobten Landes Israel (Eretz Israel) in mehreren abweichenden Schilderungen benennt. Mit Michael Wolffsohn[1] kann man diese Gebiete in das der Stammväter, in das der aus Ägypten geflohenen Kinder Israels und in den Siedlungsbereich der 538 v. Chr. aus dem babylonischen Exil zurückgekehrten Juden unterteilen. Was das Gebiet der Stammväter anbelangt, so steht im Buch Genesis 15,18: «An diesem Tag schloss der Herr mit Abraham folgenden Bund: Deinen Nachkommen gebe ich dieses Land vom Grenzbach Ägyptens bis zum großen Strom, dem Euphrat ...» Ein ähnlich umfangreiches Gebiet mit einem dementsprechenden Grenzverlauf beschreibt das Buch Exodus 23,31 mit dem Hinweis auf das Land «vom Schilfmeer bis zum Philistermeer, von der Wüste bis zum Strom.» Das Schilfmeer ist der Golf von Eilat, das Philistermeer entspricht dem Mittelmeer, und mit dem Strom ist der Euphrat gemeint. Bei diesen beiden Bibelzitaten muss beachtet werden, dass die Stammväter Abraham, Isaak und Jakob Nomaden bzw. Halbnomaden waren und dass in den genannten Gebieten das Wanderungsgebiet der Stammväter zu sehen ist, nicht eine historische Rechtsgrundlage für politisch-staatliche Grenzen.

Das Gebiet für die aus Ägypten geflohenen Juden nimmt sich bescheidener aus: Hier wird das Libanongebirge als Nordgrenze erwähnt, erneut auch der Euphrat, nicht jedoch der Nil und die Südgrenze. Damit identisch ist die Gebietsbeschreibung im Deuteronomium 11,24: «Jede Stelle, die euer Fuß berührt, soll euch gehören, von der Wüste [Sinai] an. Dazu soll der Libanon [im Norden] euer Gebiet sein, vom Strom, dem Euphrat, bis zum Meer [Mittelmeer] im Westen.» Dieses Gebiet für das aus Ägypten geflohene Volk Israel ist in seiner Größe nicht mit dem Gebiet der Stammväter zu vergleichen. Das Gelobte Land erweist sich durchgehend als ein relativ eng begrenztes Gebiet. Und dieser Größenunterschied lässt sich darauf zurückführen, dass die Bibelzitate von der religiösen Verheißung zur wirklichen Besitznahme überleiten, wobei die Verbindlichkeit zu- und die Größe des Versprechens abnimmt.[2] – Der Siedlungszeitraum der 538 v. Chr. aus dem babylonischen Exil zurückgekehrten Juden schließlich umfasst die Periode von 520 v. Chr. bis 70 n. Chr., wobei zu beachten ist, dass die hier interessierenden Geschichtsbücher des Alten Testaments mit den beiden Büchern Esra und Nehemia bereits im 5. Jahrhundert v. Chr. enden. In diesem Zeitraum bildete vor allem das West- und das Ostjordanland das Kerngebiet des jüdisch-autonomen Gemeinwesens.

Es war eingangs davon die Rede, dass man bis in die Vorgeschichte des Judentums zurückgehen muss, um die Thematik dieses Kapitels adäquat zu vermitteln. Gleichermaßen sollte jene Vorgeschichte in die Betrachtung einbezogen werden, die sich auf die Palästinenser und auf den Islam bezieht. Hier ist besonders aufschlussreich, dass der Koran auf dem Judentum gründet und Mohammed in die Tradition der biblischen Propheten einreiht. Der Koran zeugt davon vor allem in der Sura Yūnus 92, in der es heißt: «Wahrlich, Wir bereiteten den Kindern Israels ein wahrhaftig sicheres Dasein [im Lande Kanaan] und versorgten sie mit guten Dingen …»[3] Weitere Textstellen sind keineswegs selten. Und in der Sura Ibrāhīm spricht Abraham, der Stammvater der Juden – und der Muslime – eine bedeutsame Offenbarung aus. In den Versen 13 bis 15 bestätigt der Herr der Juden seinem Volk das Recht auf das Gelobte Land: «Wir werden gewiss jene zugrunde gehen lassen, die Frevler sind, und Wir werden euch wahrlich nach ihnen das Land bewohnen lassen … Und sie [die Juden] erflehten den Sieg, und jeder hartnäckige Tyrann schlug fehl.» Man mag einwenden, dass das Bekenntnis zur Gewalt nicht unumstritten ist, doch das mindert nicht das Recht der Juden auf das Land, das in dieser Sure deutlich hervortritt – in einer Sure, die zudem besagt, dass dieses Recht durch etwaige Freveltaten der Juden, das heißt durch ihren Abfall von Gott, von Allah, verwirkt werden kann. Und dies entspricht vollauf der Haltung der jüdischen Propheten.

Aufschlussreich ist auch die Sura Al-Ambiyā' 71 und 72: «Und Wir retteten ihn [Abraham] und Lot in das Land, das Wir für die Welten gesegnet hatten. Und Wir schenkten ihm Isaak und dazu Jakob. Und Wir machten jeden von ihnen rechtschaffen.» Wieder eine eindeutige Aussage – ebenso wie in der Sura An-Nūr 55: «Verheißen hat Allah denen, die an euch glauben und gute Werke tun, dass Er sie gewiss zu Nachfolgern auf der Erde machen wird, wie Er jene, die vor ihnen waren, zu Nachfolgern machte.» Mit anderen Worten, mit denen Michael Wolffsohns: Der Koran besagt nichts anderes, als «dass die ungläubig gewordenen Juden im Land die Nachfolger derer waren, die vor ihnen im Unglauben lebten». Diese Vorgänger lassen sich als «die kanaanitischen Völker identifizieren. Zur Vertreibung der Juden, deren Nachfolger die muslimischen Gläubigen werden können, kam es, weil sich die Juden von Gott (hier Allah genannt) abgewandt hatten.» Kurzum, hier ist die Sprache des Propheten der Muslime die der jüdischen Propheten, die die Rückkehr der Juden nach Zion nicht ausgeschlossen hatten, hierzu jedoch ihre religiöse Läuterung voraussetzten.

Damit kann die Vorgeschichte, wie sie sich im Alten Testament und im Koran widerspiegelt, abgeschlossen werden. Die historischen Ereignisse der Folgezeit sind für die Thematik dieses Kapitels von relativ geringer Bedeutung. Deshalb seien nur einige Ereignisse stichwortartig genannt: Nur zwei Jahre nach dem Tod des Propheten Mohammed (632) hatten die arabischen Muslime das Heilige Land erobert. Ab 691 wurde der Felsendom, die Omar-Moschee, erbaut, und zehn bis zwanzig

Jahre später errichtete man die Al-Aksa-Moschee auf dem Tempelberg. In dieser Zeit wuchs die arabische Bevölkerung im Heiligen Land an. Nordarabische Stämme kamen ebenso wie zentral- oder südarabische. Die Araber bildeten alsbald die Mehrheit des Völkergemisches, zu dem nur noch wenige Juden zählten. Wie diese Völker vermochten auch die arabischen Besitzer des Landes den inneren Frieden nicht zu erhalten. Neben den sunnitisch-schiitischen Rivalitäten sorgte der Gegensatz zwischen der städtischen Bevölkerung und den Beduinen für massive Unruhen. Im Jahre 969 eroberten die schiitischen Fatimiden aus Ägypten das Heilige Land. Um das Jahr 1000 nahmen die chaotischen Verhältnisse rapide zu. Überfälle der Beduinen beispielsweise destabilisierten jegliche Herrschaft.[4] 1071 bis 1098 herrschten die Seldschuken im Heiligen Land; sogar Jerusalem wurde nun türkisch. Ihnen folgten erneut die Fatimiden etc. Das Völkergemisch im Heiligen Land war kaum noch zu identifizieren.

Erste Konflikte und die britische Politik
Erst nach relativ langen historischen Perioden, in denen die Kreuzzüge eine Neu-Europäisierung verfolgten und die Rückkehr des Islam die Mamelucken-Herrschaft und das Osmanische Reich im Gefolge hatten, wurde Zion erneut zu einem wichtigen Thema der jüdischen Geschichte. Ende des 19. Jahrhunderts – seit der Säkularisierung und im Zeichen des politischen Zionismus – begann in den 1880er und den 1890er Jahren die politisch und zionistisch motivierte Einwanderung von Juden nach Palästina – als Reaktion auf ihre Verfolgung in Osteuropa und auf ihre Unterdrückung in der westeuropäisch-christlichen Diaspora. Die Heilserwartung wurde vom ungewissen messianischen Zeitalter unmittelbar in die Gegenwart verlegt. Der Zionismus übernahm für die weltlichen, die nichtreligiösen Juden jene Bedeutung, die der Messianismus für die religiösen Juden besitzt.

Die türkische Macht in Jerusalem ließ zu Beginn des 19. Jahrhunderts nach, die der Juden wuchs an. Alsbald war eine osmanische und letztlich auch eine gesamtislamische Herrschaft kaum noch möglich. Im Dezember 1917 begann das kurze britisch-christliche Zwischenspiel in Jerusalem. Damals fiel Palästina als Völkerbundsmandat an Großbritannien, das sich in der Balfour-Deklaration von 1917 für die Schaffung einer nationalen Heimstätte für das jüdische Volk in Palästina aussprach und damit den arabisch-palästinensischen Nationalismus auslöste. Im November 1918 wurde die «Islamisch-Christliche Vereinigung» als politische Aktionsform des antizionistischen Protests gegründet. Diese Vereinigung, die unter anderem eine arabische Selbstbestimmung Jerusalems forderte, widersprach damit der realen politischen Entwicklung.[5] Folglich war die politische Wirkung gleich Null. Gleichermaßen erfolglos verlief für die arabische Nationalbewegung die Friedenskonferenz in Versailles vom Juni 1919, wo nicht die erwartete Mandatsverwaltung der Klasse «A» zustande kam.[6] So regulierte dann auch Großbritannien durch die «Palestine Order in Council» vom September 1922 die inneren Angelegenheiten Palästinas eher nach dem Modell einer Kronkolonie als nach dem eines A-Mandats. Der von Friedrich Schreiber und Michael Wolffsohn detailliert beschriebene israelisch-palästinensische Konflikt lässt sich auf die wichtigsten Etappen konzentrieren. Zunächst mussten in Palästina die Araber und die Zionisten um die Unabhängigkeit kämpfen – gegen die Mandatsmacht Großbritannien. Zu Beginn des Jahres 1920 kam es zu den ersten gewaltsamen Ausschreitungen von Arabern gegen Juden – Ausschreitungen, die sich gegen die Balfour-Deklaration wandten. Die britische Militärregierung reagierte auf diese Protestwelle, indem sie die palästinensischen Familienclans gegeneinander ausspielte und so eine Polarisierung der palästinensischen Nationalbewegung bewirkte. Die Bedeutung dieser Polarisierung zeigte sich vor allem darin, dass die Arabische Exekutive in den 1920er Jahren nur noch zweimal einen «Palästinensisch-Arabischen Kongress» organisierte, und dies, obwohl sich die jüdische Bevölkerung Palästinas in diesen Jahren von 84 000 auf 159 000 nahezu verdoppelte. Im Jahre 1927 löste sich die Palästinensische Nationalversammlung auf. Zuvor hatte der britische Hochkommissar eine personelle Entscheidung veranlasst, deren politische Bedeutung erst von 1936 bis 1948 sichtbar wurde: die Ernennung von Amin al-Husseini zum Großmufti von Jerusalem und zum Präsidenten des Obersten Moslemrats.

Die Jahre 1928 und 1929 waren durch einen antijüdischen Terror gekennzeichnet, der sich zunächst in Gestalt eines Konflikts an der Klagemauer entzündete – dort, wo die heiligen Stätten des Judentums und des Islam aufeinander stoßen. Der Konflikt, der damit begann, dass betende Juden mit Steinen beworfen wurden, eskalierte im Sommer 1929, als fanatisierte Muslime von der Omar- und der Al-Aksa-Moschee in das jüdische Viertel eindrangen und dort Massaker verübten. Die Zionisten mussten sich nun darüber klar werden, wie die Reaktion aussehen sollte. Die sich für Gegenterror entschieden, waren damals noch in der Minderheit, die jedoch alsbald zur Mehrheit werden sollte. Die zionistischen Falken plädierten für die militärische Stärke der Zionisten. Es kam zunächst zu einer Spaltung der 1921 gegründeten «Hagana-Organisation» der Zionisten, die im Untergrund wirkten, weil die britische Mandatsherrschaft eine bewaffnete jüdische Organisation nicht erlaubte.

Im Jahre 1936 kam es zur ersten Phase der Rebellion – zum Aufstand der arabischen Terroristen[7] gegen die Juden; damit begann jene Spirale der Gewalt, die den gesamten Nahost-Konflikt beherrschen sollte. Die arabischen Gewaltakte richteten sich zunächst nur gegen die Juden, alsbald aber auch gegen die britische Mandatsmacht. Freischärler des von Abdel Kader al-Husseini geführten «Heiligen Kriegs für das Heilige Land» griffen Militärkolonnen und Polizeistationen an. Die Frei-schärlergruppen waren jedoch untereinander zersplittert, so dass die britischen Divisionen rasch die Rebellion zurückdrängen konnten. Der Aufstand der Araber bewirkte zudem, dass die jüdischen Arbeitgeber in Wirtschaft und Gesellschaft von nun an keine arabischen Arbeiter mehr anstellten. Die Araber ihrerseits sperrten für die Juden den Hafen Jaffa, was sich jedoch als kaum bedeutsam erwies, weil die Juden ihren eigenen Hafen in Tel Aviv errichteten. Die britische Regierung reagierte mit militärischen Mitteln. Und nicht zuletzt begann in dieser Zeit der Ausbau und die Erfolgsgeschichte des israelischen Militärs, das mit den Namen Mosche Dajan und Jigael Allon verbunden ist.[8]

Die zweite Phase der Rebellion (1937 bis 1939) begann im September 1937 mit der Ermordung des britischen Bezirkskommissars für Galiläa. Die Mandatsmacht zeigte eine stärkere Reaktion als während der Rebellion von 1936. Im Oktober ließ der Hochkommissar das «Hohe Arabische Komitee» schließen. Der Großmufti floh in den Libanon, von wo er den nach Syrien geflüchteten Komiteemitgliedern befahl, in Damaskus ein «Zentralkomitee des Heiligen Krieges» zu errichten, um den Aufstand gegen die Briten zu führen. Den arabischen Freischärlern, die ab Juli 1938 den Guerillakrieg als totalen Volkskrieg führten, gelang es denn auch, von August bis September 1938 die für eine konventionelle Kriegsführung geschulte Mandatsmacht kurzfristig aus verschiedenen Städten zu vertreiben; schließlich brach jedoch – mitbedingt durch eine innerpalästinensische Zerrissenheit – der arabische Aufstand im Frühjahr 1939 zusammen.

Die Kriege

Die arabische Bevölkerung demonstrierte immer stärker mit Waffengewalt. In Palästina herrschte Bürgerkrieg, und die britischen Soldaten sahen sich nicht in der Lage, massiv zurückzuschlagen. Großbritannien übergab schließlich die Verantwortung für das Mandatsgebiet den Vereinten Nationen. Diese beschlossen die Teilung Palästinas in je einen unabhängigen arabischen und einen jüdischen Staat; Jerusalem sollte internationaler Kontrolle unterstellt werden. Für die arabische Seite war das, was die Zionisten erhalten sollten, zu viel, und den zionistischen Maximalisten war das zu wenig. Kurz, der Teilungsplan scheiterte an mangelnder Durchsetzbarkeit. Und was den Bürgerkrieg anbelangt[9], so obsiegte die jüdische Seite. Bis zum Tag der Verkündung der Unabhängigkeit, bis zum 14. Mai 1948, waren zahlreiche arabische Palästinenser geflohen. Die Gesellschaft des umstrittenen Staates war inzwischen weitgehend jüdisch.

Der erste arabisch-israelische Krieg von 1948 bis 1949 war in erster Linie von Gebietsinteressen der arabischen Anrainerstaaten bestimmt. Er braucht hier nur skizziert zu werden: Der Krieg war von den arabischen Generalstäblern bis ins Detail geplant, und er sollte ein Blitzkrieg werden. Als jedoch die Armeen der fünf Frontstaaten (Ägypten, Jordanien, Syrien, Libanon und Irak) in Palästina einrückten, war bald ersichtlich, dass der Kriegsplan nicht den militärischen Fähigkeiten der einzelnen Staaten entsprach. Die relativ gering bewaffnete israelische Hagana erwies sich als schlagkräftig.[10] Innerhalb der ersten vierwöchigen Kriegsphase vermochte sie den Angriff der arabischen Armeen abzuwehren und das jüdische Siedlungsgebiet zu verteidigen. Kurz, der arabische Angriffskrieg sollte scheitern; und hierzu trugen die politischen Differenzen zwischen den arabischen Staaten maßgeblich bei. Vom Februar bis zum Juli 1949 erfolgte nach und nach der Waffenstillstand zwischen den arabischen Staaten und dem Staat Israel.

Lange bevor sich die palästinensischen Flüchtlinge im Exil politisch neu formierten, gab es immer wieder Ansätze zum gewaltsamen Widerstand gegen Israel. Keinen geringen Anteil hatten hierbei die palästinensischen Studierenden in Beirut und Kairo. Im Oktober 1959 wurde in Kuwait die Geheimorganisation «Al-Fatah» gegründet, die sich als revolutionäre Vorhut der arabischen Einheit verstand. Hinzu kam die «Palastine Liberation Organization» (PLO), die angesichts der wachsenden Unruhen in den palästinensischen Flüchtlingslagern von der Arabischen Liga gegründet wurde. Allgemein bahnten sich in der arabischen Welt unruhige Zeiten an. Im November 1966 schlossen Syrien und Ägypten einen Militär- und Beistandspakt. Im April 1967 kam es an der syrisch-israelischen Grenze zu kleineren Gefechten. Die palästinensischen «Fedajin» versuchten vom Westjordanland aus gegen Israel vorzugehen und König Hussein von Jordanien dazu zu bringen, ein Bündnis mit Nasser abzuschließen. Im Mai 1967 rückten ägyptische Streitkräfte auf der Sinai-Halbinsel vor, und kurz danach ließ Nasser verlauten, dass die für Israel lebenswichtige Straße von Tiran für israelische Schiffe gesperrt sei.

Am Morgen des 5. Juni 1967 setzte Israel seine Luftwaffe in einem gänzlich überraschenden Blitzschlag ein und zerstörte die gesamten – noch auf dem Boden stehenden – ägyptischen Kampfflugzeuge. Die ägyptischen Bodentruppen und die ägyptische Marine mussten ohne Luftschirm handeln und ihre Operationen unter Bombardierungen der israelischen Luftwaffe durchführen.[11] Hinzu kam, dass sowohl das ägyptische Heer auf der Sinai-Halbinsel als auch die Verbündeten Ägyptens erst mehrere Stunden später vom israelischen Luftschlag erfuhren. Als dann die ägyptischen Streitkräfte eingesetzt wurden, zeigte sich ihre starre Befehls- und Kommandostruktur. Was die arabischen Verbündeten anbelangt, so mussten auch ihre Bodentruppen wie die ägyptischen ohne Luftschirm operieren, während arabische Radiosender die Vernichtung der israelischen Luftwaffe meldeten. Die Israelis ließen die Welt bei diesem Glauben, da man befürchtete, der Sicherheitsrat der Vereinten Nationen könne bei Kenntnis der arabischen Bedrohung zu früh einen Waffenstillstand fordern. Die israelischen Truppen setzten ihre Blitzkriegsoperationen fort, bis sie innerhalb weniger Tage den Suez-Kanal, den Jordan und die Golan-Höhen erreichten und dicht vor der syrischen Hauptstadt Damaskus standen.

Nach dem Rückzug der UNO-Blauhelme, die seit 1956 an der ägyptisch-israelischen Grenze stationiert worden waren, standen sich Israelis und Ägypter ohne sie trennende Friedenstruppen gegenüber. Syrien und Ägypten schlossen ein Militärbündnis; und auch König Hussein von Jordanien stellte seine Truppen unter ägyptische Führung. Es kam zu einer ägyptisch-syrisch-jordanischen Umzingelung Israels, die jedoch durchbrochen werden konnte. Nach der Bombardierung der jordanischen Luftwaffenbasen nahmen die israelischen Truppen den alten Stadtteil Jerusalems und die Westbank ein. Ohne weitere Einzelheiten zu nennen, lässt sich sagen, dass Israel im Sechstagekrieg Gebiete eroberte, die um ein Vielfaches größer waren als sein bisheriges Territorium.

Der Sechstagekrieg hatte einmal mehr bewiesen, dass der arabisch-israelische Konflikt noch immer ungelöst war. Der Konflikt schwelte weiter und eskalierte am 6. Oktober 1973. An diesem Tag kam es zu einem arabisch-israelischen Krieg, der diesmal von der arabischen Seite als Blitzkrieg geplant war. Mit Bassam Tibi lässt sich von einem völlig überraschenden Angriff sprechen, da er für beide Kriegsparteien in eine religiöse Zeit fiel: Während sich die Araber im Fastenmonat Ramadan befanden, begingen die Israelis das Jom-Kippur-Fest. Die von Ägypten und Syrien ausgehende militärische Offensive zeichnete sich darüber hinaus durch einen weiteren religiösen Bezug aus.[12] Der Krieg wurde von arabischer Seite «Ma'rakat Badr» (Badr-Schlacht) genannt – in Erinnerung an die Schlacht von Badr im Jahre 624, in der der Prophet Mohammed obsiegte. Der historische Rückgriff auf diese Schlacht hatte nicht nur eine Legitimationsfunktion; er veranschaulicht auch, wie die zuvor erwähnten religiösen Ereignisse, die enge Verbindung von Religion und Politik im Nahen Osten.

Dies zeigt sich vor allem darin, dass die ägyptischen Strategen davon ausgingen, dass die Israelis einen kriegerischen Angriff der Muslime im Fastenmonat Ramadan nicht einkalkulierten. Gleichermaßen rechnete man damit, dass die Israelis am 6. Oktober das genannte Jom-Kippur-Fest begingen und dementsprechend unvorbereitet sein würden. – Am 22. Oktober 1973 verabschiedete der Sicherheitsrat der Vereinten Nationen die Resolution 338, die die beiden Kriegsparteien aufrief, «unmittelbar nach dem Waffenstillstand mit der Durchführung der Resolution 242 des Sicherheitsrates [die den Rückzug der israelischen Streitkräfte aus den im Sechstagekrieg besetzten Gebieten fordert] in allen ihren Teilen zu beginnen». Dass dies für die Israelis unannehmbar war, braucht nicht erläutert zu werden.

Damit begann im Nahost-Konflikt die Phase der Diplomatie, auf die hier nur in Bezug auf markante Höhepunkte eingegangen werden soll. Erinnert sei zunächst an das Abkommen von Camp David vom September 1978, das zum einen Grundsätze eines bilateralen Friedensvertrages zwischen Israel und Ägypten und zum anderen einen Rahmenplan für eine «Autonomie»-Regelung der Palästinafrage enthielt: In Bezug auf das Westjordanland und den Gaza-Streifen war unter anderem von «voller Autonomie» für die Bewohner die Rede. Über diese volle Autonomie sollten Israel, Ägypten, Jordanien und «Vertreter des palästinensischen Volkes» aus dem Westjordanland und dem Gaza-Streifen in drei Abschnitten verhandeln. Die Regelung der im eigentlichen Zentrum des Nahost-Konflikts stehenden Palästina-Frage scheiterte, vor allem weil die rechtsnationale israelische Regierung unter Ministerpräsident Begin gegenüber den Palästinensern zu keinerlei Zugeständnissen bereit war und die radikalen arabischen Kräfte – vor allem Syrien, Libyen und die PLO – die Camp-David-Vereinbarung von vornherein ablehnten.

3. Jerusalem: Das Judentum und der Islam

Um die religiöse Bedeutung des arabisch-israelischen Konflikts verstehen zu können, muss sich der Fokus der Betrachtung auf Jerusalem richten, auf jene heilige Stadt, mit der sich schon seit der frühen Geschichte dieser Konflikt verbindet.[1] Erste Erwähnung findet die Stadt im 19. vorchristlichen Jahrhundert. Nach der Eroberung vor rund 3000 Jahren ließ König David anno 969 v. Chr. durch seinen Sohn und Nachfolger Salomon jenen Tempel erbauen, von dem es im ersten Buch der Chronik 22,6–10 heißt: «Dann rief er seinen Sohn Salomo und trug ihm auf, dem Herrn, dem Gott Israels, ein Haus zu bauen. Er sagte zu ihm: Ich selbst hatte vor, dem Namen des Herrn, meines Gottes, ein Haus zu bauen. Da erging das Wort des Herrn an mich: Du hast viel Blut vergossen und schwere Kriege geführt. Du sollst in meinem Namen nicht ein Haus bauen; denn du hast vor meinen Augen viel Blut zur Erde fließen lassen. Doch wurde dir ein Sohn geboren. Dieser wird ein Mann der Ruhe sein. Ich will ihm Ruhe vor allen seinen Feinden ringsum verschaffen. Salomon ist sein Name, und in seinen Tagen werde ich Israel Frieden und Ruhe gewähren. Er wird meinem Namen ein Haus bauen; er wird für mich Sohn sein, und ich werde für ihn Vater sein. Seinen Königsthron werde ich in Israel festigen für immer.»

Der heilige Tempel
Durch den Tempel wurde Jerusalem seit der Rückkehr der Juden aus dem babylonischen Exil religiöser und politischer Mittelpunkt.[2] Der Stadt und dem Tempel kamen Heiligkeitsgrade zu, die im Mischna-Traktat Kelim 1,6–9 genannt werden: «Die

zehn Heiligkeitsstufen sind: Das Land Israel ist geheiligter als alle anderen Länder. Und worin besteht seine Heiligkeit? Dass man aus ihm die Schwingegarbe, die Erstlinge und die beiden Brote bringt, während man sie aus allen anderen Ländern so nicht bringt.» Verdeutlicht wird dies in der direkt folgenden Textpassage, die als eine gesetzliche Bestimmung zu verstehen ist: «Städte, mit einer Mauer umgeben, sind geheiligter als dieses [das Land Israel], weil man die Aussätzigen aus ihnen wegschickt. Zwar trägt man in ihnen einen Toten herum, solange man will, aber einmal hinausgebracht, bringt man ihn nicht wieder zurück.» Die weiteren Stufen der Heiligkeit umfassen den «Raum innerhalb der Mauer [Jerusalems]», den «Berg des Hauses», also den Tempelberg, den «Umgang» (einen Raum innerhalb des Tempelberges), den Frauenvorhof, den Israelitenvorhof, den Priestervorhof und den Raum zwischen Tempelvorhalle und Altar sowie die Tempelhaupthalle. Und schließlich: «Das Allerheiligste [im Tempel] ist geheiligter als diese, denn dorthin darf nur der Hohe Priester eintreten in der Stunde des Dienstes.» Damit endet die Rangfolge der Heiligkeit(en); sie lässt sich mit Michael Wolffsohn[3] in mehrere Kreise einteilen, wobei der weiteste Kreis das Heilige Land und der engste Kreis das Allerheiligste im Tempel umfasste. Diese Bedeutung kann nicht überschätzt werden; der Tempel symbolisierte die religiöse und die politische Verbindung von jüdischem Volk und dem ihm Gelobten Land. Mit dem von König Salomo erbauten Tempel verband sich die jüdäische Staatlichkeit, die dann auch – als der Tempel von den Babyloniern zerstört wurde – ihr Ende fand.

Nach der Eroberung Babyloniens durch Kyrus begann eine Rückwanderung der in Babylonien nicht assimilierten Juden nach – dem nunmehr an Persien gefallenen – Judäa. Von 538 bzw. 520 v. Chr. an wurde mit Förderung der persischen Behörden der Tempel in Jerusalem wieder errichtet – aufgrund eines im Buch Esra 1,1–3 überlieferten Kyruserlasses von 538:

«Im ersten Jahr des Kyrus von Persien sollte sich erfüllen, was der Herr durch Jeremia gesprochen hatte. Darum erweckte der Herr den Geist des Königs Kyrus von Persien, und Kyrus ließ in seinem ganzen Reich mündlich und schriftlich den Befehl verkünden: So spricht der König Kyrus von Persien: Der Herr, der Gott des Himmels, hat mir alle Reiche der Erde verliehen. Er selbst hat mir aufgetragen, ihm in Jerusalem in Juda ein Haus zu bauen.» Zu dieser Zeit wurde den Juden allerdings nur erlaubt, ein in inneren Angelegenheiten autonomes Gemeinwesen zu errichten – eine Selbstbestimmung ohne Staatlichkeit.

Im Jahre 70 n. Chr. wurde auch der zweite Tempel, diesmal von den Römern, niedergerissen. Nur die Westmauer des Tempels blieb von der Zerstörung verschont, und diese so genannte Klagemauer stellt, wie erwähnt, bis heute das wichtigste Heiligtum des jüdischen Volkes dar. Durch die Zerstörung des Tempels wurde das Judentum eine ortsunabhängige Religion; ihr Gestaltungsinstrument war der Talmud. Gleichwohl bildete die Klagemauer einen gewissen Bild-Ersatz. Darüber hinaus war und ist die Westmauer des ehemaligen Tempels ein religiöses und politisches Symbol. Die Klagemauer symbolisiert, wie einst der Tempel, die religiöse und die politische Verbindung von Volk und Land.

Und die Zeit danach

Die Heilige Stadt Jerusalem gewann nach ihrer teilweisen Zerstörung im Jahre 135 n. Chr. und der Vertreibung der Juden aus der Stadt allmählich Bedeutung für die islamische Zivilisation.[4] Syrien wurde das erste von den Anhängern Mohammeds eroberte Land. Unter den Omaijaden (661–750), die Syrien zum Kernland des Islam entwickelten, wurde das im Jahre 637 eroberte Jerusalem nun für den Islam zu einem religiösen und kulturellen Mittelpunkt. Der verwahrloste Tempelberg in Jerusalem wurde restauriert; und im Jahre 691 begann man damit, auf diesem Tempelberg den Felsendom, die Omar-

Moschee, und wenig später die Al-Aksa-Moschee zu erbauen. Die damalige Gebetsrichtung der Muslime wies nach Jerusalem, was die Bedeutung dieser Heiligen Stadt für den Islam unterstrich. Erst als der Islam stärker wurde und sich abzugrenzen suchte, verlagerte sich die Gebetsrichtung nach Mekka. Die Heiligkeit der Stadt Jerusalem blieb, auch nachdem im Jahre 750 die Abbassiden die Omaijaden besiegten und Bagdad die neue Hauptstadt des arabisch-islamischen Reiches wurde.

Eine neue Epoche für Jerusalem begann mit den Kreuzzügen, in denen die Einheit des christlichen Abendlandes zum Ausdruck kommen sollte. Nachdem die Kreuzfahrer Jerusalem im Jahre 1099 eingenommen hatten, wurde es als Lehensstaat nach französischem Vorbild konstituiert[5]. Im Jahre 1187 wurde die Heilige Stadt von den kurdischen Aijubiden unter Saladin zurückerobert. Im Jahre 1517 wurde Palästina und damit Jerusalem von Selim I., dem Sultan der Osmanen, eingenommen und dem osmanisch-türkischen Reich bis 1917 eingegliedert. Diese Türkenherrschaft übten Kalifen, also «Nachfolger» des Propheten Mohammed aus. Jerusalem erhielt in dieser Zeit für die muslimischen Osmanen eine hohe religiöse Bedeutung, zumal die im Koran gewürdigte Al-Aksa-Moschee für die Muslime zur Reihe der Mekka-Medina-Jerusalem-Heiligtümer zählt. Die zu Mekka offenbarte Sura Al-Isrā' beginnt in Bezug auf die Al-Aksa-Moschee mit den Worten: «Gepriesen sei Der, Der bei Nacht Seinen Diener von der heiligen Moschee zu der fernen Moschee, deren Umgebung Wir gesegnet haben, hinführte, auf dass Wir ihm einige Unserer Zeichen zeigten.»

Die weitere Geschichte Jerusalems soll hier nur skizziert werden: Die Herrschaft der Türken im Heiligen Land und in der Heiligen Stadt endete in der ersten Hälfte des 19. Jahrhunderts. Das Osmanische Reich wurde im Unabhängigkeitskrieg der Griechen (1821–1829) besiegt. Ende des 19. Jahrhunderts bildete sich in Europa die jüdische nationale Bewegung des Zionismus heraus, der, wie erwähnt, als Reaktion auf die

Verfolgung der Juden in Osteuropa und auf deren Unterdrückung in der westeuropäisch-christlichen Diaspora verstanden werden muss. In den zwanziger und dreißiger Jahren des 20. Jahrhunderts gelang es den Zionisten, in Palästina – dem historischen Land Israel (Eretz Israel) – einen weitgehend eigenständigen Staat im Staate zu errichten. Nach dem Sechstagekrieg 1967 wurde das bis dahin zu Jordanien gehörende Ost-Jerusalem von Israel annektiert. Im Juli 1980 verabschiedete die Knesset ein Grundgesetz, das Jerusalem zu Israels unteilbarer Hauptstadt bestimmte.

Blickt man auf die kurze historische Betrachtung zurück, so stellen der arabisch-israelische und der Palästina-Konflikt[6] – insofern sie sich auf den Islam und das Judentum beziehen – Konflikte zwischen zwei Religionen mit ähnlicher Schöpfungsgeschichte und Offenbarungslehre dar. Der Erzvater Abraham der Juden wird von den Muslimen als bedeutender Prophet anerkannt. Beide Religionen kennen einen von Gott Gesandten, der den Menschen dessen Willen überbrachte; und analog zum Judentum begründeten Mohammeds Offenbarungen in Mekka und Medina eine Gesetzesreligion. Die damit ursprünglich verbundene jüdisch-islamische Wertschätzung hat der Palästina-Konflikt zerstört. Hier ist Jerusalem die gemeinsame Streitursache. An der Heiligen Stadt scheiden sich die Überzeugungen. In Jerusalem treten das religiöse Symbol und die Realität in ein kaum zu überschätzendes Spannungsverhältnis. Für die Juden ist, wie dargelegt, Jerusalem die «Heilige Stadt», weil hier ihr Heiliger Tempel zweimal errichtet und zerstört wurde. Nach der Besitznahme durch den Islam wurde Jerusalem auch für die Muslime heilig, verbinden sie doch mit der Stadt den Felsendom und die Himmelsreise des Propheten Mohammed. So steht der Mythos von der «ewigen, nationalen Hauptstadt» und der «unteilbaren Stadt» Jerusalem mit ihren religiösen Symbolen im Zentrum der Problemlösungsversuche, in denen sich religiöse und politische Motive verbinden, der Übergang von der Symbolik zur Realität überspielt und die Heiligkeit der Stadt in ihrer Gesamtheit evoziert wird. Im Lichte eines historischen Erbes von rund dreitausend Jahren zeigen sich am Beispiel Jerusalems noch immer jene Konfliktpotentiale, die zwischen der jüdischen und der islamischen Religion bestehen und die den Friedensprozess im Nahen Osten zum Problem werden lassen.

II. Das Christentum

1. Die Religion und der christliche Fundamentalismus

Das Christentum – eine der größten Weltreligionen, die auf eine zweitausendjährige Geschichte zurückblicken kann – bildet einen essentiellen Bestandteil der westlichen Kultur, die sich wachsenden Herausforderungen seitens des Islam und des Islamismus gegenübersieht. Zu Beginn des dritten Jahrtausends bekennen sich nominell mehr als eineinhalb Milliarden Menschen – über ein Drittel der Weltbevölkerung – zum Christentum, dessen Glauben sie teils nach seinem tragenden Grund im Rahmen der verschiedenen Konfessionen, Kirchen und Denominationen skeptisch hinterfragen. Zu nennen sind die reformatorischen Kirchen, die sich aus mehreren «Konfessionsfamilien» zusammensetzen und im zweiten Kapitel eingehend behandelt werden, sowie die römisch-katholische Kirche, die während ihrer Geschichte mannigfache Entwicklungen erfahren hat, von denen hier zunächst die Begegnung mit dem Hellenismus aufgezeigt werden soll.

Hellenisierung des Christentums?
Man kann die Frage nach der Hellenisierung des Christentums mit Friedrich Nietzsches überpointierten Thesen einleiten, die er 1888 in seiner Schrift «Der Antichrist» niederschrieb: «Das Wort schon ‹Christenthum› ist ein Missverständnis –, im Grunde gab es nur Einen Christen, und der starb am Kreuz.»[1] Was danach kam, «war bereits der Gegensatz dessen, was er gelebt: eine ‹schlimme Botschaft›, ein Dysangelion.»[2] Für die

Umdeutung der ursprünglichen Absicht Jesu ist Nietzsche zufolge der Apostel Paulus verantwortlich; er sei es gewesen, der mit der «rabbinerhaften Frechheit», dem «Priester-Instinkt des Juden»[3] die Frohbotschaft zu einer Dogmatik umgestaltet habe.

Mit dem Hinweis auf die christliche Dogmatik, für die nach Nietzsche wie nach manchen Theologen der Apostel Paulus verantwortlich zeichnet, lässt sich zu jener Debatte überleiten, die seit Adolf von Harnacks Theorie einer umfassenden «Hellenisierung des Christentums» bis heute besteht. Zwar ist das Problem einer Hellenisierung des Christentums bereits in der Zeit der protestantischen (und der katholischen) Reformation diskutiert worden; Melanchthon sah schon in den Anfängen des Christentums den Prozess einer Anpassung an die griechische Philosophie wirksam; und Petavius führte die trinitätstheologischen Häresien in der Zeit der jungen Kirche auf griechischen Einfluss zurück. Bestimmend für die gegenwärtige Diskussion jedoch ist die Hellenisierungsthese, wie sie sich bei Adolf von Harnack[4] findet. Er gelangte zu der Einsicht, dass die christlichen Theologen des 2. und 3. Jahrhunderts das Neue Testament mit Hilfe der griechischen Philosophie interpretiert haben, um es einer fremden Kultur verständlich zu machen. Dies ist zweifellos richtig. In dem Augenblick, da das junge Christentum den jüdischen Raum überschritt, musste sich beispielsweise Apostel Paulus bei seinen Reden auf dem Areopaghügel in Athen mit der Welt des Hellenismus und deren Logos-Philosophie auseinander setzen. Darin stimmen die heutigen Theologen überein, nicht hingegen darin, ob die Hellenisierung des Christentums durch das Konzil von Nizäa (325) verschärft oder beseitigt wurde. Die erste These vertritt Adolf von Harnack, die zweite Matthias Lutz-Bachmann[5], dem diese historische Skizze folgt.

Worin besteht die Umdeutung des Christentums im Hellenismus, der nach Johann Gustav Droysen[6] den historischen

Zeitraum vom Tode Alexanders des Großen (323 v. Chr.) bis zum Beginn der römischen Kaiserzeit meint? Um diese Frage zu beantworten, muss man sich dem Mittelplatonismus[7] und vor allem dem Dialog «Timaios» zuwenden, in dem Platon seine Weltschöpfungslehre entfaltet.[8] Das Göttliche wird als das in sich Eine, Ungewordene und Ursprungslose, aber zugleich als das Unerkennbare, Unsagbare und Unaussprechliche verstanden. Und da Gott keinerlei Beziehung nach außen unterhält, bedarf es für die Entstehung des Kosmos eines Schöpfungsmittlers, eines Demiurgen. Für das über dem Demiurgen stehende «Göttliche» gebraucht Platon den Namen «Vater», was die Klärung auf dem Konzil von Nizäa nicht gerade förderte. Was das Christentum betraf, so trat im Hellenismus an die Stelle des lebendigen Gottes der Geschichte, wie ihn das Alte und das Neue Testament bezeugen, weitgehend ein Gottesverständnis, das durch den Gedanken der Unveränderlichkeit bestimmt war.

Das Problem bestand nun darin, dieser Deutung entgegenzuwirken und das Christentum dem vom Mittelplatonismus beherrschten Hellenismus verständlich zu machen. Dieser Aufgabe widmete sich im 4. Jahrhundert Arius, ein Presbyter der alexandrinischen Kirchenprovinz. Der Christ Arius stand hierbei zunächst vor dem Problem, die für andere Weltanschauungen nur schwer verständliche theologische Deutung der Person Jesu – die Menschwerdung Gottes in Jesus – zu erläutern, ohne den Eindruck entstehen zu lassen, die Christen seien Polytheisten und glaubten an zwei (oder auch drei) unterschiedliche Götter. Zudem musste das Missverständnis ausgeräumt werden, Jesus sei von Gott gewissermaßen adoptiert worden. Damit bestand «die Aufgabe darin, weder den Monotheismus des Glaubensbekenntnisses zu gefährden, noch aus Jesus einen, wenn auch mit besonderen Eigenschaften ausgestatteten Menschen zu machen».[9] In diesem Kontext entfaltete Arius in mehreren Briefen eine Gotteslehre, die mit den Theo-

logen der Mittelplatoniker Albinus und Numenius überein-
stimmte.[10] In einem Brief an den Bischof von Alexandrien
heißt es: «Wir kennen nur den einen Gott, den allein unge-
schaffenen, ungewordenen, den ewigen, allein ursprungslosen,
allein wahren, … den Alleinherrscher, den Richter aller, den
Ordner und Verwalter, unwandelbar und unvergänglich.»[11]
Christus dagegen ist nach Arius nicht ursprungslos, nicht un-
geworden, er ist vom Vater geschaffen – als Weltschöpfer, in
dem man den platonischen Demiurgen erkennen kann.

Durch seine Theologie, die die Kosmologie des Mittelplatonismus übernahm, löste Arius eine weitreichende Krise aus, die
– übergeht man einige Ereignisse – dazu führte, dass Kaiser
Konstantin im Jahre 325 ein Ökumenisches Konzil nach Nizäa
berief, um den Konflikt beizulegen. So traten 318 Konzilsväter,
darunter nur zwei päpstliche Legaten, zum Konzil zusammen,
dessen Hauptanliegen darin bestand, «unbeschadet des Glaubens an den einen Gott in eben diesem einen Gott den Vater
und wahren Sohn zu bekennen.»[12] Die wichtigsten Passagen
des Konzilstextes gegen Arius lassen sich wie folgt zusammenfassen: 1. «Wir glauben an den einen Gott, den allmächtigen
Vater, Schöpfer aller … Dinge.» (Damit stellte das Konzil heraus, dass der Vater auch der «Schöpfer» ist.) 2. Das Konzil defi-
nierte den Sohn als «wahrer Gott vom wahren Gott, … wesens-
gleich mit dem Vater.» (Nach dem Konzil ist – wie der Vater
auch «Schöpfer» ist – der Sohn auch «Gott».) 3. «Als Einzigge-
borener gezeugt vom Vater, das heißt aus der Wesenheit des
Vaters …, gezeugt, nicht geschaffen …» (Nach dem Konzil
meint «Zeugen» einen innergöttlichen Vorgang der Mitteilung
des vollen göttlichen Wesens vom Vater an den Sohn, ohne dass
dieser damit zu einer «geschaffenen» Person wird.) In materia-
ler Hinsicht wandte sich damit das Konzil von Nizäa gegen die
unkritische «Hellenisierung» des Christentums. Nur in forma-
ler Hinsicht blieb eine gewisse «Hellenisierung» durch die auf
dem Konzil gebrauchten Fachtermini der Sprache der griechi-

schen Philosophie bestehen, die allerdings bereits die Texte des Neuen Testaments bestimmten. Sie sind in der griechischen Sprache der hellenistischen Zeit verfasst und ohne ihren konstitutiven Bezug auf Sprache und Denken des zeitgenössischen Griechentums nicht verstehbar.

Die römisch-katholische und die griechisch-orthodoxe Kirche

Die römisch-katholische Kirche ist mit über einer Milliarde Mitgliedern bei weitem die größte christliche Konfession. Zentral ist die Lehre, dass der Papst eine Autorität besitzt, die direkt auf den Apostel Petrus zurückgeführt wird und die ihn damit zum Stellvertreter Christi und zum Inhaber des obersten Lehr- und Hirtenamts in der römisch-katholischen Kirche macht. Diese beruft sich auf das Evangelium nach Matthäus 16,18–19, in dem es heißt: «Du bist Petrus, und auf diesen Felsen [griechisch: petros] werde ich meine Kirche bauen, und die Mächte der Unterwelt werden sie nicht überwältigen. Ich werde dir die Schlüssel des Himmelreichs geben; das, was du auf Erden binden wirst, das wird auch im Himmel gebunden sein, und was du auf Erden lösen wirst, das wird auch im Himmel gelöst sein.» Diese Aussage findet eine Parallele im selben Evangelium (18,18), wo allen Jüngern – also nicht allein Petrus – die Kraft zu binden und zu lösen verliehen wird, und im Evangelium nach Johannes 20,21–23, wo es heißt: «Jesus sagte noch einmal zu ihnen [den Jüngern]: «Wie mich der Vater gesandt hat, so sende ich euch. Nachdem er das gesagt hatte, hauchte er sie an und sprach zu ihnen: Empfangt den Heiligen Geist! Wem ihr die Sünden vergebt, dem sind sie vergeben; wem ihr die Vergebung verweigert, dem ist sie verweigert.» Entsprechend dem Ausspruch Jesu im Evangelium nach Matthäus (18,18) und den zitierten Worten im Evangelium nach Johannes wurde ursprünglich die Stellung des Papstes als Stellvertreter Christi auf Erden darin gesehen, dass alle Apostel und ihre Nachfolger, die Bischöfe, die «Schlüsselgewalt» erhalten haben[13]. Diese Interpretation wurde 1870 durch das Erste Vatikanische Konzil dahingehend eingeschränkt, «dass der Papst, wenn er von seinem Lehrstuhl (ex cathedra) aus eine Lehre über Glauben und Sitte verkündet, mit jener Unfehlbarkeit ausgestattet ist, mit der der göttliche Erlöser seine Kirche ausgestattet wissen wollte, und dass derartige Ansprüche des Papstes aus sich selbst und unabhängig von der Zustimmung der Kirche unabänderlich sind». Daraus hat sich eine spezifische Lehre der römisch-katholischen Kirche und eine ausgeprägte Hierarchie entwickelt. Ebenso sieht sich die Kirche als alleinige Verwalterin aller Sakramente. Aus der Opposition gegen diese Interpretation und namentlich die der päpstlichen Unfehlbarkeit ist die Altkatholische Kirche als eine katholische Reformkirche mit ökumenischer Ausrichtung hervorgegangen.

Einen weiteren Bereich christlicher Bekenntnisse bilden die Orthodoxen Kirchen, deren Entstehung auf das Große Schisma von 1054 zurückgeht, das zur Trennung der (lateinischen) Westkirche von der (griechischen) Ostkirche führte. Der Anlass bestand darin, dass die römisch-katholische Kirche Lehren und Praktiken entwickelte, die nicht von ökumenischen Konzilen abgesegnet worden waren – namentlich das päpstliche Recht auf die Jurisdiktion über die Patriarchate, was diese ablehnten. Die Situation eskalierte, und im Jahre 1054 kam es zu einer gegenseitigen Exkommunikation zwischen dem Papst und dem Patriarchen von Konstantinopel sowie zum genannten Großen Schisma. Die signifikanten Unterschiede zwischen der Ostkirche und der Westkirche umfassen beispielsweise die Interpretation der Dreieinigkeit und der Erlösungstat Christi sowie den Stellenwert der Liturgie und die Heiligungslehre. Trotz einiger Versöhnungsversuche blieben die beiden Kirchen bis heute getrennt.

Die Evangelien

Trotz der zahlreichen Varianten in der christlichen Lehre besteht eine bedeutsame Einheit der Weltchristenheit in Bezug auf die Bibel und die Person Jesu Christi, ist doch von allen großen Weltreligionen das Christentum diejenige, die sich am stärksten auf eine Person beruft. Nach der Lehre ist Jesus wahrer Gott und wahrer Mensch. Er ist das bleibende Fundament und gleichsam die Seele des Christentums. Gott verkörpert eine Dreieinheit – ein einziges ewiges Wesen, das in drei Personen existiert: Vater (Schöpfer), Sohn (Jesus) und Heiliger Geist. Nur die Bibel beinhaltet das Wort Gottes; es existieren keine anderen Bücher, denen der gleiche Stellenwert zukommt.

Die Belege dafür, dass Christus gelebt hat, sind – wenn man einmal von der Bibel absieht – sehr sporadisch. Dies ist kaum verwunderlich, denn für die zeitgenössische Geschichtsschreibung bedeutete das Leben Jesu kein epochemachendes Ereignis. Gleichwohl existieren vereinzelte Dokumente, da man sich im Römischen Reich mit der wachsenden Zahl der Christen kritisch auseinander setzte und hierbei nach dem Stifter dieser «christlichen Sekte» fragte.[14] Dies trifft für den römischen Historiker Publius Cornelius Tacitus ebenso zu wie für den bereits im ersten Kapitel erwähnten jüdischen Historiker Josephus Flavius, dessen Betrachtungen über die neue Religion man später christliche Eintragungen hinzufügte, die nachfolgend in Klammern gesetzt wurden: «Zu dieser Zeit lebte Jesus, ein weiser Mann (wenn man ihn überhaupt einen Menschen nennen darf). Er tat wunderbare Werke (und war ein Lehrer der Menschen, die mit Freuden die Wahrheit aufnahmen). Viele Juden und Heiden zog er an sich. (Er war der Messias) ... Und als ihn auf Anklage unserer vornehmen Männer Pilatus mit dem Kreuzestod bestraft hatte, ließen die nicht ab, die ihn früher geliebt hatten ... Noch bis heute hat das Geschlecht derer nicht aufgehört, die nach ihm Christen genannt sind.»[15]

Die darüber hinausgehenden Versuche, das Leben Jesu zu erforschen, werden dadurch kompliziert, dass das Neue Testament aus der Sicht von Glaubenden verfasst ist. Gleichwohl stellen die Evangelien nach Matthäus (um 70 n. Chr.), nach Markus (zwischen 67 und 69 n. Chr.), nach Lukas (um 90 n. Chr.) und – mit Einschränkungen – das Evangelium nach Johannes, das eine nachösterliche Christologie verkündet, die wichtigsten Quellen über Jesus dar. Die neutestamentliche Forschung hat Thesen entwickelt, um hinter den Zeugnissen der ersten drei Evangelien mehr über die historische Person Jesu zu erfahren. Diese drei ersten Evangelien, die so genannten synoptischen Evangelien, beruhen auf gemeinsamem historischem Material, aus dem der Wirkungskreis Jesu sichtbar wird. Der in diesen Evangelien geschilderte Jesus ist der historische Jesus und nicht der kerygmatische (verkündende) Christus – ein Sachverhalt, der zeigt, dass die synoptischen Evangelien vor allem auf der Spruchquelle beruhen: einer Sammlung der Aussprüche Jesu, die sowohl Matthäus als auch Lukas zusammengetragen haben. Darüber hinaus erweist sich der exegetisch-theologische Zusammenhang der Geschichte Jesu als bedeutsam.[16] Hier zeigt sich, dass die synoptische Tradition zu einem Großteil ihren Niederschlag erst in der Redaktion des einzelnen Evangelisten gefunden hat.

Im Evangelium nach Markus trat Jesus von Nazareth erstmals in einer Zeit der zunehmenden Messias-Hoffnung auf. Im 1. Kapitel dieses Evangeliums begegnete er Johannes dem Täufer, der eine Bußtaufe zur Sündenvergebung verkündete. Jesus von Nazareth schloss sich dem Täuferkreis an und ließ sich von Johannes taufen. Nach dem Evangelium nach Markus 1,11 vernahm Jesus hierbei eine Hallstimme[17]: «Du bist mein geliebter Sohn, an dir habe ich Gefallen gefunden.» Auch nach dem prophetischen Buch Jesaja wurde Jesus eine Hallstimme zuteil. In diesem Buch 42,1 heißt es: «Seht, das ist mein Knecht, den ich stütze; das ist mein Erwählter, an ihm finde ich Gefallen.» Nach dieser Stimme vom Himmel erhielt Jesus das Geschenk des Heiligen Geistes: die besondere Bedeutung, dass er erwählt, berufen und auserkoren war. Und durch die himmlische Stimme im Evangelium nach Markus, von der auch das Evangelium nach Matthäus (3,13) berichtet, wurde Jesus zum Gottessohn, dessen Botschaft sich am ehesten durch das im Evangelium nach Lukas 10,27 genannte Doppelgebot der Liebe zusammenfassen lässt: «Du sollst den Herrn, deinen Gott, lieben mit ganzem Herzen und ganzer Seele, mit all deiner Kraft und all deinen Gedanken und: Deinen Nächsten sollst du lieben wie dich selbst.»

Diese Aussage gipfelt bei Matthäus in der Bergpredigt und bei Lukas in der Feldrede, jeweils Spruchsammlungen, die den Kerngehalt der Reden und des Handelns Jesu beinhalten. Um die ewigen Heilswahrheiten – wie die erwähnte Taufe und die Gottessohnschaft – zu erkennen, hat Gott dem Menschen, der diese Wahrheiten nicht durch seine Vernunft allein erschließen kann, in der Heiligen Schrift, der Bibel, eine übernatürliche Offenbarung zukommen lassen. Die Heilige Schrift *beinhaltet*, ähnlich dem Koran, nicht nur das Wort Gottes, sie *ist* auch – durch die auf Gott zurückgehende wörtliche Inspiration – das Wort Gottes. Das Vatikanische Konzil betont nachdrücklich: «Die Kirche hält sie [die kanonischen Bücher] für heilig und kanonisch nicht deshalb, weil sie, ausschließlich durch menschliche Tätigkeit verfasst, nachher durch ihre Autorität wären gutgeheißen worden …, sondern deshalb, weil sie unter Eingebung des Heiligen Geistes geschrieben, Gott zum Urheber haben und als solche selbst der Kirche übergeben worden [sind].»[18]

Die Heilige Schrift beinhaltet ein Christentum, das eine monotheistische Religion darstellt: Der christliche Gott ist der eine und einzige Gott – allgegenwärtig und allmächtig. Gott, der im Evangelium nach Johannes 4,24 als ein persönliches Geistwesen vorgestellt wird, ist der Eine, neben dem es keine weiteren Götter gibt. Damit gründet das Neue Testament auf den Glaubensvorstellungen der hebräischen Bibel. Gott ist himmlischer Souverän; und die neutestamentlichen Aussagen betonen die numinose Majestas, die Erhabenheit Gottes. Neben dieser Übereinstimmung unterscheidet sich das Christentum von der Gottesidee anderer Religionen vor allem dadurch, dass Gott drei Personen umfasst: Vater, Sohn und Heiliger Geist[19] – entsprechend dem Matthäus-Evangelium 28,19: «Darum geht zu allen Völkern, und macht alle Menschen zu meinen Jüngern; tauft sie auf den Namen des Vaters und des Sohnes und des Heiligen Geistes ...» Unter einer Person versteht das Christentum eine Wesenheit, die für sich gesondert besteht und Urheber ihrer Handlungen ist. Die Lehre von der Dreifaltigkeit, so lässt sich mit Helmuth von Glasenapp sagen, bedeutet daher, dass zwar dem Vater, dem Sohn und dem Heiligen Geist dieselbe göttliche Substanz zukommt, dass die Personen aber voneinander unterschieden sind und selbstbestimmt auftreten.

Ungeachtet der Frage, ob Gott die Welt aus dem Nichts als einer von ihm vorausgesetzten Materie geschaffen hat, erkennen nach dem Paulusbrief an die Hebräer 11,3 die Menschen durch den Glauben, «dass die Welt durch Gottes Wort erschaffen worden und dass so aus Unsichtbarem das Sichtbare entstanden ist». Gott ist der Schöpfer der Welt und der Urheber ihrer Ordnung, ihr Gesetzgeber und Richter – der Schöpfer der gesamten Wirklichkeit, der nach der Apostelgeschichte 4,24 «den Himmel, die Erde und das Meer und alles, was dazugehört, geschaffen hat». Dieser alleinige Willensakt Gottes, durch den sich das Christentum von allen östlichen Systemen unterscheidet, wird noch dadurch erhöht, dass Gott die Welt nicht nur geschaffen hat, dass er sie auch erhält und regiert. In diesem Kontext verweist die christliche Theodizee auf den Gedanken, dass auch das Unglück und die Sünde etwas Gutes verursachen können: Derart war die Sünde von Adam und

Eva letztlich die Ursache der Menschwerdung Gottes, bei der sich Gott zu den Menschen in Jesus Christus herabgeneigt hat. Es ist die zentrale Botschaft des Neuen Testaments, dass das «Reich Gottes» und damit das Heil ganz nahe herbeigekommen sind. Nicht zuletzt das Hauptgebet aller Christen, das «Vaterunser», führt direkt auch zum Gottesbild Jesu zurück, der den «himmlischen Vater» immer und immer wieder verkündete.

Entsprechend dem Buch Genesis 1,27 zählt es zu den Grundannahmen des jüdischen und des christlichen Menschenbildes, dass der als leib-seelische Ganzheit aufgefasste Mensch «als Abbild Gottes» geschaffen wurde. Verstanden wird darunter eine Beziehung zu Gott, der dem Menschen einen Herrschaftsauftrag über die Schöpfung verliehen hat und von dem er die gehorsame Beachtung des Dekalogs verlangt. Eng damit verbunden ist die Sünde, die in konkreten Situationen des menschlichen Lebens Gestalt annimmt. Hier zeigt sich eine allgemein-menschliche Schuldhaftigkeit – ein beständiges Schuldigwerden des Menschen, von dem die Evangelien und die Apostelgeschichte im Kontext der Sündenvergebung durch das Wirken Jesu sprechen. «Ich bin gekommen», so Jesus im Markus-Evangelium 2,17, «um die Sünder zu rufen, nicht die Gerechten.» Eine davon abweichende Bedeutung nimmt die Sünde bei Paulus und bei den Reformatoren ein. Während Paulus in seinen Briefen an die Römer die Sünde als eine personifizierte Macht kennzeichnet, interpretieren die Reformatoren die Sünde als Ungehorsam und als Unglauben. Hier kommt die Erbsünde zum Tragen, denn die Tatsünden und die Erbsünde sind miteinander verbunden: Insgesamt jedoch lässt sich sagen, dass das Christentum als Erlösungsreligion dem Menschen die Befreiung aus der sündhaften Unheilssituation zusagt.

Der Fundamentalismus

Mit dem Christentum verbindet sich ein christlicher Fundamentalismus, dessen mannigfaltige Ideologien vor allem im protestantischen Fundamentalismus der Vereinigten Staaten ein breites Spektrum umfassen. Die Voraussetzungen der Entstehung dieses Fundamentalismus, der zunächst skizziert werden soll, sind ebenso mannigfaltig wie seine Bewegungen. Zuerst in den Vereinigten Staaten und sodann in Europa bildete sich seit dem 19. Jahrhundert die evangelikale Bewegung heraus, die sich recht militant gegen den religiösen Modernismus wandte und fünf Grundlagen des Fundamentalismus[20] herausstellte: die Irrtumslosigkeit der Bibel, die Jungfrauengeburt, die Erlösung nur für Auserwählte, die leibliche Auferstehung Christi und die Wiederkunft Jesu sowie seine Herrschaft auf Erden. Diesen «fundamentals» des evangelikalen Christentums in den Vereinigten Staaten lassen sich seitens der fundamentalistischen Bewegung in Europa folgende Grundlagen und Institutionen hinzufügen: die Kritik an der evangelischen Kirche in der Bundesrepublik in Bezug auf den allzu großen Pluralismus, die der theologischen Universitätsausbildung entgegengerichtete Gründung der Freien Evangelisch-Theologischen Akademie in Basel und ein erheblicher Widerstand vor allem gegen die Auseinandersetzung mit anderen Religionen. Die evangelikale Bewegung, die sich zum Teil auf den Pietismus und auf eine engagierte Frömmigkeit beruft, betont somit neben der Autorität der Heiligen Schrift und dem messianischen Glauben an Jesus Christus die Entstehung des Menschen durch Gottes besonderen Schöpfungsakt. Dieses Glaubensbekenntnis charakterisiert eine Bewegung konservativ politischer Überzeugungen, die sie politisch-institutionell zu realisieren sucht. Der evangelikale Protestantismus droht namentlich in den Vereinigten Staaten, Denominationen zu spalten, so die Baptisten, die Presbyterianer und die Methodisten – Denominationen, die im dritten Kapitel behandelt werden.

Die von der evangelikalen Bewegung betonte Irrtumslosigkeit der Bibel wird im fundamentalistischen Schriftverständnis
noch dahingehend erhöht, dass die Heilige Schrift in allen
ihren Teilen von Gott inspiriert wurde. Damit verbindet
sich ein «fundamentalistischer Buchstabenglaube», nach dem
die «biblischen Urschriften ... von Gott selbst vorgegeben oder
gar niedergeschrieben sind».[21] Derart steht das fundamentalistische Bibelverständnis in Konfrontation zur Übernahme
moderner Methoden der Geschichtsforschung. Ausgenommen
ist allein jene Textkritik, die auf die Urfassung der biblischen
Texte zielt. Dieses fundamentalistische Schriftverständnis zeigt
sich vor allem auch im Kreationismus, der die biblische Schöpfungsgeschichte gegen jede Evolutionstheorie verteidigt – namentlich gegen die von Charles Darwin vertretene natürliche
Selektion. Dem in den Vereinigten Staaten beheimateten Kreationismus, der ein Erbe der Kontroverse zwischen Religion
und Wissenschaft darstellt, gehört auch in Europa eine relativ
breite Bewegung protestantischer Christen an.

Mit Blick auf den religiösen Fundamentalismus in den Vereinigten Staaten lassen sich mit Klaus Kienzler zwei Bewegungen historisch einordnen: Die 1950er Jahre wurden vor allem
von den Predigten Billy Grahams bestimmt, die durch die
Medien eine weite Verbreitung erzielten. Seit den 1970er Jahren trat die so genannte Elektronische Kirche in den Mittelpunkt des amerikanischen Fundamentalismus, die per Funk
und Fernsehen breite Bevölkerungsschichten anspricht. Noch
interessanter als diese evangelikale Bewegung ist von der Thematik her jener Fundamentalismus, der in einer Allianz mit der
amerikanischen Politik steht. Zu nennen ist hier Jerry Falwell,
der eine Vereinigung von Fundamentalisten und republikanischen Neokonservativen anstrebt. Für diese Bewegung kommt
den Vereinigten Staaten eine besondere Sendung durch Gott
zu. Dieser fundamentalistische Sendungsglaube, der die gesamte Welt einbezieht, bildet zwar nur das Credo einer konser-

vativen Minderheit. Doch es ist eine einflussreiche Minderheit, zu der auch Präsident George W. Bush zählt. Mit Recht schrieb deshalb die Süddeutsche Zeitung vom 2./3. Oktober 2002: «Der fundamentalistische Mechanismus ist nicht nur der Macht nahe, er ist zurzeit an der Macht.»

Der Fundamentalismus wurde auch unter der Reagan-Administration politisch. Auch hier ging der Präsident eine neue Allianz zwischen der Politik und der fundamentalistischen Bewegung der Moral Majority ein. Bereits seine Wahl wurde von großen rechtskonservativen protestantischen Bevölkerungsschichten unterstützt und durch fundamentalistische Geistliche und Fernsehprediger nicht unmaßgeblich beeinflusst; die Politik, die er vertrat, fand durchgehend die Unterstützung der Fundamentalisten. Der wohl einflussreichste deutsche Fundamentalist W. Gitt schrieb damals: «Reagan wusste von Anfang an, was er wollte, als er sich gegen die Deszendenztheorie, gegen die Abtreibung und für das Gebet in den Schulen einsetzte. Kein Geringerer als Gott hat seine waghalsige Politik gegen ein Misslingen abgeschirmt.»[22] Und fast noch charakteristischer als die zitierten Worte über Reagan waren dessen Wahlparolen. Auf einer Wahlveranstaltung der National Association of Evangelicals verkündete er: «Amerika schien seine religiösen und moralischen Stärken zu verlieren – zu vergessen den Glauben und die Werte, die uns gut und groß gemacht haben … Aber der Allmächtige, der uns dieses große Land gab, gab uns auch freien Willen – die Macht, unter Gott unser Schicksal zu wählen. Die Amerikaner haben sich entschieden, einen langen Niedergang zu stoppen, und heute sieht unser Land eine Wiedergeburt von Freiheit und Glauben – eine große nationale Erneuerung.»[23] Es ist zweifellos nicht leicht, die Politik der Vereinigten Staaten zu verstehen, wenn sich diese auf oberster Staatsebene mit der Ideologie des Fundamentalismus verbindet. Das traf nicht nur für Ronald Reagan zu, der 1983 die Sowjetunion als das «Reich des Bösen» apostrophierte, das gilt gleichermaßen für George W. Bush, der seit den Anschlägen vom 11. September 2001 gegen die so genannte «Achse des Bösen» kämpft. Gut gegen Böse: so lautet das Grundmuster des Sendungsgedankens. Und dieser kann vor allem dann gefährlich werden, wenn er sich mit den Menschheitsidealen der Freiheit, des Fortschritts und der Gerechtigkeit verbindet. Das ist immer dann der Fall, wenn aus Idealen ein ideologisches Politikinstrument der Macht wird. Genau das kennzeichnet den politischen und religiösen Fundamentalismus der Vereinigten Staaten.

Nachzutragen bleiben noch die fundamentalistischen Tendenzen in der römisch-katholischen Kirche. Hier geht es um das Papstamt als «authentischem Lehramt», das aus Rom anordnet, wie die Bibel auszulegen ist und welche Tradition für die Kirche gilt. Dabei besteht zweifellos das Problem darin, dass die römisch-katholische Kirche zur Papstkirche nach dem Motto geworden ist: «Roma locuta, causa finita.» Das Pontifikat nimmt mithin jene zentrale Position ein, der seitens der reformatorischen Kirchen die Berufung auf die Heilige Schrift entspricht. Darüber hinaus kennt auch die römisch-katholische Kirche den Schriftfundamentalismus, der zwar nicht so hoch veranschlagt wird wie der im protestantischen Fundamentalismus. Es lässt sich jedoch feststellen, dass – vor allem bei theologischen Auseinandersetzungen – die Bibelexegese ein fundamentalistisches Gepräge aufweist. Bedeutsam ist auch ein rigoroser Traditionalismus in der römisch-katholischen Kirche, der sich unter anderem darin äußert, dass man zur lateinischen Tridentinischen Liturgie zurückzukehren bestrebt ist und dass man die «Irrtümer» des Zweiten Vatikanischen Konzils zurückzunehmen fordert. Zu diesen Irrtümern zählen die betreffenden Kreise die Aufwertung der Laien in der Kirche, die Liturgiereform, die unter anderem den Gebrauch der modernen Sprachen gegenüber dem Latein ausweitete, die Hinwendung der Kirche zur Welt, die Öffnung zur Ökumene, die Wertschätzung anderer Religionen und schließlich die Betonung der Religions- und Gewissensfreiheit. Das Zweite Vatikanische Konzil ermutigte viele Katholiken, noch umfangreichere Reformen anzustreben, indem sie vom Vatikan unter anderem ein Überdenken der Positionen zur künstlichen Geburtenkontrolle, zum Zölibat der Priester und zur Priesterweihe von Frauen forderten. Hier übernahm die römisch-katholische Kirche selbst die Rolle des religiösen Fundamentalismus: In den späten 1960er Jahren unternahm Papst Paul VI. mehrere Maßnahmen, um dem «modernistischen Trend» Einhalt zu gebieten. So bekräftigte beispielsweise die Enzyklika Humanae Vitae (1968) das kirchliche Verbot künstlicher Mittel zur Geburtenkontrolle. Darüber hinaus ging es dem Vatikan in den 1970er und 1980er Jahren darum, die liberalen katholischen Theologen und Kirchenführer, die sich gegen die Hierarchie wandten, unter Kontrolle oder zum Schweigen zu bringen.

2. Der innerkirchliche Konflikt und die christliche Reformation

Luthers Thesen

Der Christ von heute überprüft seinen Glauben wie letztmals zur Zeit der Reformation – dieser von vielen Theologen geteilte Eindruck Emma Brunner-Trauts führt unmittelbar zu jener Vielzahl von Erscheinungen vom ersten Viertel des 16. bis ins 17. Jahrhundert, die hier mit Blick auf die damalige Überprüfung des Glaubens aufgezeigt werden sollen. Da sind zunächst zu nennen: der Thesenanschlag Luthers (1517) und seine Grundschriften, die Reformation Zwinglis in der Schweiz, sowie Calvins Studien über die christliche Religion (Ordonnances ecclésiastiques) und die Ausdehnung seiner Theologie zur Prädestinationslehre. Hinzu kommen die Anglikanische

Kirche und die diversen protestantischen Kirchen und Sekten in den Vereinigten Staaten. Die christliche Reformation lässt sich in eine lange Tradition der Kritik an Kirche und Papsttum einordnen, wenngleich die mannigfachen Krisen des 14. und des 15. Jahrhunderts in Form von Schismen und Konzilsbewegungen überstanden schienen. Auch war die Epoche weitgehend abgeschlossen, in der die Renaissance-Päpste aufgrund ihrer unbeschränkten Macht die Position absoluter Regenten innehatten, die weitgehend beliebig Privilegien verliehen, Dispense vergaben und Strafen auferlegten. Gleichwohl schien es einzelnen Kanonisten noch immer angezeigt, die Päpste an Recht und Gerechtigkeit sowie an ihre geistliche und universale Mission zu erinnern.

Im Kontext der hier nur skizzierten religiösen und geistigen Situation kam es im Jahre 1517 zu einem Ereignis von epochaler Bedeutung. Luther, der um Glaubensgewissheit ringende junge Mönch des Schwarzen Klosters der Augustiner-Eremiten, wurde 1511 nach Wittenberg entsandt, um den Lehrstuhl für biblische Theologie zu übernehmen – als Nachfolger des Generalvikars seines Ordens Johann von Staupitz. In diesen Jahren hat Luther bedeutsame theologisch-religiöse Erkenntnisse gewonnen, namentlich die Überzeugung von der herausragenden Kraft der göttlichen Gnade für die Erlösung, die er der «Werkgerechtigkeit» entgegenrichtete. Maßgebend hierfür war der Paulusbrief an die Römer; hier fand er zu seiner Rechtfertigungslehre. Die protestantische Theologie belegte Luthers neue Einsicht mit dem Begriff der «Sola-fide- und sola-gratia-Erkenntnis». Im Römerbrief 1,17 heißt es: «Denn darin wird offenbart die Gerechtigkeit, die vor Gott gilt, welche kommt aus Glauben in Glauben, wie geschrieben steht: ‹Der Gerechte wird aus Glauben leben.›»[1] Luther hat diese für ihn so wesentliche Aussage dahingehend interpretiert: «Denn Gott will uns nicht durch eigene, sondern durch fremde Gerechtigkeit und Weisheit selig machen, durch eine Gerechtigkeit, die nicht aus uns kommt und aus uns wächst, sondern von anderswoher zu uns kommt ... So muss man sich in all diesen Dingen in Demut verhalten, als ob man bisher nichts habe, und die nackte Barmherzigkeit Gottes erwarten, statt sich für gerecht und weise zu halten.»[2] – Luthers «Sola»-Theologie (sola scriptura, sola gratia, sola fide: allein durch die Schrift, allein durch Gnade, allein durch Glauben) war eine «Absage an die Sakramente der Buße, des Priesteramtes, an den ganzen geistlichen und verfassungsmäßigen Aufbau der Kirche».[3]

Luthers Glaubensverständnis und sein Verständnis von der Rechtfertigung des Menschen durch Gott konkretisierte sich in der Kritik an der Bußpraxis der Kirche – namentlich am Ablasshandel. Dieser außersakramental gewährte Nachlass zeitlicher Sündenstrafen durch finanzielle Zuwendungen an die Kirche führte ihn zu seinem Schreiben vom Oktober 1517 an den Erzbischof Albrecht von Mainz, in dem Luther um die Revision dieser Praxis nachsuchte und eine akademische Disputation vorschlug. Hierfür verfasste er seine 95 Thesen, die er am Portal der Wittenberger Schlosskirche anschlug und aus denen sich die «protestantische Identität über Jahrhunderte ableitete» (Luise Schorn-Schütte). In der ersten der 95 Thesen beruft sich Luther auf das Evangelium nach Matthäus 4,17: «Tut Buße, denn das Himmelreich ist nahe herbeigekommen!» und auf das Evangelium nach Markus 1,15: «Die Zeit ist erfüllt und das Reich Gottes ist herbeigekommen. Tut Buße und glaubt an das Evangelium!» Die These lautet: «Als unser Herr und Meister Jesus Christus sagte: ‹Tut Buße› usw.... wollte er, dass das ganze Leben der Gläubigen Buße sei.»[4] Der von Luther geforderte Rückgriff auf die urchristliche Buße als Umkehr und als lebenslang aufgegebene Wandlung des Gläubigen vertraut nicht auf das Bußsakrament mit Beichte und Absolution. Erst die innerliche Buße, die nach außen «mannigfaltige Abtötungen des ‹Fleisches›» bewirkt (These 3), erneuert das Leben. Darüber hinaus richtet sich Luthers Kritik gegen alles, was Gottes Wort einschränkt; er betont Gottes Gnade und Barmherzigkeit. These 62 unterstreicht das Evangelium von der Herrlichkeit und Gnade Gottes. Sie lautet: «Der wahre Schatz der Kirche aber ist das allerheiligste Evangelium von der Herrlichkeit und Gnade Gottes.»[5] Insgesamt kritisieren die Thesen die kirchliche Ordnung und zunächst nicht die päpstliche Autorität, die erst durch Luthers Kommentierungen (1518) im Kontext mit der zentralen Frage, was und wo die Kirche sei, dadurch tangiert wird, dass die kirchliche Autorität in den Mittelpunkt rückt. Luther erweiterte nun sein Sola-scriptura-Prinzip auf den Lehr- und Leitungsanspruch der kirchlichen Amtsträger. Im Zusammenhang mit Luthers Rechtfertigungslehre (sola-fide-sola-gratia) wurde so der grundlegende Gegensatz zur Schriftauslegungskompetenz des Papstes deutlich.

Die Reformationsschriften

Der für Juni 1518 angesetzte Ketzerprozess gegen Luther in Rom kam durch die machtpolitischen Fragen der bevorstehenden Kaiserwahl erst im Juni 1520 zustande und ermöglichte damit der reformatorischen Bewegung einen bedeutsamen Zeitraum, um sich darauf einzustellen. Mit Luise Schorn-Schütte lässt sich sagen, dass Luther inzwischen in Glaubensfragen die päpstliche Autorität derjenigen eines Konzils unterordnete, um kurz darauf zu erklären, dass auch Konzilien irren können. Vor allem aber war es Luther dank des um nahezu zwei Jahre verschobenen Ketzerprozesses möglich, seine drei Reformationsschriften von 1520 zu veröffentlichen. Die erste dieser Schriften «An den christlichen Adel deutscher Nation von des christlichen Standes Besserung» wandte sich gegen den deutschen Adel, aber auch gegen den 1519 gewählten Kaiser Karl V. «Ich habe», so Luther in der ersten Reformationsschrift, «einige Stücke zusammengetragen, die Besserung des christlichen Standes betreffend, um sie dem christlichen Adel deutscher

Nation vorzulegen, dass vielleicht Gott doch durch den Laienstand seiner Kirche helfen wollte, zumal der geistliche Stand, dem es viel eher gebührt, ganz nachlässig geworden ist.»[6] Die zweite Reformationsschrift «Von der babylonischen Gefangenschaft der Kirche. Ein Vorspiel» dokumentiert, dass der Bruch mit der römisch-katholischen Kirche unvermeidbar war. Diese Schrift ist mehr als ein «Vorspiel». Sie geht gegen die Substanz der Kirche vor: Die scholastische Lehre von den Sakramenten, die damit verbundene Praxis sowie das Kirchenrecht wurden von Luthers Kritik erfasst.

Dadurch, dass der dritten Reformationsschrift des Jahres 1520 «Von der Freiheit eines Christenmenschen» jede Polemik fehlt, erscheint sie als Gegenstück zur zweiten reformatorischen Kampfschrift: Nicht die Kritik der kirchlichen Missstände, sondern die Verwirklichung christlichen Lebens steht im Zentrum. In der Darlegung seiner Doppelthese, dass ein Christ durch Christus frei, doch in seiner Nachfolge zugleich jedermann untertan sei – in der Dialektik des lutherischen Freiheitsbegriffes –, werden von Luther alle bisher gewonnenen reformatorischen Einsichten nochmals zusammengefasst. Besonders im Schlussteil kommt Luther auf sein Anliegen zu sprechen: «Ein Christ lebt nicht in sich selbst, sondern in Christus und in seinem Nächsten, oder er ist kein Christ. In Christus lebt er durch den Glauben, im Nächsten durch die Liebe. Durch den Glauben wird er aufwärts und über sich geführt zu Gott, durch die Liebe wiederum sinkt er herab unter sich zum Nächsten und bleibt doch immer in Gott und in seiner Liebe, wie Christus bei Joh. I, 51 sagt: ‹Wahrlich, ich sage euch, demnächst werdet ihr den Himmel offen sehen und die Engel Gottes hinauf- und herabsteigen auf den Menschensohn›. Dies sei genug über die Freiheit, welche … geistlich und wahrhaftig ist, indem sie unsere Herzen frei macht von allen Sünden, Gesetzen und Geboten, wie Paulus I Tim. 1,9 sagt: ‹Dem Gerechten ist kein Gesetz gegeben›. Sie übertrifft alle anderen, äußeren Freiheiten, wie der Himmel die Erde übertrifft. Christus gebe uns, sie zu verstehen und zu behalten.»[7]

Bauernkrieg und Kleiner Katechismus
Damit sind bis auf Luthers Kleinen Katechismus von 1529 und die Lutherische Theologie im Kontext des Bauernkrieges die wesentlichen Lehren des bedeutenden deutschen Reformators umrissen. Alle Versuche der katholischen Kirche und des Kaisers, die Entwicklung zu einem neuen Kirchenwesen aufzuhalten – durch den Kirchenbann gegen Luther von 1520 und die Reichsacht gegen ihn von 1521 –, blieben ergebnislos. Es kann im Nachhinein verwundern, dass Rom die Anfänge dieser geschichtlichen Wende nicht wahrnahm. «Es gibt nur wenige Augenblicke, in denen ein Höhepunkt der Weltgeschichte mit einem Höhepunkt der Kirchengeschichte zusammenfällt», hat Hanns Lilje vermerkt. Auf dem Reichstag zu Worms ist das am 17. und am 18. April 1521 eingetreten – ein Symbol einer weltgeschichtlichen Wende. Darüber hinaus waren die inneren Auseinandersetzungen des Protestantismus für die Reformation entscheidend. Das gilt nicht zuletzt für die konfessionellen Unterschiede zwischen Luther und Zwingli, für den der durch Erasmus geprägte Humanismus richtungsweisend blieb.

Dieser Trennung des Protestantismus kann man mit Luise Schorn-Schütte weitreichende Folgen zuschreiben: Während die zwinglianisch-reformierte Richtung die westeuropäisch-demokratische Staatsbildung vorangetrieben hat, ist die lutherische Reformation durch die von ihr begünstigte landesfürstliche Organisation und durch das sie tragende obrigkeitsstaatliche Element gekennzeichnet. Zwar haben die neueren konfessionsgeschichtlichen Forschungen diese allzu vereinfachte Auslegung ebenso korrigiert wie die unmittelbare Korrelation zwischen der Reformation und dem Bauernkrieg. Vor allem muss der obrigkeitsstaatliche Charakter der lutherischen Theologie, der auch im Bauernkrieg betont wurde, modifiziert werden. Die Frage, ob Luther die Entwicklung vom Gemeindechristentum zum obrigkeitlich orientierten Landeskirchentum vorantrieb, um die Verantwortung der christlichen Landesherren stärker in die politische Entscheidung einzubinden, lässt sich nur schwer beantworten. Jedenfalls hat Luther die Wende herbeigeführt – auch die Folgen. Im «Kleinen Katechismus» von 1529 ging es Luther darum, die Gestalt des christlichen Hausvaters mit der des Landesvaters zu vereinen. Damit hat Luther das protestantische Staatsverständnis nachhaltig geprägt – nach dem Grundsatz des Augsburger Religionsfriedens von 1555, nach dem der Landesfürst die Konfession der Untertanen bestimmte: Cuius regio, eius religio.

Dieses Prinzip, wie es sich namentlich in Preußen ausprägte, war mithin das Resultat der lutherischen Reformation mit ihrer zwangsstaatskirchlichen Organisation. Während das Heilige Römische Reich Deutscher Nation zerfiel, wirkte sich die Reformation voll aus. Der Zerfall des Reiches ermöglichte nicht nur die Vormachtstellung Frankreichs als katholischer Nation und die der Niederlande und Englands als protestantischer Nationen; mit dem Aufstieg Preußens kam es auch zu einer Verschiebung der Kräfte von Wien nach Berlin. Das deutsche Machtzentrum verlagerte sich auf die Gebiete nordöstlich der Rhein-Donau-Linie, in denen der vorwiegend protestantische Bevölkerungsteil lebte. Mit dieser Veränderung, begleitet und begünstigt von der landesfürstlichen Organisation des deutschen Protestantismus (und Katholizismus), verlor Deutschland erneut den Anschluss an die westliche Staatenentwicklung. Denn der nun vorherrschende politische Protestantismus – das politisch indifferente Luthertum mit seiner landesfürstlichen Herrlichkeit – unterschied sich wesentlich von dem der Niederlande und vor allem Englands, wo Max Weber die aus calvinistisch-puritanischer Gesinnung resultierende innerweltliche Askese bewunderte, die er in der deutschen Nation vermisste.

Calvins Lehre

Im Unterschied zu Luther, der die erwähnte Wende vom Gemeindechristentum zum obrigkeitsstaatlichen Landeskirchentum vollzog, baute Johannes Calvin, der nach Luther wohl
wichtigste Reformator der christlichen Kirche, erneut auf der
Gemeindeordnung auf – auf einer Gemeinde der Gehorchen-
den. Neben die Verkündigung tritt die kirchliche Zucht, die
Überwachung des den göttlichen Geboten unterstehenden
Lebens. Deutlich wird all dies in der Genfer Kirchenordnung
(Ordonnances ecclésiastiques, 1541) Calvins und in seinen umfangreichen theologischen Schriften, die mit dem «Unterricht
in der christlichen Religion» beginnen – einem an Luthers
«Kleinen Katechismus» angelehnten Traktat, den Calvin unter
dem Titel «Institutio Christianae Religionis» in immer erneu-
ten Auflagen zu einer mehrbändigen, systematischen Gesamt-
darstellung des reformatorischen Glaubens erweiterte.

Nach dieser «Institutio Christianae Religionis» ist der Staat
von Gott gestiftet. Er «verdankt seine Entstehung der menschlichen Sünde als der veranlassenden Ursache»[8] und ist die Bedingung für ein harmonisches Zusammenleben. Der Nutzen
bürgerlicher Ordnung ist nach Calvin «nicht geringer als der
von Brot und Wasser, Sonne und Luft, ihre Würde noch viel
hervorragender».[9] Gott selbst hat ihm seine Zwecke gesetzt,
und so wäre es eine «entsetzliche Barbarei»[10], ihn nicht gebührend zu beachten. In diesem Kontext greift Calvin, wie
Udo Bermbach[11] zu Recht vermerkt, den Gedanken des alt-
testamentarischen Bundes zwischen Gott und seinem Volk auf.
Indem der Mensch die göttliche Autorität anerkannt hat, untersteht er einem unbedingten Gehorsam. Das göttliche Recht,
das Ius Divinum, manifestiert sich im Dekalog und in den
prophetischen Weisungen. Das damit verbundene Sittengesetz
wohnt dem Menschen inne (sensus naturae, sensus communis);
es ist «Glaube, Frömmigkeit und Liebe»[12] und befindet sich im
Einklang mit dem «Naturrecht», das sowohl den göttlichen

Willen als auch die positiven Gesetze umfasst. «Ist das aber wahr, dann ist auf jeden Fall den einzelnen Völkern die Freiheit gelassen, die Gesetze zu machen, von denen sie voraussehen, dass sie ihnen Nutzen bringen, aber sie müssen nach jener dauernden Regel der Liebe gerichtet werden, so dass sie zwar in ihrer Form verschieden sind, aber den gleichen Sinn haben.»[13]

Johannes Calvin[14], der sich in seiner theologischen Erkenntnis vielfach auf Martin Luther berief, hat vom reformatorischen Ansatz her ein selbstständiges und einheitliches theologisches System entworfen. Dabei kristallisierten sich jene theologischen Besonderheiten heraus, die eine von Luther abweichende Theologie beinhalten. So hat Calvin die Freiheit, die für Luther so wichtig war, zugunsten eines Gehorsams gegenüber der Schrift aufgegeben, die das Bibelwort als Gotteswort betrachtet. Eine zweite Eigentümlichkeit der Theologie Calvins war weniger der Streit um das Abendmahl und die Kirchenzucht, als vielmehr die strenge Fassung der Prädestinationslehre. Während Luther die Prädestinationslehre so lange zurückschob, bis sie in seiner Theologie keine Bedeutung mehr aufwies, tritt sie von den späteren Auflagen der «Institutio Christianae Religionis» an immer stärker ins Zentrum von Calvins Lehre. Die Betonung liegt zunächst auf der Erkenntnis der göttlichen Erwählung in Bezug auf den Glaubensgehorsam, der noch keine Erwählungsgewissheit zukommt. Im späteren Calvinismus des 17. Jahrhunderts jedoch – dem sich die nachfolgende Betrachtung zuwendet – erweiterte sich die Prädestinationslehre in säkularer Deutung dahingehend, dass im Puritanismus ein Christ durch den über seiner Berufstätigkeit liegenden Segen – durch den Erfolg der asketischen Berufsarbeit – der göttlichen Erwählung gewiss werden kann.

Die protestantische Ethik

Die Prädestinationslehre kann wie kaum eine andere religiöse Lehre die religiöse Macht in der Politik verdeutlichen. Es war

kein Geringerer als Max Weber, der sie in seinen religionssoziologischen Abhandlungen analysiert hat. Wesentlich sind
seine Studien «Die protestantische Ethik und der Geist des Kapitalismus» (in zwei 1904/05 erschienenen Aufsätzen unter
einer Vielzahl weiterer Studien zur Religionssoziologie), in
denen Weber ergründete, dass aus dem Geiste puritanischer
Religiosität jene spezifische rationale Lebensführung ent-
sprang, die den modernen Kapitalismus hatte mitentstehen lassen. Dabei vertrat Weber eine erkenntnistheoretische Haltung,
die er selbst in die Worte fasste: «Interessen (materielle und
ideelle), nicht: Ideen, beherrschen unmittelbar das Handeln der
Menschen. Aber: Die ‹Weltbilder›, welche durch ‹Ideen› geschaffen wurden, haben sehr oft als Weichensteller die Bahnen
bestimmt, in denen die Dynamik der Interessen das Handeln
fortbewegte.»[15]

In den beiden religionssoziologischen Aufsätzen, deren Inhalt Weber 1918 unter dem Titel «Positive Kritik der materialistischen Geschichtsauffassung» vortrug, geht er vom Geist
des modernen Kapitalismus aus, um dann die erwähnten religiösen Grundlagen der innerweltlichen Askese darzulegen,
auf die es in diesem Zusammenhang ankommt: Der Geist
des Kapitalismus erklärt sich aus einer spezifischen Auffassung
beruflicher Arbeit, die sich in einer bestimmten Epoche der
westeuropäisch-amerikanischen Geschichte entwickelt und
massenhaft verbreitet hat. Arbeit wurde zum Beruf, der seinen
Sinn als ethische Verpflichtung in sich trägt, diesen also nicht
mehr aus externen Zwecken bezieht. Es handelt sich hierbei
um eine ethisch gefärbte Maxime der Lebensführung, um eine
«derEigenart des Kapitalismus angepasste Art der [rationalen]
Lebensführung und Berufsauffassung», die Weber unter anderem an einem Dokument von Benjamin Franklin zur Anlei-
tung junger Kaufleute veranschaulicht.[16] In diesem Sinne will
Weber den Begriff «Geist des Kapitalismus» verstanden wissen: «Die ‹kapitalistische› Form einer Wirtschaft und der Geist,

in dem sie geführt wird, stehen zwar generell im Verhältnis ‹adäquater› Beziehung, nicht aber in dem einer ‹gesetzlichen› Abhängigkeit voneinander. Und wenn wir trotzdem für diejenige Gesinnung, welche berufsmäßig systematisch und rational legitimen Gewinn … erstrebt, hier … den Ausdruck ‹Geist des [modernen] Kapitalismus› gebrauchen, so geschieht dies aus dem historischen Grunde, weil jene Gesinnung in der modernen kapitalistischen Unternehmung ihre adäquate Form, die kapitalistische Unternehmung andererseits in ihr die adäquate geistige Triebkraft gefunden hat.»[17] Die erörterte ethisch bedingte Vorstellung des Berufs – betrachtet als Berufung – ist für Max Weber ein Produkt der Reformation. Deren Leistung wird zunächst darin gesehen, dass entgegen der katholischen Auffassung der «sittliche Akzent und die religiöse Prämie für die innerweltliche, beruflich geordnete Arbeit mächtig schwoll». Auf welche Weise sich der mit der Reformation verbundene Berufsgedanke weiterentwickelt habe, das sei von der «näheren Ausprägung der Frömmigkeit» abhängig gewesen, «wie sie … in den einzelnen Reformationskirchen sich entfaltete».[18] Im Zuge dieser Entfaltung habe sich schließlich die Berufsethik des asketischen Protestantismus herausgebildet, dessen geschichtlichen Träger Weber namentlich im Calvinismus erkennt – in jenem Glauben, «um welchen in den kapitalistisch höchst entwickelten Kulturländern … im 16. und 17. Jahrhundert die großen politischen und Kulturkämpfe geführt worden sind».[19]

Max Weber wendet sich in diesem Zusammenhang insbesondere dem calvinistischen Dogma der Gnadenwahl, dem Kern der Prädestinationslehre, zu, nach dem jeder Mensch verpflichtet ist, sich als auserwählt zu betrachten und – nach der über Calvin hinausgehenden säkularen Deutung – durch rastlose Berufsarbeit Selbstgewissheit hierüber zu erlangen. Der Calvinismus hatte alle magischen Mittel der Heilssuche zurückgewiesen, dadurch konnte der Gläubige «nicht hoffen,

Stunden der Schwäche und des Leichtsinns mit erhöhtem guten Willen in anderen Stunden wettzumachen … Von dem katholischen, echt menschlichen Auf und Ab zwischen Sünde, Reue, Buße, Entlastung, neuer Sünde oder von einem durch zeitliche Strafen abzubüßenden, durch kirchliche Gnadenmittel zu begleichenden Saldo des Gesamtlebens war keine Rede. Die ethische Praxis des Alltagsmenschen wurde so ihrer Plan- und Systemlosigkeit entkleidet und zu einer konsequenten Methode der ganzen Lebensführung ausgestaltet … Denn nur in einer fundamentalen Umwandlung des Sinnes des ganzen Lebens in jeder Stunde und in jeder Handlung konnte sich das Wirken der Gnade als einer Enthebung des Menschen aus dem status naturae in den status gratiae bewähren.»[20] Die soziale Arbeit des Calvinismus in der Welt ist die in maiorem Dei gloriam, und die Systematisierung der ethischen Lebensführung und deren rationaler Charakter, der mit dem eines Geschäftsbetriebs vergleichbar ist, führt zu einer planmäßigen Reglementierung des Lebens. «Diese Rationalisierung … gab der reformierten Frömmigkeit ihren spezifischen asketischen Zug …»[21]

Ebenso wie gegen den katholischen Glauben hebt sich der Calvinismus gegen die lutherische Kirche ab. Die lutheranische Frömmigkeit mit ihrem Glauben, dass Gottes Gnade stets durch bußfertige Reue wiedergewonnen werden könne, steht in entschiedenem Gegensatz zur puritanischen Lehre von der Selbstgewissheit, die durch rastlose Berufsarbeit zu erlangen ist. Hier liegt dann auch für Weber der tiefe Unterschied zwischen der sentimentalen Religiosität der Deutschen und der Selbstbesinnung der Engländer, die aus der innerweltlichen Askese des Calvinismus herrührt. England war nicht von ungefähr zum Ursprungsland der kapitalistisch-industriellen Revolution geworden. Hier hatten wirtschaftliche und religiöse Momente gemeinsam die Entwicklung einer frühbürgerlichen Konkurrenzgesellschaft vorangetrieben. Der Calvinismus erwies sich durch seinen asketischen Zug mit dem Geist des Kapitalismus verbunden: Gewinn und Reichtum sind sittlich nur dann verwerflich, wenn sie zu Müßiggang und Ausschweifung führen; sie sind jedoch geboten, wenn sie aus der Berufserfüllung resultieren. So muss «die religiöse Wertung der rastlosen, stetigen, systematischen, weltlichen Berufsarbeit als schlechthin höchsten asketischen Mittels und zugleich sicherster und sichtbarster Bewährung des wiedergeborenen Menschen und seiner Glaubensechtheit ... der denkbar mächtigste Hebel der Expansion jener Lebensauffassung sein», die Weber als den Geist des Kapitalismus bezeichnet.[22] Die innerweltliche protestantische Askese wirkte «mit voller Wucht gegen den unbefangenen Genuss des Besitzes, sie schnürte die Konsumtion, speziell die Luxuskonsumtion, ein. Dagegen entlastete sie im psychologischen Effekt den Gütererwerb von den Hemmungen der traditionalistischen Ethik, sie sprengte die Fesseln des Gewinnstrebens, indem sie es nicht nur legalisierte, sondern ... direkt als gottgewollt ansah».[23]

Damit hat Max Weber dem erörterten Geist des Kapitalismus einen eigenständigen Anteil an der Entstehung des sozialen Systems des Kapitalismus eingeräumt. Aber ein Geist des Kapitalismus existiert für Weber nur insofern, als eine von der bürgerlichen Gesellschaftsschicht getragene allgemeine Tendenz zur rationalen Lebensführung, die «innere Wahlverwandtschaft begründet zwischen kapitalistischer Wirtschaft einerseits und protestantischem Ethos andererseits», wie dies Karl Löwith formuliert hat.[24] Mit anderen Worten: Das historische Zusammentreffen der strukturellen Form kapitalistischer Wirtschaft und der ihr adäquaten geistigen Triebkraft führte zur kapitalistischen Kultur. Es geht mithin – entgegen mancher anders lautender Interpretationen – Weber nicht darum, das Verhältnis von Basis und Überbau (im Sinne von Marx) umzustülpen. Am Schluss seiner religionssoziologischen Untersuchung macht er selbst auf diesen Sachverhalt aufmerksam. Es sei nicht seine Absicht, «an Stelle einer einseitig ‹materialistischen› eine ebenso einseitig spiritualistische kausale Kultur- und Geschichtsdeutung zu setzen».[25] Man müsse auch berücksichtigen, «wie die protestantische Askese ihrerseits durch die Gesamtheit der gesellschaftlichen Kulturbedingungen, insbesondere auch der ökonomischen, in ihrem Werden und ihrer Eigenart beeinflusst worden ist».[26]

Nachzutragen ist – im Zusammenhang mit dem Puritanismus – die anglikanische Kirche, die von allen protestantischen Kirchen ihrer Geschichte und ihrem Ritus nach der römisch-katholischen Kirche am nächsten steht. Sie wurde von König Heinrich VIII. von England nicht aus religiösen, sondern aus weltlichen Erwägungen heraus als Staatskirche von der römisch-katholischen Kirche getrennt. Die Suprematsakte von 1534 anerkannte den König als Irdisches Oberhaupt der Kirche von England. Unter Eduard IV. wurde dann 1547 das Abendmahl unter beiderlei Gestalt, das «Book of Common Prayer» sowie das Glaubensbekenntnis von 39 Artikeln eingeführt und das Zölibat abgeschafft. Der Anglikanismus entspricht seitdem den protestantischen Normen im Gottesdienst mit Predigt und Gemeindegesang. Das Episkopalsystem dagegen wurde mit einigen Änderungen von der alten Kirche übernommen. Die Bischöfe und die beiden einflussreichen Erzbischöfe von York und Canterbury, von denen der letztere als Primas von England gilt, werden von der Krone ernannt und haben einen Sitz im Oberhaus. Die englische Staatskirche (die Church of England) umfasst zwei Richtungen, die «hochkirchliche» Richtung, die den Zusammenhang mit der mittelalterlichen Kirche betont, und die «niederkirchliche» Richtung mit ihrer Sympathie für das Bibelwort und den Puritanismus.

Der Puritanismus kann als Stichwort dienen; denn man wird dem englischen Christentum nicht gerecht, wenn der Puritanismus übergangen wird, der nicht nur seit etwa 1570 eine er-

gänzende Reinigung der anglikanischen Kirche von katholisie-
renden Elementen betrieb, sondern dem auch in den beiden
Bürgerkriegen von 1642 bis 1646 und dem von 1648 eine nicht
unwichtige Bedeutung zukam: England teilte sich damals in
Regionen der königlichen und anglikanischen sowie in solche
der parlamentarischen und puritanischen Partei. Während die
Royalisten und Anglikaner mehr die agrarisch-feudalen Ge-
biete beherrschten, standen die Städte – allen voran London als
Finanz- und Handelszentrum – auf Seiten des Parlaments.
Hier war jener konsequente Puritanismus verbreitet, der dem
Profitdenken der aufsteigenden bürgerlichen Gesellschaft ent-
gegenkam. Die puritanische Revolution fand schließlich in
Oliver Cromwell ihren siegreichen Führer; seine Roundheads
bezwangen die königlichen Kavaliere. Diesem ersten folgte im
Mai 1648 ein zweiter Bürgerkrieg, der nach wenigen Monaten
zu Ende ging. Im Dezember 1648 stimmte ein Rumpfparla-
ment – die nonkonformistischen Abgeordneten waren von
Cromwell ausgeschlossen worden – dem Prozess gegen den
König zu. Einen Monat darauf erfolgte der Schuldspruch im
Sinne der Anklage: «Charles Stuart to be a tyrant.» Hatte der
erste Bürgerkrieg den König die Macht gekostet, so verlor er
mit dem zweiten Thron und Leben. Damit hatte der Puritanismus, dessen innerweltliche Askese Max Weber bewunderte,
im Namen der virtuellen Volkssouveränität ein gekröntes
Haupt hingerichtet, was den deutschen Patrioten Weber in
einem Brief an Adolf von Harnack zu den Worten bewegte:
«... dass unsere Nation die Schule des harten Asketismus niemals, in keiner Form, durchgemacht hat, ist ... die Quelle alles
Desjenigen, was ich an ihr (wie an mir selbst) hassenswert
finde».[27]

3. Das amerikanische Christentum und die Pluralität der Sekten

Eine Nation mit der Seele einer Kirche
«Amerika ist ein christliches Land, ein Drittel aller Amerikaner sind streng gläubig. Ein Bestandteil unseres Christentums aber ist Liebe zu Amerika. Amerika ist die Religion in diesem Land. Jesus zu lieben und das Land zu lieben, gehen Hand in Hand.»[1] Norman Mailers Interpretation mag überspitzt klingen; de facto liegt sogar die Zahl der bekennenden Christen wesentlich höher. Laut Umfrage glauben rund neunzig Prozent der Amerikaner an Gott, über achtzig Prozent bezeichnen sich als Mitglieder einer der zahlreichen christlichen Denominationen. Und was den substantiellen Teil von Norman Mailers Interpretation anbelangt, so seien hier nur zwei Zitate herausgegriffen, die Mailers Aussage ergänzen. Zwei Jahre, bevor im Frieden von Paris (1783) England die amerikanische Unabhängigkeit formell anerkannte, schrieb der spätere Präsident John Adams: «Der große Plan der Vorsehung muss erfüllt werden ... Der Fortschritt der Gesellschaft wird durch diese Revolution um Jahrhunderte beschleunigt ... Das Licht des Tages breitet sich von seiner westlichen Quelle her aus. Möge es weiter ansteigen, bis der volle Tag erreicht ist.»[2] Und kurz vor dem Eintritt der Vereinigten Staaten in den Ersten Weltkrieg erklärte Präsident Woodrow Wilson: «Amerika hat das unendlich kostbare Privileg, seine eigene Bestimmung zu erfüllen und gleichzeitig die Welt zu erretten.»[3]

Ein Blick auf das amerikanische Christentum lässt zunächst vier Phänomene erkennen: Die Vielfalt christlicher Denominationen, die Durchdringung der Politik mit religiöser Rhetorik, die relativ starke Bedeutung evangelikaler Traditionen und die zunehmenden Fernsehkirchen. Die elektronischen Medien in den Vereinigten Staaten bringen eine Unzahl religiöser Programme – konventionelle Gottesdienste ebenso wie Erweckungspredigten und religiöse Talk-Shows. In der Politik dominieren religiöse Terminologien: in Wahlkämpfen, in den Ansprachen amerikanischer Präsidenten bis hin zum Eingangsgebet in den Kabinettssitzungen und dem National Prayer Breakfast. Die amerikanischen Christen vertreten die Meinung, dass der Religion im privaten wie im politischen Bereich eine hohe Bedeutung zukommen sollte. Es lässt sich kaum ein besseres Beispiel für die Behauptung des Staatsrechtslehrers Carl Schmitt finden, alle politischen Begriffe der modernen – sprich: amerikanischen – Staatslehre seien säkularisierte theologische Termini. In gleicher Weise kann man Sidney E. Meads Charakterisierung der Vereinigten Staaten als «nation with the soul of a church»[4] aufgreifen. Die Relation zwischen dem religiösen und dem politischen Denken ist zentral. Erst daraus erklärt sich die Pragmatisierung der Religion auf der einen und die Moralisierung der Politik auf der anderen Seite.

Die Charakterisierung der Vereinigten Staaten als einer Nation mit der Seele einer Kirche geht auf die puritanische Immigration zurück, der die Neue Welt als das versprochene Land eines auserwählten Volkes galt. Bereits bei der Besiedlung der Neuengland-Kolonien dominierte das religiöse Moment. Die ersten Siedler waren strenggläubige Calvinisten, die wie die weiteren Siedler den Puritanismus ausbreiteten. Noch heute findet man mehrere Dokumente, die vom amerikanischen Selbstbewusstsein sprechen und von der gottgewollten Missionsaufgabe, die Welt zu gestalten. Gemäß der Verbindung von Glauben und Politik entstanden christliche Gemeinwesen in den Neuengland-Kolonien – entsprechend den Predigten des Pfarrers von Concord in der Massachussets-Bay, Peter Berkley: «Wir sind wie eine Stadt gebaut auf einen Hügel, dem Blick der ganzen Erde ausgesetzt; die Augen der Welt sind auf uns gerichtet, weil wir uns als Volk im Bund mit Gott bekennen ... Alle Völker streben danach, in irgendeiner Weise hervorzuragen. Wir können es nur durch Heiligkeit.»[5]

Demokratie und Sendungsbewusstsein

Neben dieser Idee des Bundes durchziehen einige andere Begriffe die amerikanische Geschichte. Einer davon ist der American Creed, der Glaube an die religiöse Gründungsurkunde und der an die Verfassung und die republikanischen Prinzipien, die seit der Gründung der Union als die bedeutendste Bindung in Bezug auf die heterogene Bevölkerung wirkt. Ein weiterer die amerikanische Geschichte durchherrschender Begriff ist der moralisch-religiös geprägte Terminus der amerikanischen Demokratie. Politik und Demokratie werden durch die Religion vereint. Damit umfasst der demokratische Glaube nicht nur den Glauben an die Demokratie, sondern vor allem auch die Überzeugung von der demokratiestiftenden Wirkung der amerikanischen Religionen. Nach dem Bürgerkrieg manifestierte sich in Lincolns Reden eine ausgeprägt transzendentale Bedeutung der Demokratie. Und die bedeutendsten Schriftsteller des 19. Jahrhunderts wie Melville, Whitman und Emerson sahen, so Jürgen Heideking, im «Begriff ‹Amerika› eine eher moralisch-religiöse denn eine staatliche Dimension, und sie feierten die amerikanische Demokratie als Teil des göttlichen Erlösungswerkes für die gesamte Menschheit».[6] Ganz ähnlich äußerte sich John Foster Dulles, der Außenminister Eisenhowers, als er darauf hinwies, nur die Vereinigten Staaten könnten der Menschheit «den Weg ... zu einem besseren und reicheren Leben [weisen]. Diese Mission stand uns immer vor Augen ... Weltmission war für uns ein Hauptthema.»[7] Und ganz ähnlich wies der damalige Präsidentschaftskandidat Adlai Stevenson in einer Wahlrede darauf hin: «Das Gefühl einer neuen Menschheitsdämmerung echot aus den großen Reden und Dokumenten, die die Grundlagen der Vereinigten Staaten sind.»[8]

Dass das Sendungsbewusstsein – besser: die Sendungsrhetorik – auch eine starke negative Wirkung zeitigte, veranschaulicht das Schicksal der Leidtragenden: der indianischen Ureinwohner (Native Americans) und der versklavten Afrikaner

(African Americans). Als es darum ging, die «amerikanische Wildnis» in einen «Gottesgarten» zu verwandeln, kam es zunächst zu den Vertreibungen, denen alsbald zumindest Tendenzen der Ausrottung folgen sollten. Die meisten Siedler vertraten denn auch die Intention, die «leibhaftigen Kinder des Satans» zu dezimieren – eine Intention, die die amerikanische Geschichte durchzog und die noch prägend war, als der «Eisenbahnbau und die Entstehung von Millionen neuer Farmen in den Gebieten westlich des Mississippi … das Ende für die noch existierenden eigenständigen Indianerkulturen» brachten. Die Farmer, die Ingenieure und die Bauarbeiter sahen in den Ureinwohnern einen «Teil der – ebenso grandiosen wie gefährlichen – Natur des Westens». Diese galt es zu «zähmen und zu überwinden», nachdem bereits in den 1870er Jahren der Nahrungsmittelbedarf der Bautrupps die «Existenzgrundlage der nomadischen Prärieindianer» – die immensen Büffelherden – weitgehend vernichtet hatte.[9]

Eine weitere Bevölkerungsschicht, die von der demokratiestiftenden Wirkung der amerikanischen Religionen zunächst nur wenig wahrnahm, war die Bevölkerungsschicht der Afro-Amerikaner. Sie verspürten über einen recht langen Zeitraum das «amerikanische Dilemma» (Gunnar Myrdal) einer «Zwei-Klassen-Teilung nach Rassen», die sich in das weltöffentliche Bewusstsein einprägte: mit den Bürgerrechtsmärschen der 1950er und 1960er Jahre, mit der Black-Power-Bewegung etc. Martin Luther King kam damals eine dominierende Rolle zu; später war es Jesse Jackson. Mittlerweile hat sich die Bevölkerungsschicht der Schwarz-Afrikaner in protestantischen Kirchen organisiert: namentlich in rassisch segregierten baptistischen und methodistischen Denominationen. Ein Großteil der so genannten schwarzen Kirchen lässt sich traditionalistisch evangelikal charakterisieren – wobei die kollektive Leidensgeschichte, die alltägliche Deprivation, aber auch die Hoffnungen zu spüren sind.

Die katholische Kirche

Die Vereinigten Staaten, die sich als eine protestantische Nation begriffen, wurden in ihrem Glauben durch die anwachsende katholische Kirche herausgefordert. Die puritanische Staats- und Gesellschaftstheorie war zwar im Laufe der amerikanischen Geschichte schwächer geworden, doch dies bedeutete nicht, dass man ohne weiteres – trotz des beständig herausgestellten Toleranzgedankens – die katholische Kirche in das angestrebte bürgerliche und kirchliche Gemeinwesen aufnahm. Alexis de Tocqueville vermerkte einmal: «Zwei Dinge in den Vereinigten Staaten erregen Staunen: die große Beweglichkeit menschlichen Tuns und die eigentümliche Festigkeit gewisser Grundsätze.»[10] Habe sich «eine Anschauung einmal auf dem amerikanischen Boden verbreitet und darin Wurzeln gefasst, so ist es, als könnte keine Macht der Erde sie ausrotten. In den Vereinigten Staaten verändern sich die allgemeinen Lehren im Gebiet der Religion, Philosophie, Moral und selbst im Politischen nicht»[11]. Darin zeige sich die Eigenart des Amerikaners, der sich eher darin übe, «die Folgen bekannter Grundsätze abzuwandeln ..., als nach neuen Grundsätzen zu suchen»[12]. Blickt man auf die protestantischen Zitate zurück, besonders darauf, dass die Kennzeichnung der Vereinigten Staaten als einer Nation mit der Seele einer Kirche von den Puritanern stammte, für die, wie angemerkt, die Neue Welt als das verheißene Land eines auserwählten Volkes galt, so lässt sich Tocquevilles Gesamtaussage vollauf zustimmen. Aber auch seinem letzten Hinweis gebührt Beachtung, denn die dort angesprochene Eigenschaft des Amerikaners, bekannte Grundsätze abzuwandeln, kann für die allmähliche Integration der katholischen Kirche herangezogen werden. Mit Jürgen Heideking lässt sich sagen, dass etwa zwei Drittel der irischen und ein Drittel der deutschen Einwanderer in den beiden Jahrzehnten vor dem Bürgerkrieg Katholiken waren, durch die sich das religiöse Bevölkerungsgefüge veränderte. Bis 1840, jenem Jahr, bis zu dem das protestantische Element überwog, war auch die freiheitliche Ideologie, die sich in der amerikanischen Kultur herauskristallisiert hatte, eindeutig protestantisch ausgerichtet. Dass sich dies nun änderte, darin lag für die große Mehrheit der assimilierten Bevölkerung mit protestantischer Dominanz Mitte der 1840er Jahre der Grund, mit ausgesprochen fremdenfeindlichen Protesten zu reagieren. Die Jahrzehnte, die darauf folgten, trugen vor allem an der «Ostküste und im Nordwesten» zur «Destabilisierung der politischen Lage bei».[13]

In hohem Maße wurden im Laufe der weiteren amerikanischen Geschichte die Aversionen gegen die inzwischen etablierte katholische Kirche abgebaut und das Verhältnis schließlich so stark normalisiert, dass John F. Kennedy die Novemberwahlen von 1960 gewinnen konnte. Seine Karriere brachte ihn zunächst in das Repräsentantenhaus, 1953 in den Senat und 1961 als jüngsten Präsidenten – und vor allem als ersten Katholiken – ins Weiße Haus. Die amerikanischen Katholiken empfanden diese Wahl als Beweis für ihre nationale und demokratische Integration. – Inzwischen hatte sich ohnehin die religiöse Bevölkerungsstruktur ganz erheblich verändert. Waren ursprünglich die Vereinigten Staaten ethnisch und religiös ähnlich strukturiert wie Nordwest- und Mitteleuropa, so umfasste der so genannte Schmelztiegel inzwischen Einwanderer des gesamten europäischen Kontinents. Hier war man bestrebt, die Immigranten rasch zu «amerikanisieren» – durch das öffentliche Schulwesen, das die amerikanischen Werte und Ideale zu vermitteln hatte. Nicht wenige Immigranten wandten sich gegen diesen Konformitätsdruck, viele Stadtbewohner behielten ihre Traditionen und Lebensgewohnheiten bei.[14]

Die Vereinigten Staaten als eine Nation mit der Seele einer Kirche und die protestantische Überzeugung, God's Own Country and God's Chosen People zu sein, herrschen noch immer vor, obgleich die protestantischen Kirchen und Konfessionen, die nicht evangelikal ausgerichtet sind, nur noch in etwa die gleiche Mitgliederzahl aufweisen wie die römisch-katholische Kirche. In den Vereinigten Staaten hat zudem die gesellschaftliche Rationalisierung und Säkularisierung nicht dazu beigetragen, die Bedeutung der Religion zu mindern. Selbst nach dem Erlebnis der Großen Depression, des New Deal, und des Zweiten Weltkriegs betrachteten die Amerikaner ihr Gemeinwesen als *eine* Nation. Und ohne Jeffersons Grundsatz der Trennung von Kirche und Staat zu tangieren, kam damals den Symbolen und Ritualen der Civil Religion besondere Bedeutung zu. Der Kongress ließ die Geldscheine und Münzen mit der Aufschrift «In God We Trust» versehen, Eisenhower führte das erwähnte Eingangsgebet für die Kabinettssitzungen ein. Und umgekehrt ist in fast jeder amerikanischen Kirche die Flagge sichtbar aufgestellt. Als nach dem 11. September 2001 eine kaum zu überschätzende Erschütterung durch die Vereinigten Staaten ging, kündigte George W. Bush in apokalyptischen Metaphern einen «monumentalen Kampf zwischen Gut und Böse» an. Die Nation scharte sich hinter ihm.

Die jüdische Diaspora
Mit Blick auf die jüdische Immigration lässt sich feststellen, dass die geistigen Schranken zwischen den amerikanischen Christen, nicht nur protestantischer Prägung, und den Juden ursprünglich noch wesentlich undurchlässiger waren als die zwischen den Katholiken und den Protestanten. Im Unterschied zu den ersten jüdischen Immigranten, die 1654 in Neu-Amsterdam ihr Shearit Israel gründeten, und den sephardischen Juden, die zuvor aus Spanien ausgewiesen worden waren, ging von 1880 an, mit der damals einsetzenden größeren jüdischen Immigrationswelle, die amerikanische Aufnahmebereitschaft zwar zurück. Den Juden gelang jedoch die weitere Immigration – vor allem in New York, dem «Amerikanischen Jerusalem», wo heute mehr Juden als in Jerusalem und Tel Aviv (zusammengenommen) leben. Ernsthaft gefährdet wurde die

amerikanische Aufnahmebereitschaft der Juden in jenen Jahren, in denen sie am meisten vonnöten gewesen wäre. 1933 bis 1938, Jahre, in denen sich bereits der Holocaust in Deutschland auszubreiten begann, behielten die Vereinigten Staaten die unter Präsident Franklin D. Roosevelt verfügte restriktive Einwanderungspolitik bei und nahmen in diesem Zeitraum lediglich 60 000 Juden auf – eine Zahl, die während des Zweiten Weltkrieges um 200 000 stieg. Kaum mehr als 260 000 Menschen entgingen dadurch dem sicheren Tod.[15]

Infolge der Einwanderungen der osteuropäischen Juden nach 1880 und der westeuropäischen Juden in den Jahren bis 1932 veränderte sich die jüdisch-amerikanische Gemeinschaft. Der jüdische Kosmos New Yorks führte die Kultur der Jiddischkeit und des Chassidim, die Traditionen des osteuropäischen Judentums, fort. Gleichzeitig passten sich die osteuropäischen Juden aber auch religiös bald denen an, die aus Deutschland und anderen Ländern Westeuropas kamen und ihre religiöse Überzeugung gleichermaßen in den American Way of Life einbrachten. Im Laufe der Zeit entstand in Brooklyn und Queens ein «Jerusalem of America» mit mehr als zweihundert Synagogen, jiddischen Theatern, großen und kleinen Jeshivas, Buch- und Devotionalienläden, koscheren Märkten und koscheren Lokalen. Die gesellschaftliche Spannweite reichte von liberalen Reformjuden über Konservative, Orthodoxe und Chassidim bis hin zu den Ultra-Orthodoxen, die selbst auch wieder chassidisch sind. In den Vereinigten Staaten lebten alsbald mit sechs Millionen Juden zwei Millionen mehr als in ganz Israel.

Im Alltag und in der Arbeitswelt, in der die Juden wie nie zuvor in ihrer Geschichte erfolgreich waren, kamen sich die beiden ethnischen und religiösen Bevölkerungsgruppen immer näher. Im Gegensatz zu den 47 Prozent der Bevölkerung, die in den 1940er Jahren die Juden für zu mächtig hielten, teilten im Jahre 1962 nur noch siebzehn Prozent diese Meinung. Im selben Zeitraum verringerte sich die Zahl derjenigen, die Juden als eine Bedrohung für die Vereinigten Staaten ansahen, um achtzehn Prozent. Laut Umfrage sehen heute die amerikanischen Mitbürger wesentlich weniger als früher, dass Juden «eine Menge ärgerlicher Fehler haben», beispielsweise «Skrupellosigkeit», oder dass sie «williger als andere zu zweifelhaften Maßnahmen greifen, um zu erreichen, was sie wollen». Nichtjuden glauben auch weniger als früher, dass Juden «zu viel Macht besäßen und dass sie sich nur um das kümmern, was ihre eigenen Leute angeht».[16] Ohne Zweifel, die Diasporajuden im «Amerikanischen Jerusalem» haben Erfolge erzielt: Bereits gegen 1970 war fast ein Viertel der Studierenden an der Harvard Universität jüdischer Abstammung; an der Columbia Universität lag der Prozentsatz noch höher. Diese Studierenden gelangten nach ihrem Universitätsabschluss in den 1990er Jahren zu einflussreichen Positionen im Rechtswesen und vor allem in der Politik.

Es lässt sich ohne Übertreibung sagen, dass die jüdische Minderheit in hohem Maße in den politischen Prozess der Vereinigten Staaten involviert ist. In Präsidentschaftswahlkämpfen sowie bei anderen Wahlen sind die Kandidaten darauf bedacht, die jüdischen Wähler für sich zu gewinnen, weil das Abstimmungsverhalten der «Jewish vote» über Erfolg und Niederlage entscheiden kann. Der Lohn hierfür ist den Diaspora-Juden sicher. Präsident Clinton beispielsweise berief während seiner ersten Amtszeit zwei Juden in den Supreme Court, und in dem 1998 gewählten Repräsentantenhaus waren die Juden in wesentlich höherem Maße vertreten als in Bezug auf die Proportionalitäten der amerikanischen Bevölkerung.[17] Nach Umfrageforschungen lässt sich zudem mit Erstaunen feststellen, dass der Anteil derer, die einen jüdischen Präsidentschaftskandidaten wählen würden, von 49 auf 72 Prozent stieg. Präsident George W. Bush hat bei seinen engsten Kabinettsmitgliedern und Beratern bereits daraus seine Konsequenzen gezogen. Verbunden ist damit vor allem die prägende Mitwirkung der amerikanischen Supermacht bei allen den Nahen Osten betreffenden Fragen, was zu einer problematischen Doppelrolle geführt hat. Die Vereinigten Staaten werden von ihren arabischen und palästinensischen Verhandlungspartnern sowohl als Vermittler als auch als Partei wahrgenommen – Letzteres besonders dann, wenn es um die Interessen Israels geht.

Wenn man den Blick wieder auf das «Jerusalem of America» wendet, so lässt sich, wie die zuvor genannten Daten zeigen, ein Verebben des Antijudaismus und Antisemitismus feststellen. Zweifellos muss man diese Aussage entsprechend der Regionen und der amerikanischen Teilgesellschaften modifizieren. Denn ihren Motiven nach ist die antijudaische und die antisemitische Vorurteilsstruktur noch vorhanden. Nur ist sie in New York und in den anderen großen Städten kaum noch relevant, während sie sich in konservativ geprägten Regionen des Südens, des Mittleren Westens und des Westens immer noch zeigt. Die Funktion des Underdogs, die in traditionellen europäischen Gesellschaften oft die Juden ausfüllten, nehmen in den Vereinigten Staaten die Schwarzen und andere Minderheiten wahr. Daran mag es auch liegen, dass das Abgrenzungsbedürfnis der jüdischen Gemeinden im Amerika des «anything goes» weit weniger ausgeprägt ist als in europäischen Ländern. Das «anything goes» erleichtert zugleich auch eine Assimilierung: eine Amerikanisierung, die jeder Einwanderer nach einiger Zeit zu erbringen hat. Dies führt zu einem weiteren und letzten Gedanken: Die jüdische Theologie lebt von dem Hoffnungssatz: «Das Geheimnis der Erlösung ist Erinnerung ...» Die negativen Erfahrungen mit der fortschreitenden Anpassung an die konturenlose amerikanische Normalgesellschaft könnten für die Juden in New York und in anderen Siedlungsgebieten auch bedeuten, dass die assimilierende Liberalisierung langfristig das Ende des jüdischen Glaubens in Amerika herbeiführt. Damit stellt sich für alle Juden die bange Frage, inwieweit man sich im «Jerusalem of America» nicht mehr an das erste Jerusalem erinnert. Das wäre im Kontext der orthodoxen jüdischen Ängste die schlimmste Variante des traditionszerstörenden Melting pot. Dann entstünde die Suche nach jenem anderen Ort, an dem ein frommer Chassidim sagen könnte: Jerusalem liegt da, wo die Leute auf den Messias warten, wo die Thora gelesen wird und eine «Schul» entsteht, in der sich jüdisches Leben entfaltet.

Die puritanisch-politische Expansion

Für die anstehende Frage kann man sich an einige Zitate erinnern: Die Puritaner leiteten ihr Sendungsbewusstsein von einer religiösen Überzeugung ab, der die Vereinigten Staaten als das versprochene Land eines auserwählten Volkes galt. Sie waren zudem der Meinung, der demokratische Glaube der Vereinigten Staaten umfasse nicht nur den Glauben an die Demokratie, sondern auch den an die demokratiestiftende Wirkung der amerikanischen Religion(en). Und schließlich betonten sie immer wieder die gottgewollte Missionsaufgabe, die Welt religiös zu bekehren. Geht man von diesem puritanischen Glauben aus, so erhebt sich zunächst im amerikanischen Imperialismus die Frage, inwieweit die bereits hier begrenzt erstrebte weltbeherrschende Rolle, die die Vereinigten Staaten immer mehr einnahmen, als politisches Gegenstück zum demokratischen Sendungsbewusstsein puritanischer Prägung zu sehen ist, oder ob hier eine Verbindung zwischen Politik und Puritanismus vorliegt. Diese Frage stellt sich umso eindringlicher, als die Vereinigten Staaten in ihrer aktuellen Politik sich letztlich nur so weit an das Völkerrecht und an internationale Verträge gebunden fühlen, soweit es den Interessen der Supermacht entgegenkommt.

«We hold these truths to be self-evident»: mit diesen Worten beginnt der zweite Satz der amerikanischen Unabhängigkeitserklärung. Mit diesem Dokument wurde nicht nur der von vielen Amerikanern als «battle between God and Antichrist»[18] gedeutete Unabhängigkeitskampf beendet; dieses Dokument verweist gleichermaßen auf ein neues amerikanisches Selbstverständnis, das sich alsbald im Imperialismus der Vereinigten Staaten dokumentieren sollte. Vor allem die von Theodore Roosevelt (1901–1909) und von Woodrow Wilson (1913–1921) betriebene Expansionspolitik wurde von einer Kreuzzugsstimmung geprägt, die die materiell motivierte Expansion verstärkte. Der ausgeprägte Enthusiasmus besaß sowohl einen materiellen Aspekt, insoweit er eine politische und soziale Ideologie betonte, als auch einen religiösen Aspekt, da er die Tugenden und Notwendigkeiten eines protestantischen Christentums hervorhob. Damit maßten sich die Vereinigten Staaten bereits frühzeitig eine moralische und ideologische Überlegenheit an. Trotz des Fortwirkens der puritanischen Tradition besaß diese Anmaßung vorwiegend ins Weltliche gewendete Formen. Man berief sich auf die Autorität einer jenseitigen Macht, um das stete Wachstum der Vereinigten Staaten zu erklären; die Rechtfertigung der Expansion beruhte jedoch im Allgemeinen auf weltlichen Maßstäben. So stand beispielsweise der Ausdruck Manifest Destiny eher als Symbol für die Behauptung, dass Gott auf der Seite der Vereinigten Staaten stehe, als für den bescheideneren Anspruch, dass das Land sich den himmlischen Heerscharen angeschlossen habe.

Diese religiös-politischen Vorstellungen transformierten sich in Verbindung mit dem Bekenntnispluralismus zu einer Integrationsideologie für die neue Nation. In diesem Prozess wurden auch die politisch-ökonomischen Grundlagen religiös überhöht. Sie wurden zu Zeichen der Auserwähltheit der Vereinigten Staaten und zum Inhalt ihrer göttlichen Mission in der Welt. Wie erwähnt, setzte diese mit Theodore Roosevelt ein, der Theorie und Praxis imperialer Herrschaft mit religiösen, rassistischen und reformerischen Antrieben verband. Der moralische bzw. durchgeistigte Imperialismus der Vereinigten

Staaten stellte eine wirksame ideologische Parole dar, die für die betriebene Expansion einen Legitimationscharakter annahm. Betont wurde die Wechselbeziehung zwischen ökonomischen und religiösen Motiven; für die amerikanische Außenpolitik waren jedoch die ökonomischen Motive vorherrschend. Ähnlich wie Roosevelts Square-Deal-Programme darauf abstellte, die Industriegesellschaft der Vereinigten Staaten durch verantwortliche Führer zu regulieren, so propagierte er für das internationale Geschehen die Interessen der auserwählten Zivilisation der Vereinigten Staaten. Gewisse Beschränkungen der großen Aktiengesellschaften seien deshalb nötig. Allgemein aber gelte: «Wirtschaftliche Interessen, die über die größten Mittel verfügen ..., übernehmen die Führung im Kampf um die kommerzielle Vormachtstellung unter den Nationen der Welt. Amerika hat soeben erst die führende Stellung im internationalen Wirtschaftsleben übernommen, die ihm, wie wir glauben, vermehrt zukommen wird. Es ist von größter Bedeutung, dass diese Stellung nicht gefährdet wird, besonders in einer Zeit, da der Überfluss unserer eigenen natürlichen Hilfsquellen und das Können, der Geschäftsgeist und die mechanischen Fertigkeiten unseres Volkes Auslandsmärkte notwendig machen.»[19]

Eine missionarisch umhüllte expansive amerikanische Außenwirtschaftspolitik war auch die Zielsetzung Woodrow Wilsons, der dem presbyterianischen Calvinismus verpflichtet war und einen Idealismus vertrat, der das ökonomische Streben nach Märkten ergänzte und verstärkte. Bereits kurz nach seiner Amtsübernahme im März 1913 bezeichnete er die Ausweitung der amerikanischen Exporte als eine seiner Hauptaufgaben. Für ihn waren die Vereinigten Staaten eine expandierende Nation. Seine Befürwortung ökonomischer Expansion wurde zwar durch seinen Protestantismus verklärt. Doch de facto berechtigt dies nicht zur Deutung seiner Diplomatie als eines moralischen Imperialismus oder einer missionarischen

Diplomatie. Wilsons Imperialismus stand vielmehr im Zusammenhang der wechselseitigen Bedingtheit von Wirtschaft und Moral, wie dies der aus dem Calvinismus hervorgegangene Protestantismus vertrat. Es bestanden, wie Max Weber aufgezeigt hat, tiefgründige Abhängigkeiten zwischen religiösen Handlungen und Glaubensweisen einerseits und vitalen Interessen und Klassenlagen andererseits: «Die protestantische Askese», so die bereits zitierte zentrale Aussage Webers, «entlastete den Gütererwerb von den Hemmungen der traditionalistischen Ethik, sie sprengte die Fesseln des Gewinnstrebens, indem sie es nicht nur legalisierte, sondern ... direkt als gottgewollt ansah.»[20] Davon abgesehen erzwangen die wirtschaftlichen Probleme, charakterisiert durch die Rezession von 1913 und die Tiefkonjunktur bis 1914, eine expansive Außenwirtschaftspolitik. Und dabei wurde die ökonomische Expansion zunehmend enger mit der militärischen verbunden. «Da der Handel», so hatte Wilson in einer Vorlesungsreihe an der Columbia-University in New York (1907) betont, «sich über die nationalen Grenzen hinwegsetzt und der Unternehmer die Welt als seinen Markt beansprucht, muss die Flagge seiner Nation ihm folgen, und die verschlossenen Tore der Nationen müssen aufgesprengt werden.» «Die von Finanziers erworbenen Konzessionen», so Wilson weiter, «müssen von den Staatsministern garantiert werden, selbst wenn die Souveränität widerspenstiger Nationen dabei verletzt würde.»[21] Die protestantische Motivation der auf materiellen Interessen basierenden amerikanischen Außenpolitik blieb vorherrschend, sie wurde durch den weltweiten Führungsanspruch der Vereinigten Staaten nach dem Scheitern der Sowjetunion, des «Reichs des Bösen», so der ehemalige Präsident Ronald Reagan, nur noch verstärkt. Präsident George Bush sen. sprach in einem seiner Berichte zur Lage der Nation von Veränderungen in der Welt mit «nahezu biblischem Ausmaß»[22]. Amerika habe durch die Gnade Gottes den Kalten Krieg gewonnen.

Nun seien die Vereinigten Staaten die «unbestrittene Führungsmacht dieses Zeitalters».

Dass diese Führungsmacht die Terroranschläge vom 11. September 2001 erleben musste – mehr als ein zweites Pearl Harbor –, war schlechthin eine Herausforderung. So fand denn auch Bush jun. überdeutliche Worte, die in dem Ausspruch gipfelten: «Wir werden einen Kreuzzug führen, um die Welt von den Übeltaten zu befreien.» Zwar hat Präsident Bush später auf Druck seiner Berater seine Äußerung über den «Kreuzzug» gegen den Terrorismus relativiert, dafür aber auf internationalem Terrain eine «Achse des Bösen» ausgemacht, die in das Zentrum jener manichäischen Betrachtungsweise rückte, mit der die Vereinigten Staaten unübersichtliche Probleme auf übersichtliche Gut-Böse-Konfrontationen reduzieren.

Die Sekten

Neben den protestantischen Denominationen, der katholischen Kirche und der jüdischen Diaspora besteht in den Vereinigten Staaten eine Vielfalt religiöser Sekten, die sich in zwei größere Gruppen einteilen lassen. Diesen beiden Gruppen, die sich selbst Zentren, Bewegungen, Kirchen etc. nennen, entsprechen zwei Sektenbegriffe. Der eine, der klassische Sektenbegriff, ist der theologische. Er geht auf das Spannungsverhältnis zwischen den zumeist protestantischen Denominationen und den entstehenden Sektenbewegungen zurück und bezeichnet eine Abspaltung von den Ursprungskonfessionen. Diese Sekten bilden häretische Gemeinschaften, die teils innerhalb des protestantischen Religions- und Kulturkreises bleiben, teils aber auch auf eigenen Offenbarungs- und Wahrheitsquellen beruhen und insofern den protestantischen Rahmen sprengen, als sie neben der Bibel und der christlichen Überlieferung eine eigene Schrift – beispielsweise das Buch Mormon – und/oder einen eigenen Propheten aufweisen. Zur ersten Gruppe zählen in den Vereinigten Staaten unter anderem die Anabaptisten bzw. die Mennoniten und die Quäker. Der zweiten Gruppe lassen sich unter anderem die Mormonen und in einem weiteren Sinne die Zeugen Jehovas zuordnen.

Im Unterschied zum klassischen Sektenbegriff sind für den neuen kulturellen Sektenbegriff nach der amerikanischen Psychologin Margaret Thaler Singer drei Faktoren relevant: «die Entstehung der Gruppe und die Rolle des Führers, die Machtstruktur, also die Beziehung zwischen dem Führer (oder den Führern) und den Anhängern, der systematische Einsatz von Überredungs- und Überzeugungstechniken (Techniken der mentalen Programmierung, im allgemeinen Sprachgebrauch auch Gehirnwäsche genannt).»[23] Dieser Sektenbegriff umfasst nach dem amerikanischen Psychologen Robert Jay Lifton totalitäre Praktiken, die Verehrung eines Gurus oder Führers (statt einer Verehrung spiritueller Prinzipien) und eine Verbindung aus spiritueller Suche von unten und – zumeist ökonomischer und/oder sexueller – Ausbeutung von oben.[24] Mit anderen Worten: Der Begriff bezieht sich auf Sekten mit einem Elitenbewusstsein, in denen das Heilsversprechen mit einem Absolutheitsanspruch verbunden ist. Hinzu kommen Charakteristika, die sich stichwortartig durch die Termini des Gruppendrucks, der Bewusstseinskontrolle, des Verschwörungsdenkens etc. andeuten lassen. Die Intentionen dieser Sekten sind nicht allein religiös, sondern vielfach auch politisch. Die Moon-Sekte und die Scientology-Organisation sind in diesem Kontext zu nennen.

Unter den klassischen – theologischen – Sektenbegriff lassen sich zunächst die Anabaptisten subsumieren, die eine urchristliche Gottesgemeinde und, damit verbunden, die Wiederherstellung der reinen Lehre des Neuen Testaments anstreben, so wie Jesus und die Apostel sie lehrten. Ihre Glaubenssätze stützen sich vor allem auf die Bergpredigt, aber auch auf die Evangelien nach Markus und nach Johannes, auf die Apostelgeschichte des Lukas, die Paulusbriefe an die Korinther und auf das Buch der Offenbarung des Johannes. In der amerikanischen Religionsgeschichte haben sich die Anabaptisten gegen die – weltliche und geistliche Herrschaft verbindende – calvinistische und anglikanische Kirche gewandt. Propagiert wird dagegen die Trennung von Kirche und Staat. Und nicht zuletzt ist die Gegenkultur zum American Way of Life hervorzuheben, wodurch den Anabaptisten und der größten der anabaptistischen Gruppen, den Mennoniten, eine nicht geringe Bedeutung zukommt. Wie die Anabaptisten begründen auch die nach ihrem Führer Menno Simons benannten Mennoniten (Mennonite Church) ihre Lehre mit dem Neuen Testament und vor allem mit der Bergpredigt und den genannten Aposteln. Die Brüder in Christo, wie sich die Mennoniten nennen, unterscheiden sich von der katholischen Kirche und von den protestantischen Denominationen unter anderem durch die Erwachsenentaufe und vor allem durch die absolute Weigerung, obrigkeitliche Ämter zu bekleiden sowie Waffen zu tragen und anzuwenden – entsprechend Menno Simons' Botschaft des Friedens: «Die in Christo Wiedergeborenen ziehen nicht in den Krieg und lassen sich auf keinen Streit ein; sie sind Kinder des Friedens, die ihre Schwerter zu Pflugscharen und ihre Speere zu Winzermessern umgeschmiedet haben und von keinem Krieg wissen.» – Eine weitere klassische Sekte verkörpert die «Society of Friends» der Quäker, gegründet von William Penn. Die Quäker leisteten vor allem humanitäre Hilfe während des Zweiten Weltkrieges sowie des Vietnamkrieges und können als Vorbild eines gelebten christlichen Humanismus und Pazifismus gelten.

Die bedeutendste Sekte protestantischen Ursprungs, die dem klassischen – theologischen – Sektenbegriff entspricht, bilden die Mormonen. Laut Aufzeichnungen ihres Gründers und Propheten Joseph Smith erhielt dieser im Jahre 1823 von einem Engel namens Moroni – dem Sohn eines gewissen Mormon, der angeblich im fünften Jahrhundert n. Chr. in Amerika bei

den dortigen Indianern als christlicher Prophet gewirkt hat –
antike Goldplatten mit altägyptischen Schriftzeichen, die er
1830 in englischer Übersetzung als Buch unter dem Titel
«Mormon» veröffentlichte. In diesem Buch sehen die Mormo-
nen eine neue Offenbarung Gottes, die als heilige Schrift eine
Ergänzung der Bibel darstellt. Zuvor, im Jahre 1829, so be-
hauptete Smith, habe er von Johannes dem Täufer das einfache
aronische und – einige Wochen später – von den Aposteln
Petrus, Jakobus und Johannes das höhere melchisedekische
Priestertum übertragen bekommen. Derart mit den Weihen des
Priestertums versehen, gründete Smith 1830 die Kirche Jesu
Christi, die 1838 durch eine besondere Offenbarung noch den
Zusatz «der Heiligen der Letzten Tage» erhielt. Diese «Church
of Jesus Christ of the Latterday Saints» wurde nicht zuletzt
wegen ihrer theologischen Neuerungen als eine häretische Gemeinschaft verfolgt und immer wieder vertrieben, bis sich die
Kirche schließlich im Großen Salzseetal der Rocky Mountains,
dem heutigen Staate Utah, niederließ. Inzwischen als Teil des
religiösen Denominationsgefüges der Vereinigten Staaten akzeptiert, umfassen die Mormonen zwei Drittel der Bevölkerung im Staate Utah.

Eine bedeutsame – millenarische – Sekte, die dadurch, dass
das von ihr ausgehende Heilsversprechen mit einem gewissen
Absolutheitsanspruch verbunden ist, nur in einem weiteren
Sinne dem klassischen Sektenbegriff subsumiert werden kann,
stellen die Zeugen Jehovas dar. Die Geschichte der Zeugen
Jehovas, die an die apostolische Urgemeinde anknüpfen und
jegliche Zugeständnisse an die römisch-hellenistische Reli-
gionswelt ablehnen, begann gegen Ende des 19. Jahrhunderts
im Kontext der von Charles Taze Russel 1881 gegründeten
«Zion's Watch Tower Society», die sich nach mehreren Etap-
pen 1931 in Jehovas Zeugen umbenannte. Im Mittelpunkt der
Lehre steht die intensive Abgrenzung zwischen Jehova, dem
Schöpfergott, und Jesus Christus, einem von ihm geschaffenen

Geistwesen, das körperliche Gestalt angenommen habe. Mit anderen Worten: Die Dreifaltigkeitslehre des traditionellen Christentums wird abgelehnt; dem Heiligen Geist kommt keine Bedeutung zu; und Jesus als Jehovas erstes Geschöpf wird durch die Taufe zu Christus, zum Gesalbten Gottes, der nach der Neue-Welt-Übersetzung der Heiligen Schrift nicht am Kreuz, sondern am Marterpfahl sein Leben dafür gab, dass die Menschen von Sünde und Tod befreit werden. Die Zeugen Jehovas leben seit dem Jahre 1918, in dem Joseph Franklin Rutherford neuer Präsident der damaligen Körperschaft «Watch Tower Bible and Tract Society» wurde, in einer theokratischen Organisation mit straffer Hierarchie und lehnen die Unterwerfung unter die weltliche Herrschaft und ihre Symbole ab. Im Rahmen des Staates stellen die Zeugen Jehovas eine Organisation dar, in der einer Leitenden Körperschaft die praktische Ausübung der Leitungsgewalt obliegt. Diese Körperschaft mit Sitz in Brooklyn/N.Y. setzt sich aus wenigen Direktoren zusammen, die aus ihrer Mitte einen Präsidenten wählen.

Neben den bisher aufgezeigten Sekten, die dem klassischen – theologischen – Sektenbegriff zuzuordnen sind, bestehen in den Vereinigten Staaten zwei weitere Sekten, deren Heilsversprechen mit einem Absolutheitsanspruch verbunden ist und die dem von Margaret Thaler Singer und Robert Jay Lifton definierten neuen kulturellen Sektenbegriff entsprechen. Hierzu zählt die «Unification Church» des Koreaners Sun Myung Moon, dessen Buch «Exposition of the Divine Principle» als göttliche Offenbarung und als geistige Grundlage der Moon-Bewegung gilt. Die Theologie Sun Myung Moons, der am Ostersonntag 1936 eine Christuserscheinung gehabt haben will, die ihn beauftragte, als neuer Messias die unvollständige – allein geistige – Mission Jesu fortzuführen, knüpft an alt- und neutestamentliche Aussagen an. Vor allem das alttestamentliche Bild vom gottesfernen Kain und vom gottesfürchtigen

Abel wendet Moon in einem Gut-Böse-Schema nicht nur auf alle Menschen, sondern auch auf die politischen Systeme an. So wird der Kommunismus der Seite Satans zugeordnet – im Gegensatz zu den Vereinigten Staaten, die als Land Gottes gesehen werden. Die Vereinigten Staaten seien das Neue Rom, das die materiellen Ressourcen für die Errichtung des Gottesreiches auf Erden bereitzustellen habe.

Die Moon-Bewegung ist voll auf ihren Gründer und «Messias» Moon ausgerichtet und zeigt totalitäre Züge, die sich unter anderem darin verdeutlichen, dass jedes Mitglied der «Unification Church» dem selbst ernannten Messias Sun Myung Moon absoluten Gehorsam schuldet und bei seinem Eintritt in die Organisation alle persönliche Habe übergeben muss, um seine Erlösung durch Moon, den Herrn der Wiederkunft, zu erreichen. Moon und seine Führungsriege greifen in sämtliche Lebensbereiche ihrer Mitglieder ein. Berüchtigt sind die so genannten Massenhochzeiten, die im Kontext der Schaffung einer neuen Menschheit stehen. Zu diesem Zweck gründete Sun Myung Moon mit seiner zweiten Frau Hak-Ja Han im Jahre 1960 die erste sündenfreie Familie, er erklärte sich zum dritten Adam, seine Frau zur Eva und beide zusammen zu den wahren Eltern einer sündenfreien Menschheit. In einer Weinzeremonie erfolgt die «Anpfropfung» eines neuen Mitglieds an die Abstammungslinie Sun Myung Moons und seiner Frau, die es damit als seine wahren Eltern gleichsam adoptieren. Die bekannten Massenhochzeiten per Satellit in vielen Städten der Welt gleichzeitig werden als eine Segnungszeremonie verstanden, die das Paar geistig mit ihrer neuen Abstammungslinie verbindet. Die so gesegneten Partner sind jetzt Teil der wahren Menschheitsfamilie – gegründet von dem neuen Messias Sun Myung Moon.

Die Moon-Bewegung, die sich in ihrer frühen Phase mit Hilfe des koreanischen Geheimdienstes KCIA (Korean Central Intelligence Agency) zunächst in Ostasien und in den

1970er Jahren – im Zuge der Übersiedlung der Moon-Familie – in den Vereinigten Staaten ausbreitete, entfaltet neben religiösen vor allem auch politische, kulturelle und wirtschaftliche Aktivitäten. Eine nahezu unüberschaubare Zahl von Organisationen, Unterorganisationen und Unternehmungen wurden in diesem Zusammenhang gegründet. Die Unification Church repräsentiert lediglich den religiösen Zweig und ist in wirtschaftlich selbstständige nationale Vereine mit Landesleitern gegliedert. Die zahlreichen Organisationen umfassen auch die Frauenvereinigung für den Weltfrieden, die beispielsweise im September 1995 ein Moon-Familien-Festival in Japan veranstaltete, zu dem sich sogar der ehemalige Präsident George Bush und seine Frau Barbara Bush einfanden. Nach dem durchaus glaubwürdigen Bericht der «Daily Mail» vom 5. September 1995 erhielt das Ehepaar rund eine Million Pfund für seine Mitwirkung. Insgesamt lässt sich sagen, dass die Unification Church – von wenigen biblischen Worten abgesehen – in keinerlei Verbindung zum Christentum oder zur ökumenischen Bewegung steht, auch wenn sie dies immer wieder hervorhebt. Die Moon-Bewegung verkündet einen anderen Messias und ein anderes Evangelium. Die Vereinigungskirche ist schamanistisch geprägt und proklamiert ein anderes Welt-, Jenseits- und Gottesbild als das Christentum. In ihrem Anspruch, über allen religiösen und politischen Weltgruppen zu stehen, nimmt sich die Moon-Sekte von einer kritischen Diskussion aus.

Gemeinsam mit der Moon-Sekte lässt sich die Scientology-Organisation unter den modernen kulturellen Sektenbegriff subsumieren. Diese Organisation stellt nach ihrem Selbstverständnis eine Religion des 20. Jahrhunderts dar, deren umfangreiches Wissen auf Ron Hubbard, den Urheber und Gründer der Scientology-Sekte, zurückgeführt wird. Nach ihrer Darstellung ist die Scientology-Religion im Besitz zeitgemäßer Antworten auf die traditionellen ontologischen Fragen – in einer Zeit des Niedergangs der mittlerweile auf einen Großteil der Welt transplantierten westlichen Kultur. Dieser kulturelle Verfall lässt sich wie der zu Problemen und Krankheiten führende Prozess des abnehmenden spirituellen Bewusstseins der Scientology-Organisation zufolge mit der Dianetik – jener stark umstrittenen Theorie, nach der alle Krankheitsbilder durch den Einsatz bestimmter psychotherapeutischer Mittel geheilt werden können – durch wirksame Aktivitäten in der Gesellschaft aufhalten, entscheide doch das menschliche Tun von heute, «ob sich die Welt von nun an in die Höhe schwingt oder fortfährt, in ein neues finsteres Zeitalter hineinzuschliddern».

In seinem Buch «Dianetik: Der Leitfaden für den menschlichen Verstand» weist Ron Hubbard darauf hin, dass mit Hilfe der leicht zu erlernenden Praxis der Dianetik nicht nur die Intelligenz des Menschen zu verbessern, sondern auch seine spirituelle Vervollkommnung zu erreichen sei. Der Mensch der «Church of Scientology» ist ein unsterbliches geistiges Wesen, ausgestattet mit Fähigkeiten, die weit über das hinausgehen, was für möglich gehalten wird. Er ist nicht nur in der Lage, seine eigenen Probleme zu lösen, sondern auch neue Bewusstseinszustände zu erlangen. Die Antworten auf die irdischen Verstrickungen des Menschen wurden gefunden; Dianetik und Scientology stellen den gangbarsten Weg zur spirituellen Vervollkommnung des Menschen dar. Mit anderen Worten: Die spirituelle Befreiung des Menschen lässt sich erreichen. Die angeblich eindrucksvollen Ergebnisse von Dianetik und Scientology bezeugen dies. Die sich selbst als wichtigste Bewegung bezeichnende Scientology-Organisation zielt mithin auf die spirituelle Befreiung und Vervollkommnung des Menschen. Mit zunehmender spiritueller Erkenntnis und der damit verbundenen geistigen Klarheit nimmt der Scientology-Religion zufolge die Fähigkeit zu, mit dem Leben umzugehen.

III. Der Islam

1. Die Religion und der Islamismus

Der Koran und andere Texte

Die Terroranschläge auf das World Trade Center mitten in Manhattan und auf das Pentagon in Washington am 11. September 2001 haben eine Weltöffentlichkeit erschreckt, die sich noch immer weigerte, den Islam und den islamischen Fundamentalismus bzw. Islamismus adäquat zu verstehen. Zwar hatte zuvor die Islam-Diaspora im jeweils eigenen Land dazu beigetragen, verschiedenartige Emotionen zu wecken, nicht jedoch das Bestreben, sich darüber hinaus mit der Religion der Muslime auseinander zu setzen. Inwieweit die September-Anschläge repräsentativ für den Islamismus waren, soll im zweiten Teil dieses Kapitels überprüft werden; hier muss der Hinweis genügen, dass bei diesen und bei ähnlichen Terroranschlägen der Islam nicht als Religion, sondern als politische Ideologie von Bedeutung war – wenngleich der Islamismus religiös begründet ist. Um die Politisierung des Islam zu verstehen, bedarf es zunächst einer Betrachtung der islamischen Religion mit ihren beiden Konfessionen: der Sunna und der Schia.

Ungeachtet der kulturellen Verschiedenartigkeit und seiner politischen Gestaltungsbreite, lässt sich die Frage, was der Islam sei, stark verkürzt wie folgt beantworten: Er umfasst die Vorschriften des Korans und der Hadith-Überlieferungen des Propheten Mohammed, der sich als der Abgesandte Allahs begriff.[1] Die islamische Offenbarung in Gestalt der Koran-Suren, die Mohammed um 610 n. Chr. in Mekka verkündete, erreichte zunächst nur eine kleine Sekte. Mit ihr floh er 622 nach Medina, wo ihm weitere Teile des Korans überbracht wurden und wo er den ersten islamischen Stadtstaat errichtete. Den Unterschied zwischen den Mekka- und den Medina-Texten hat die moderne Reformtheologie in ihrem Bemühen um eine «islamische Reformation»[2] immer wieder betont. Während die Mekka-Texte als wesentlich weltoffener bezeichnet werden, zielen die Medina-Texte auf die Binnenloyalität der Umma, der Gemeinschaft der Gläubigen, sowie darauf, äußere Feinde abzuwehren.

Doch zurück zur islamischen Lehre, nach der der Koran – «ein gewaltiger Hymnus zu Ehren der göttlichen Schöpfung» (Toshihiko Izutsu) – das abschließende Wort Gottes ist. Wie bereits angedeutet, beinhaltet er die Offenbarungen, die innerhalb von zwanzig Jahren Mohammed übermittelt wurden. Man glaubt mithin an eine Verbalinspiration Mohammeds: der Koran ist wortwörtlich Gottes Wort. Die Muslime erleben deshalb Gott in seiner Einzigartigkeit vor allem in der Koran-Rezitation. Mit Johan Bouman[3] lässt sich sagen, dass diese Einzigartigkeit und die Unvergleichbarkeit Gottes für den Islam grundlegend sind: für eine Religion, die sich als «kompromisslosen» Monotheismus versteht. Indem der Islam das Judentum und das Christentum als weitere monotheistische Religionen anerkennt, sieht er in der Menschheitsgeschichte eine Prophetengeschichte, «in der die islamische Religionsverkündung von dem letzten abschließenden Propheten, dem Gesandten Gottes (rasul Allah) Mohammed als ‹Siegel der Propheten› getragen wird, der nun die Menschheit wieder vereint».[4] In der islamischen Prophetengeschichte erscheinen Jesus wie Mohammed als Propheten Gottes. Im Unterschied zu der im Christentum verankerten Lehre von der Menschwerdung Gottes und der damit verbundenen Bedeutung der Person Jesu Christi kann man mit Blick auf den Koran von einer «Wortwerdung Gottes» sprechen.[5]

Im Koran erscheint der Abstand zwischen Gott und den Menschen als schlechthin unüberbrückbar. Gott handelt aus eigener Initiative. Der gläubige Muslim ist gehalten, sich in unbedingtem Gehorsam dem souveränen Willen Gottes zu unterwerfen, um sein Heil zu finden. Denn – so die religiöse Begründung dieser Forderung – die Menschen sind von sich aus unfähig, den rechten Weg zu finden. Die «Bewohner des Paradieses» bezeugen in der Sura Al-A'raf 43 des Korans: «Alles Lob gebührt Allah, Der uns zu diesem (Paradies) geleitet hat! Wir hätten den Weg nicht zu finden vermocht, wenn Allah uns nicht geleitet hätte.»[6] Die Menschen sind mithin auf Gott, seine Offenbarung und auf die von seinem Propheten überlieferten Hadith-Verordnungen angewiesen, um recht leben zu können. In der Sura Al-Ahzāb 4 heißt es: «Allah … spricht die Wahrheit, und Er zeigt (euch) den Weg.» Die Weisungen Gottes, die Ausdruck seines souveränen Willens, aber auch seiner umfassenden Weisheit und seiner Barmherzigkeit sind, bringen den Menschen das Heil: «Wahrlich, dieser Koran leitet zum wirklich Richtigen und bringt den Gläubigen, die gute Taten verrichten, die frohe Botschaft, auf dass ihnen großer Lohn zuteil werde» – so die Sura Al-Isrā' 9.

Im Gegensatz zum Wertepluralismus der (abendländisch-) westlichen Kultur steht im Mittelpunkt des islamischen Selbstverständnisses nicht das Individuum oder die Pluralität von Individuen mit ihren unterschiedlichen Interessen, sondern die Umma, die islamische Gemeinschaft, die sich als Nukleus der monotheistisch vereinigten Muslime versteht. Es ist mithin das Kollektiv, das jede Pluralität verneint und in dem idealtypisch die «hegemoniale islamische Vernunft» (Dieter Senghaas) herrscht. Die Umma wird – von der göttlichen Einheitslehre her gesehen – von den monotheistischen Gläubigen konstituiert: als eine Gemeinschaft, die auf jene Pax Islamica verweist, die Mohammed mit seinem Stadtstaat von Medina errichtete. «In Abwandlung des Begriffes der Staatsräson könnte man in diesem Zusammenhang von einer allumfassend orientierenden ‹Religionsräson› sprechen, vor allem von der von ihr abgeleiteten, sie kennzeichnenden Orthopraxis als letztgültiger Orientierung, die eine verbindliche Unterscheidung von erlaubtem und nicht erlaubtem Handeln impliziert.»[7]

Der Koran, der nur einzelne Anweisungen beinhaltet, die direkt zur Grundlage einer Gesetzgebung dienen können, wurde schon früh in der islamischen Geschichte durch weitere Quellen des Rechts ergänzt. Dazu berief man sich auf die Sunna, auf die von Mohammed überlieferten Aussprüche, Entscheidungen und Verhaltensweisen, die im Islam als eine weitere Richtschnur des Handelns betrachtet werden. Die Berichte von Verordnungen und Taten des Propheten wurden zudem in den genannten Hadith-Sammlungen niedergelegt. Und seitens der Gesetzesgelehrten entstand in den ersten Jahrhunderten islamischer Zeitrechnung jener Komplex der theologisch-weltlichen Bestimmungen, die der Begriff der Scharia umfasst: die religiöse Glaubens- und Pflichtenlehre. Die Scharia ist im Zeitraum vom 7. zum 9. Jahrhundert aus der systematisierenden Arbeit der islamischen Gesetzesgelehrten hervorgegangen und beruht auf dem Koran – ergänzt durch die Sunna und die Hadith-Sammlungen. Damit kommt im Islam im Unterschied zum Christentum sozusagen der Jurisprudenz und nicht der Theologie der höchste Rang zu. Auch ist der Islam nicht wie das Christentum ein kirchliches, sondern ein organisches Religionssystem.[8] Und als organisches Religionssystem[9] umfasst er alle Lebensbereiche, für die er strenge Vorschriften bereit hält. «Das islamische Recht, die Scharia, ist der Ausdruck dieser Sakralinstruktionen, die sämtliche Handlungen der Menschen zu bestimmen und zu strukturieren beanspruchen.»[10]

Gleichwohl ist das islamische Recht der Scharia «weder kodifiziert noch eine vom Herrscher unabhängige Rechtsinstitution» (Bassam Tibi). Und in diesem Kontext erweist es sich als besonders bedeutsam, dass das islamische Recht der Scharia bei den islamischen Fundamentalisten bzw. den Islamisten die grundlegende Bedingung für die Konstitution eines politischen Systems in der Welt des Islam bildet. Die Fundamentalisten, die auf die islamische Revitalisierung zielen und auf die traditionelle Idee der Universalität der islamischen Offenbarung zurückgreifen, sehen hierin die Re-Politisierung des Sakralen. Auf die Intention dieser Islamisten lässt sich die Verlagerung von den religiösen zu den religiös-politischen Bindungen zurückführen. Der islamische Scharia-Staat bezieht seine Legitimität aus der Scharia in ihrem klassischen arabischen Begriff, den man mit dem «vorgeschriebenen Weg» übersetzen kann. In diesem Sinne findet sich der Begriff Scharia nur ein einziges Mal im Koran. In der zu Mekka offenbarten Sura Al-Gâtiya 18 heißt es: «Alsdann brachten Wir dich auf einen klaren Weg in der Sache (des Glaubens); so befolge ihn ...»[11] Ohne die jeweilige Tragweite dieser Bedeutung zu kennen, steht für die Islamisten die Scharia im Mittelpunkt ihres Staatsmodells. Unter dem Aspekt der Politisierung des Islam dienen die weder homogenen noch genau definierten Rechtsquellen der Scharia der De-Legitimierung der politischen Ordnung sowie der Legitimierung der willkürlichen Praxis politischer Herrschaft.

Der Islamismus
Bei der Betrachtung des Islamismus muss zunächst hervorgehoben werden, dass er mehrere Ausprägungen kennt und dass sich diese Islamismen in unterschiedlichsten Formen dokumentieren. Es gibt Islamisten in Gestalt von Pragmatikern wie einst Erbakan in der Türkei, in Gestalt des anerkannten Gottesgelehrten wie im Iran, es gibt aber auch Islamisten, denen es, wie erwähnt, um die Herrschaft der Scharia geht, und solche, die mit der Bombe in der Hand den Kampf gegen den Westen zu führen bereit sind. Deshalb müssen die Unter-

schiede zwischen den Islamisten, den muslimischen Radikalen und den extremistischen Terroristen mit islamischem Hintergrund beachtet werden. Denn in seiner «verblendeten Form» (Albrecht Metzger) mündet der Islamismus in den Terrorismus. Und dies geschieht immer dann, wenn seine Anhänger glauben, die Errichtung oder die Verteidigung der göttlichen Ordnung erfordere einen Djihad-Krieg, in dem die jeweiligen Feinde des Islam zu bekämpfen seien. Der 11. September 2001 zeugt von dieser verblendeten Gestalt des Islamismus.[12]

Um den Unterschied zwischen der Ideologie des Islamismus und dem Islam als Religion zu verstehen, lässt sich kurz mit Bassam Tibi[13] auf die Geschichte zurückblicken. Hier bestand eine Religion, die weltweit Hochkulturen hervorgebracht hat. Die Verbreitung des Islam erfolgte in der Intention, Djihad-Kriege zu führen und Reiche zu gründen. Vom 7. Jahrhundert an bildete sich ein muslimisches Welteroberungsprojekt heraus, das qua Islamisierung darauf zielte, das Dar al-Islam, das «Haus des Islam», im Verständnis von Dar al-Salam, vom «Haus des Friedens» – gemäß der zu Mekka offenbarten Sura Yūnus 25 – in der gesamten Welt zu errichten. Diese Expansion erfolgte nach orthodoxem islamischem Verständnis in Form einer globalen Islamisierung mit den kriegerischen Mitteln des Djihad, den die Muslime damals als angeblich von Gott verordneten «Heiligen Krieg» führten und der als eine Herausforderung an die Christen gedeutet werden kann. Diese reagierten mit den christlichen Kreuzzügen, die bis heute als «christliche Verschwörung gegen den Islam» (Bassam Tibi) das islamische Kollektivgedächtnis mitbestimmen. Im 16. Jahrhundert wurde das islamische Djihad-Projekt vom westlichen Globalisierungsprojekt verdrängt. Die ursprünglich bedrohten Europäer wurden durch die beginnende Kolonisierung zur Bedrohung des Islam. Schließlich breitete sich in der zweiten Hälfte des 20. Jahrhunderts bis in die Gegenwart ein Islamismus aus, der darauf abzielt, die westlich-europäische Globalisierung zurückzudrängen und die Welt neu zu ordnen.

Im Unterschied zum Djihad als Kriegstyp der Eroberungen in der bis zum 7. Jahrhundert zurückgehenden islamischen Geschichte, muss zunächst erneut mit Bassam Tibi[14] auf die genuine Bedeutung des Djihad-Begriffs hingewiesen werden, der im Koran nicht Gewaltanwendung, sondern «Anstrengung zur Verbreitung des Islam gegen die Ungläubigen» bedeutet, was allerdings in der konkreten Situation die Gewaltanwendung nicht ausschließt und mehrere kriegerische Auseinandersetzungen in der islamischen Geschichte nicht ausschloss. Damals diente der Djihad als ein Welteroberungsprojekt der Islamisierung; es ging hierbei primär um die Ausbreitung des islamischen Herrschaftsgebietes, weniger hingegen um eine gewaltsame Bekehrung. Um dies nachzuvollziehen, erweist es sich als bedeutsam, erneut zwischen den Mekka- und den Medina-Texten zu unterscheiden. Die zu Mekka offenbarte Sura Al-Kâfirun 6 fordert die Gläubigen auf, ihren Widersachern den Glaubenssatz entgegenzustellen: «Ihr habt eure Religion, und ich habe meine Religion.» Der Djihad ist hier eine Waffe der Überzeugung. Erst in den zu Medina offenbarten Suren verdichten sich die zur Gewaltanwendung aufrufenden Koranstellen zu einer Djihad-Doktrin.[15] Der Prophet Mohammed war in Medina zugleich Staatsmann und «Feldherr, der den Djihad zur Verbreitung des Islam führte» (Bassam Tibi). Unter diesem Aspekt ist die Sura Al-An'âm 151 zu sehen, wo es heißt: «... und ihr sollt niemanden töten, dessen Leben Allah unverletzlich gemacht hat, außer wenn dies gemäß dem Recht geschieht.» Dieser Koran-Vers ist «Ausdruck eines ethischen Standards und seiner Beachtung auch während des Krieges».[16] Er bezieht sich mithin auf die islamische Geschichte, in der die Djihad-Kriege nicht zum proklamierten Weltfrieden beigetragen haben, in denen vielmehr die Gewalt das kennzeichnende Merkmal der Außenbeziehungen war. So fanden dann auch seit der gescheiterten Belagerung Wiens (1683) keine islamischen Djihad-Kriege mehr statt. Mit dem Aufstieg des Westens verlagerte sich die Gewaltanwendung; der islamische Djihad des 19. und 20. Jahrhunderts nahm die Form des Antikolonialismus an. Erst die Islamisten bedienen sich als Terroristen erneut des Djihad als Gewaltmittel, um die «islamische Weltordnung» zu etablieren.

Im Zuge der Wandlung des Begriffs Djihad wurde dieser sukzessive als kollektive Pflicht der islamischen Gemeinschaft angesehen und dem Einzelnen nur noch insofern auferlegt, als er seinen Beitrag leisten musste, damit ein Krieg durchgeführt werden konnte. Der Djihad erhielt damit überwiegend eine friedliche Bedeutung – aber eben nicht nur. Zur Differenzierung zwischen dem friedlichen und dem kriegerischen Djihad kann man mit Katajun Amirpur[17] vom großen und vom kleinen Djihad sprechen, wobei der große Djihad ein individuelles oder auch kollektives – unkriegerisches – «Mühen» darstellt. Kriegerisch ist nur der kleine Djihad, der zudem lediglich einen Krieg zur Verteidigung bezeichnet. Darüber hinaus enthält das islamische Recht genaue Vorschriften darüber, dass nur der politische Führer einen Djihad auszurufen berechtigt ist, und auch nur dann, wenn die Ausrufung auf einem Konsens der islamischen Rechtsgelehrten basiert. Dem Anspruch Osama Bin Ladens, einen Djihad gegen die Vereinigten Staaten zu führen, liegt mithin eine «völlige Verkennung der Voraussetzungen für einen Djihad» (Katajun Amirpur) zugrunde. Gleichwohl muss in Gegenwart und Zukunft mit den Djihad-Islamisten und den Terroristen gerechnet werden; diese Islamisten deuten die Verbreitung westlicher Einflüsse als eine moderne Form des Kreuzzugs, dem sie den Djihad bzw. den Neo-Djihad entgegensetzen. In der Tat gehört der «Neo-Djihad, der mit Osama Bin Laden reale Gestalt» annahm, «zur fundamentalistischen Herausforderung des Westens.»[18]

Fasst man mit Bassam Tibi die religiös-politische Ideologie im Islamismus zusammen, so lässt sich sagen, dass der «Prozess der Entstehung und Ausbreitung des politischen Islam»[19] seit den 1970er Jahren datiert. Damals prägte sich eine De-Säkularisierung und – damit verbunden – eine Entwestlichung aus. Der Islamismus entfachte die alte Konfrontation zwischen dem Islam und der christlichen Welt. Und schon seit dem letzten Drittel des vergangenen Jahrhunderts versuchte er, die Islam-Diaspora für seine Zielsetzung zu gewinnen. Die antiwestliche Grundorientierung des Islamismus, die historisch-ökonomisch aus der kolonialen Praxis und aus der strukturellen Abhängigkeit der islamischen Länder von den westlichen Industrienationen sowie aus der amerikanischen Politik im Nahen Osten entstanden ist, zielt auf die Gegen-Akkulturation. Cum grano salis erstreben die Islamisten eine «Kulturrevolution», mit dem Unterschied, dass sie die neue und gleichzeitig die alte Kultur durchsetzen wollen. Dieser Fundamentalismus betont, politische Lösungen aus der Religion abzuleiten, doch er bedient sich ihrer vorwiegend nur als Mittel der Argumentation. Und was die neue und gleichzeitig alte Kultur anbelangt, so erstrebt der Islamismus «eine völlig neue, zeitgenössische Synthese zwischen Religion und Politik, die im Kontext der Konfrontation des Islam mit der Moderne entstanden ist».[20] Als eine politische Ideologie und zugleich als eine soziale Protestbewegung wendet sich der Islamismus intern gegen die nicht-fundamentalistischen Führungsschichten und extern gegen die gesamte Welt des Westens. Hierbei zeichnet er sich als eine Defensivkultur und nicht nur als ein auf der Basis von Gewalt operierender Totalitarismus aus. Für den Islamismus besteht zudem ein Grundübel der westlichen Politik darin, politische Autorität durch das Volk zu legitimieren. Der von ihm verachteten Demokratie richtet er das Prinzip der Konsultation, der Schura, entgegen – eine Konsultation, die nicht bindend ist und die vom Ermessen des Herrschers bestimmt wird.

2. Der arabische Nahe Osten und die Länderskizzen Ägypten, Marokko und Saudi-Arabien

Der nominelle Nationalstaat

Innerhalb eines Jahrzehnts – vom Golfkrieg 1991 bis zum 11. September 2001 – wurden «die islamischen nominellen Nationalstaaten» (Bassam Tibi) destabilisiert und der Islamismus gefestigt. Nach dem Golfkrieg suchte man nach einer Neuordnung des für den Islam bedeutsamen Nahen Ostens. Und seit den Terroranschlägen in New York und Washington geriet die gesamte Welt des Islam ins Blickfeld der Öffentlichkeit. Durch die in dieser Zeitspanne entstandenen Konflikte wurde das Weltbild der im Mittelmeerraum lebenden Muslime in keinem geringen Maße tangiert. Lange davor hatte sich mit der Abschaffung des Kalifats 1924 die islamische Umma in zahlreiche islamische Nationen aufgelöst – analog der damals von Europa übernommenen Idee der Nation. Es vollzog sich ideologisch und politisch ein Wandel von der «Gottesherrschaft» zum Nationalstaat, der in der Welt des Islam ein künstliches Gebilde darstellt, weil ihm das notwendige Substrat fehlt. Heute bestehen mehr als fünfzig islamische nominelle Nationalstaaten, deren Problematik im ersten Teil aufgezeigt werden soll, während der – über die Problematik der Nationalstaatlichkeit hinausgehende – zweite Teil sich vorwiegend mit der Islamisierung und der Frage auseinander setzt, inwieweit erfolgreiche Versuche unternommen wurden, den Islam zu einer kulturellen Bewältigung des sozialen Wandels zu befähigen. Dieser Teil befasst sich mit drei Länderskizzen im Nahen Osten: mit Ägypten, mit Marokko und mit Saudi-Arabien.

Mit Bassam Tibi lässt sich sagen, dass der arabische Nahe Osten – die zweitwichtigste Region der internationalen Politik – als das politische und religiöse Zentrum der Welt des Islam und als dessen Ursprung gelten kann.[1] In diesem Zentrum soll einem «Transplantat ohne Wurzeln»[2] nachgegangen werden – in Gestalt jener Institution des Nationalstaats, die im Kolonisationsprozess auf eine islamische Zivilisation übertragen wurde, ungeachtet dessen, dass diesen nominellen Nationalstaaten all das fehlt, was die europäischen Institutionen auszeichnet. So stellen sie unter anderem keine demokratischen Einheiten dar, die auf einer zivilen Gesellschaft gründen und deren Staatsbürger eine national homogene Bevölkerung bilden.

Der säkulare, auf interner und externer Souveränität gründende Nationalstaat ist von seinem Ursprung her eine europäische Institution. Dass er in den islamischen Ländern auf Widerstand stieß, ist darauf zurückzuführen, dass er zwar weltweit verbreitet wurde, aber dass die ihn tragenden Normen und Werte nicht universalisiert werden konnten. Damit erhebt sich die Frage nach der Zukunftsperspektive des Nationalstaats in den Ländern der islamischen Zivilisation – eine Frage, die sich mit dem Hinweis auf die Identitätsmuster des Nationalstaats angehen lässt, die sich mit den ethnischen Zugehörigkeiten in der islamischen Welt überschneiden. Deshalb muss stets das Ethnizitätskonzept beachtet werden, wenn es um vormoderne Zivilisationen geht, da ethnische und religiöse Identitäten bei weitem entscheidender sind als die Identität nomineller Nationalstaaten. Wenn dennoch der nominelle Nationalstaat im arabo-islamischen Teil des Nahen Ostens zur Realität zählt, so lässt sich dies auf die jeweiligen islamischen Führungsgruppen des 19. und frühen 20. Jahrhunderts zurückführen, die die europäische Kolonialherrschaft bekämpften und den Widerspruch übersahen, simultan das europäische Modell des Nationalstaats zu übernehmen. Die islamische Zivilisation artikuliert sich zwischen dem Islam und dem nominellen Nationalstaat.[3] In Bezug auf die zahlreichen Bedingungen, die gegen den säkularen Nationalstaat sprechen, kann man Robert Kaplans Beobachtung herausgreifen: «Die wirklichen Grenzen sind … jene zwischen Kulturen und Stämmen … Der [säkulare] Staat ... ist ein rein westliches Konzept ... Es spricht nicht viel dafür, dass der Staat ... erfolgreich auf Gebiete außerhalb der industrialisierten Welt übertragen werden kann.»

Der Nationalstaat ist in der Tat ein «rein westliches Konzept». Seine historische Vorform war der souveräne Staat, der sich als Folge des Westfälischen Friedens (1648) formierte. Es dürfte deshalb angezeigt sein, einen kurzen Blick zurück auf das Westfälische System der internationalen Beziehungen zu werfen, wie es sich nach dem Dreißigjährigen Krieg mit dem Frieden von Münster und Osnabrück entwickelte. Mit diesem im Kern europäischen System bildete sich in einem über die Jahrhunderte währenden Prozess von Konferenzen und Konzessionen ein Komplex von friedensbezogenen Normen, Regeln und Verhaltensweisen für die Staatengemeinschaft heraus.[4] Eine bedeutsame Grundnorm bestimmte die Wahrnehmung der Staatenwelt durch die Repräsentanten dieser Staaten selbst; herausgestellt wurde der Charakter ihrer Verbindung als System. Dieses umfasste die sich als unabhängig und souverän anerkennenden Staaten, die – mit ihrer Expansion in andere Kontinente – auch die Ordnungsansprüche der europäischen Staaten auf die globale Staatengemeinschaft übertrugen. Zuvor war es mit Wirkung auf das Westfälische System zur Französischen Revolution gekommen, die den Beginn einer wachsenden Demokratisierung und eines zunehmenden Nationalismus verkörperte; aus der dynastischen Souveränität ging die Idee der Volkssouveränität hervor. Und die bis dahin vorherrschenden souveränen Staaten entwickelten sich zu Nationalstaaten.

Ein solches Konzept politischer Souveränität hat sich im Islam zu keinem historischen Zeitpunkt herausgebildet. Auch ist ein – auf der Volkssouveränität gründender – Nationalstaat im Islam nicht zu konstituieren. Nach dem islamischen Glauben kommt weder dem einzelnen Menschen noch einer politischen Gruppe Souveränität zu. Der einzige Souverän ist Gott; die Gottesherrschaft der Islamisten leitet sich hiervon ab. Aber auch für die nicht-fundamentalistischen Muslime bedeutet die Einführung des Nationalstaats in die islamische Zivilisation einen Zivilisationskonflikt. Denn die nominellen Nationalstaaten sind hier keine demokratischen Einheiten. Vielmehr dominieren ethnische, kulturelle und religiöse Identitäten – teils in Gestalt subethnischer und vornationaler Gruppierungen. Mit Michael Hudson lässt sich sagen, dass der arabische Teil der islamischen Zivilisation (im Unterschied zu den afrikanischen Gesellschaftssystemen) «in Bezug auf seine von vielen Menschen geteilten nationalen und religiösen Werte [zwar] grundsätzlich homogen ist» – dass aber «der Arabismus in einer politischen Kultur, die sich durch Affektivität und die immer noch besondere Bedeutung primordialer [vornationaler] Identifikationen auszeichnet, mit weiteren bestimmten parochialen [traditionell religiösen] Identifikationen koexistieren oder mit ihnen konkurrieren [muss] ... Es ist zu einfach ... anzunehmen, dass in dieser Region Modernisierung eine assimilatorische Schmelztiegel-Funktion ausübt.»[5]

Die erwähnte Problematik des nominellen Nationalstaates im arabischen Nahen Osten lässt sich wie folgt zusammenfassen: Dem auf die islamische Welt übertragenen Nationalstaat liegt das europäische Konzept einer politischen Souveränität zugrunde, das eine von allen akzeptierte Staatsbürgerschaft fordert und damit der islamischen Zivilisation in keinerlei Weise entspricht. Deshalb lässt sich für den arabischen Teil des Nahen Ostens konstatieren, «dass die Staaten eine doppelte Bürde zu tragen haben: das osmanische und das koloniale Erbe».[6] Die koloniale Herrschaft, die den arabischen Nahen Osten vor und nach dem Zerfall des Osmanischen Reiches durchdrang, war von zwei miteinander widerstreitenden sozialpolitischen Bewegungen gekennzeichnet: «Einerseits instrumentalisierten die kolonialen Herrscher bestehende tribal-ethnische und religiöse Spaltungen in der Gesellschaft im Rahmen ihrer Formel des ‹divide et impera› ... Andererseits jedoch war die Kolonialherrschaft ungewollt Auslöser antikolonialer nationaler Bewegungen. Damit war sie, historisch betrachtet, gleichermaßen die Quelle zweier Kräfte: der vereinheitlichenden nationalen und der trennenden tribalen.» Der Nationalismus und seine Ideologie, die den Legitimationsrahmen der De-Kolonisation prägten, verbanden sich mit der Intention, eine Nation zu sein und einen Nationalstaat zu etablieren. Das Zentrum des Nationalismus bildete die Stadt, das des Separatismus die tribal strukturierten ländlichen Gebiete.

Kurzum, dass in den meisten Staaten des arabischen Nahen Ostens die Souveränität nur nominell besteht, ist ebenso hervorzuheben wie die tribal-ethnischen und sektiererischen Konflikte, die von den Kolonialmächten genutzt und nach der De-Kolonisation nicht behoben wurden. Mediatisierende Institutionen – Parteien und Interessenverbände – bestehen nicht; die Suche der Bevölkerung nach vornationalen Bindungen hält die Patron-Klient-Beziehungen aufrecht. Darüber hinaus geht es bei den Konflikten in den Staaten der islamischen Zivilisation nicht um Machtkämpfe, sondern um solche um Ressourcen. «Da [jedoch] die gesellschaftlichen Ressourcen angesichts des Fehlens eines funktionierenden Wirtschaftssystems sehr knapp» sind, bleibt der Staat der bedeutendste Ressourcenanbieter.[7] Die damit verbundene Korruption fördert(e) den Islamismus.

Das Beispiel Ägypten

Dieser Islamismus in Gestalt der Politisierung des Islam lässt sich mit Bassam Tibi als ein Phänomen darstellen, das sich in regional verschiedenen Formen manifestiert. Die Erkenntnis der Differenzen erfordert jene einleitend angekündigten Länderskizzen, in denen diese Problematik in den Mittelpunkt rückt. Die Politisierung des sunnitischen Islam in Ägypten, dem ersten hier ausgewählten Land, lässt zwar einen Mikrokosmos der islamischen Welt erkennen, ist aber insofern singulär, als sich hier eigene historische Rahmenbedingungen herausgebildet haben[8]: Nachdem der Versuch, das 1924 von der türkischen Nationalversammlung abgeschaffte Kalifat wiederherzustellen, gescheitert war, begann auch die ägyptische politische Führungsschicht – analog zu der in Marokko und in Saudi-Arabien – in den Jahren nach der Unabhängigkeit damit, die islamischen Normen den Erfordernissen des nominellen Nationalstaats anzupassen. Die sich damals herausbildenden islamistischen Bewegungen, die religiöse Grundlagen für den Staat forderten, übten einen so großen Einfluss aus, dass man sich über die Verletzungen islamischer Normen wundern muss, die sich noch Führer wie Habib Bourguiba von Tunesien und Gamal Abdel Nasser von Ägypten in den 1950er und 1960er Jahren erlauben konnten. Diese Einstellung hat sich stark gewandelt. Heute existieren in allen arabisch-islamischen Staaten islamistische Gruppen, die von den Machthabern als Herausforderung und Bedrohung empfunden werden. Deutlich zeigt sich die islamistische Ideologie.

Der Hinweis auf diese Ideologie lässt es angezeigt erscheinen, der ägyptischen Entwicklung des sunnitischen Islam kurz nachzugehen. Die theologische Hochburg des sunnitischen Islam war und ist die Universität Al-Azhar in Kairo, deren Einfluss sich auch auf weitere sunnitisch-arabische Länder erstreckt. Diese Universität und der Umstand, dass Ägypten seit dem achtzehnten Jahrhundert das Forum der interkulturellen Konfrontation zwischen dem Okzident und dem Orient darstellt, zeichnen dafür verantwortlich, dass Kairo zum Mittelpunkt des sunnitischen Islam wurde. Dieser Islam besitzt zwar keine institutionell-klerikale Organisation; sozial jedoch steht unter der Leitung der Ulema die Moschee, die Gami, im Zentrum. Während zur Zeit der Monarchie keine Indoktrinierung des Regimes erfolgte, ließ sich nach der Machtergreifung Gamal Abdel Nassers eine doktrinär bestimmte staatliche Religionspolitik konstatieren – besonders in den 1960er Jahren, in denen der Geistliche Mahmud Schaltut das Amt des Scheikh al-Azhar ausübte. Gegen diese Instrumentalisierung des Islam und die loyale Haltung der sunnitischen Ulema bildete sich die von Hassan al-Banna gegründete Al-Ikhwan al-Muslimi, die Muslim-Bruderschaft, als die «wichtigste religiös-politische Bewegung im sunnitischen Islam» (Bassam Tibi) heraus – eine Bewegung, deren politische Bedeutung die Grenzen Ägyptens weit überschritt.

Ungeachtet der regierungspolitischen Bestrebungen, die unter Nasser auch eine Azhar-Reform beinhalteten, wuchs die Gründung privater Moscheen unter Nasser und vor allem unter Präsident Anwar Al Sadat – im Zuge einer verstärkten Politisierung des Islam – kontinuierlich weiter und erreichte im Jahre 1970 die Zahl von 20 000 privaten Moscheen.[9] Parallel hierzu entstanden islamistische Geheimbünde wie die Djihad-Gruppe und ähnliche Organisationen: zumeist Abspaltungen von der Bewegung der Muslim-Bruderschaft. Als im Oktober 1981 Sadat durch militante islamische Fundamentalisten ermordet wurde, zeigte sich die Bedeutung der radikalen islamistischen Gruppen, die auch Sadats Nachfolger, Präsident Husni Mubarak, nur bis zu einem gewissen Grad zurückdrängen konnte. So kam es seit Mitte der 1980er Jahre seitens der Djihad-Bewegung erneut zu religiösen Unruhen. Die Bewegung verfügte über zwei wichtige Achsen: eine in den großen Metropolen, in Kairo und Gizeh, und eine zweite in Oberägypten, vor allem in den drei Provinzen Minyā, Asyūt und Suhāj.[10] Die ägyptische Regierung verfolgt in der Auseinandersetzung mit den Islamisten eine Doppelstrategie: deren Unterdrückung durch den Einsatz eines relativ schwachen Konzepts von «Polizei und Sicherheit» und eine dosierte Einführung religiöser Inhalte in Gesetzgebung, Bildung und Medien. Mit Blick auf die Muslim-Brüder erweist es sich als bedeutsam, dass bei den Wahlen von 1987 : 36 und bei den Wahlen von 2000 : 17 Islamisten der Muslim-Brüder Parlamentssitze errangen. Seitdem agieren die Islamisten als die bedeutendste Oppositionsgruppe im Parlament. Es steht zu erwarten, dass die Muslim-Brüder dazu tendieren, sich wie eine normale politische Partei innerhalb des legalen Rahmens zu betätigen. Gleichwohl ist nicht auszuschließen, dass sie je nach der politischen Situation ihre Verbindungen zum militanten Flügel der islamischen Bewegung, zur Djihad-Gruppe, neu aktivieren.

Das Beispiel Marokko

Die skizzierte Länderstudie über Ägypten illustriert die Thesen, dass im Rahmen der Re-Islamisierung die Fundamentalisten den Islam politisch nutzen und oppositionelle Bewegungen aus dem unbewältigten sozialen Wandel entstanden sind. Auch wurde am Beispiel Ägyptens deutlich, dass nach der Auflösung des Kalifats nicht beansprucht wird, das Kalifat als «islamische Auffassung von königlicher Herrschaft» (Reinhard Bendix)[11] zu restaurieren. Gleichwohl besteht die islamisch-sunnitische Tradition königlicher Herrschaft weiterhin in zwei Monarchien, die sich islamisch legitimieren: in Marokko und Saudi-Arabien. In diesen beiden Staaten personifiziert der politische Herrscher auch die religiöse Autorität, die von den Ulema, den islamischen Schriftgelehrten, akzeptiert wird. In beiden Ländern manifestiert sich die Staatsautorität in einem islamischen König, der autokratisch regiert und zugleich auch als Oberhaupt der Gläubigen (amir al-mu'minin) die religiöse Orientierung bestimmt. Was die autokratische Macht anbelangt, so wurde diese – trotz verbaler Demokratisierungsversprechen – bisher in allen Verfassungen Marokkos ebenso verankert wie die religiöse Autorität des Königs und dessen Stammesführerschaft.

Das marokkanische Königreich geht bis auf die Alawi-Dynastie zurück, die seit dem 17. Jahrhundert ihre Autorität in einer durch rivalisierende Stämme segmentierten Gesellschaft behaupten muss. Wie stark die Macht dieser Stämme ist, zeigt sich darin, dass in Marokko die Herrschaft eines neuen Königs durch das Gelübde der Ergebenheit und der Treue (Bay'a) seitens der Stammesführer zu sanktionieren ist. Und wie in Saudi-Arabien muss auch in Marokko die politische Herrschaft sakral, durch die Ulema bestätigt werden. Erschwerend wirkt sich dabei aus, dass sich in der komplexen Gesellschaft Marokkos ein mächtiges Klientelwesen und eine relativ starke Opposition herausgebildet haben. Das marokkanische Klientelwesen reproduziert sich in den politischen Parteien, die Instrumente des marokkanischen Königs waren und erst in letzter Zeit ein geringes Eigengewicht erhalten haben. Dieses Eigengewicht erstreckt sich in der marokkanischen Gesellschaft, die wie alle unterentwickelten Länder noch immer ein relativ ausgeprägtes Stadt-Land-Gefälle aufweist, auf die urbanen Bereiche. Mit anderen Worten: Die politischen Parteien in Marokko bilden ein städtisches Phänomen. In der marokkanischen Peripherie obliegt es dem König, die tribalen Führer in Bezug auf die Präsenz des Makhzan (der Territorialität der politisch-militärischen Gewalt) zu konsultieren. Der Staat qua Makhzan wird durch den König verkörpert, der sowohl politischer als auch religiöser Führer ist. Und hierbei erweist es sich für die politische Kultur Marokkos als bedeutsam, dass der König in seiner Eigenschaft als Amir al-mu'minin (als göttliche Autorität) die göttliche Segnung, die Baraka, zu vermitteln vermag.

Das Beispiel Saudi-Arabien

Bei der Betrachtung Marokkos wurden bereits erste Parallelen zu Saudi-Arabien gezogen. Das Königreich Saudi-Arabien ist eine Monarchie der Söhne (und Enkel) von König Abd al-Azis Al Sa'ud (Ibn Saud), der den saudischen Staat 1926/1932 gründete. Ibn Saud hatte zuvor nicht nur gegen die Haschimiten und die britische Kolonialmacht, sondern vor allem gegen die zahlreichen Stämme der arabischen Halbinsel zu kämpfen, die schließlich mit Hilfe der Wahhabiten (s. u.) befriedet wurden. In diesem Sinne «ähnelt sein Werk dem des Propheten Mohammed, zumal vor der islamischen Religionsstiftung die arabische Halbinsel formal ähnliche Segmentierungen wie die vor der Gründung der saudischen Dynastie kannte».[12] Die Saudis, die vor der Gründung Saudi-Arabiens nur über die Provinz Naǧd regierten, hatten sich mit den Anhängern des Wahhabitismus vereinigt, einer religiösen Bewegung, die von Ibn 'abd al-Wahhab gegründet und unter Ibn Saud in das Königreich integriert wurde.

In der Monarchie Saudi-Arabiens ist der König religiöses und politisches Staatsoberhaupt und als Scheich der Scheiche höchster Stammesfürst. Wie in Marokko besteht auch in Saudi-Arabien eine Entsprechung des Politischen und des Sakralen – eine legitimatorische Substanz der saudischen Monarchie. Die umfangreiche Königsfamilie, die mit dem Wahhabitismus bzw. mit dem Neo-Wahhabitismus verbunden ist, legitimiert ihre Herrschaft durch die Bindung an das aus Koran und Sunna abgeleitete islamische Recht der Scharia. Hinzu kommt das Bündnis zwischen dem Herrscherhaus und den Ulema, die zu jener Legitimität der Macht beitragen, wonach die Königsfamilie, die Ulema und die Militärs die Machtelemente der traditionellen Monarchie Saudi-Arabiens bilden. Darüber hinaus existiert eine weitere soziale Gruppe, die der tribalen Führer, die zwar nicht mitregieren, ohne die jedoch die für die politische Stabilität der Monarchie wichtige Befriedung der Stämme nicht verbrieft ist.

Diese Machtfülle des saudischen Herrscherhauses, vor allem die des Königs und der zahlreichen Prinzen, wurde durch das 1991 erfolgte Gesetzeswerk so gut wie nicht verändert. Es kam – nachdem sich das saudische Herrscherhaus jahrzehntelang geweigert hatte, eine Verfassung zu erlassen und eine politische Öffnung des Systems herbeizuführen – auf Druck der Vereinigten Staaten zustande und besteht aus vier Einzelgesetzen, von denen das Grundgesetz für das Regieren, das eine Verfassung darstellen soll, das Wichtigste ist. Es verweist im ersten Kapitel auf die islamische Identität des Königreichs. Im zweiten Kapitel stellt das Gesetz den Koran und die Sunna als die Grundlagen der saudischen Monarchie heraus. Und im sechsten Kapitel findet sich die Bestimmung, dass sich die Staatsgewalten aus exekutiver, organisatorischer und judikativer Gewalt zusammensetzen. Diese herausgehobene Gewaltenteilung wird schließlich dadurch wieder aufgehoben, dass die Gesetzgebungskompetenz beim König angesiedelt ist und die Gerichtsbarkeit mit den Bestimmungen der Scharia in Einklang stehen muss. Da die Exegese der Scharia den Ulema vorbehalten ist, kommt die judikative Gewalt letztlich der wahhabitischen Geistlichkeit zu, die, wie erwähnt, traditionell mit dem saudischen Herrscherhaus in enger Koalition verbunden ist.

Die Tatsache, dass das Gesetzeswerk von 1993 nur – was König Fahd selbst vermerkte – die bisherige Herrschaftspraxis des saudischen Systems, in dem zuvor der Koran selbst als Verfassung galt, festschreibt, hat mit dazu beigetragen, dass sich sukzessive eine starke islamistische Opposition herausgebildet hat, von der sich mit Nazih Ayubi[13] sagen lässt, dass sie mal mehr, mal weniger gewalttätig auf sich aufmerksam macht. Die Skala der islamistischen Oppositionsgruppen reicht von der «Organisation Islamische Revolution» bis zum radikalen Zweig der ägyptischen Muslim-Brüder, deren saudische Mitglieder davon überzeugt sind, dass der salafitische – auf das Vorbild der frühen Vorkämpfer zurückgehende – Islam im heutigen Saudi-Arabien nur zur Legitimierung der Korruption und der Unterdrückung dient. Das oppositionelle Umfeld in Saudi Arabien zeichnete auch für die bewaffnete Übernahme der Heiligen Moschee in Mekka vom November 1979 verantwortlich. Diese Übernahme erfolgte durch militante Islamisten, die sich unter anderem aus den orthodoxen Gruppen der

«Organisation Islamische Revolution» rekrutierten und den heiligsten Ort des Islam zweiundzwanzig Tage lang besetzt hielten. Bezeichnend war in diesem Kontext die Tatsache, dass die Regierung mehrere Tage brauchte, um sich von den Ulema die Fatwā zur Billigung der Regierungsaktionen bei der Erstürmung der Moschee zu beschaffen und dass diese Fatwā nicht von allen führenden Personen der Ulema unterzeichnet wurde. Schließlich wurde der Putsch von Mekka im Namen des Islam, wenn auch mit dem Schwert, niedergeschlagen – um den hohen politischen Preis des Todes von rund 450 Rebellen und rund 2700 Soldaten der Regierungstruppen.

Die saudischen oppositionellen islamistischen Bewegungen nehmen sukzessive zu. Und das saudische Herrscherhaus müsste sich um seine Zukunft sorgen, wenn nicht die Vereinigten Staaten bisher Truppen auf saudischem Boden stationiert hätten und vermutlich noch immer die Verteidigung Saudi-Arabiens zu übernehmen bereit wären. Hier spielen auch nach dem 11. September 2001 Erdölinteressen eine bedeutsame Rolle – Erdölinteressen, deren ausgeprägt ungleiche Verteilung die saudischen Oppositionsbewegungen ebenso herausfordert wie der Wertekonflikt zwischen der wahhabitisch-puritanischen Ethik und der Verwestlichung des Herrscherhauses – das Doppelleben zahlreicher herausragender Vertreter des autokratischen Regimes, die hinter der islamischen Fassade ein Leben der Konsumsucht und der Zügellosigkeit führen. All dies steht im Widerspruch zu einer Monarchie, dessen König vor kurzem den Titel «Diener der beiden Heiligtümer» von Mekka und Medina annahm und sich für das Wiedererstarken des moralischen und gesellschaftlichen Bemühens der Ulema bei der Bewahrung der wichtigsten wahhabitischen Charakterzüge des saudischen Regimes einsetzt. Es lässt sich nicht ausschließen, dass sich gegen das saudi-arabische Regime in einer nicht allzu fernen Zukunft eine die bisherigen Bewegungen überschreitende islamistische Opposition erhebt: seitens der jungen, (akademisch) gebildeten Bevölkerungsteile der sunnitischen Gesellschaft.

3. Die persisch-schiitische Variante der Re-Politisierung des Sakralen

Die Khomeini-Revolution
Dass die verschiedenartige Religionstradition in den islamischen Ländern jeweils eine theologisch-politische Dimension aufweist, zeigt sich besonders deutlich bei der Betrachtung der Khomeini-Revolution im Iran.[1] Damals, im Februar 1979, ist erstmals in der iranischen Geschichte die schiitische Konfession in ein Stadium eingetreten, in dem unter der Leitung des schiitischen Klerus eine religiös legitimierte Herrschaft entstand. Zwar hat sich der schiitische Islam immer auf einen Klerus gründen können, der autonomer gegenüber der jeweiligen Herrschaft zutage trat als der sunnitische Ulema-Stand. Doch während der Abwesenheit des entrückten zwölften Imam, der den Safawiden zufolge seit dem 9. Jahrhundert in «Verborgenheit» lebt, war nach der schiitischen Doktrin im Grunde jede Herrschaft – auch die des Klerus – illegitim. Erst Ayatollah Ruhollah Khomeini entwickelte in diesem Kontext seine eigene Doktrin der Wilayat-i faqih, der Herrschaft des anerkannten Gottesgelehrten. In dieser Neuinterpretation war der Faqih «der oberste Aufseher, Richter und Bewahrer» aller Staatsorgane, da sämtliche «legislativen, richterlichen und erzieherischen Institutionen der islamischen Republik … unter seinem direkten Einfluss»[2] standen. Damit avancierte im Iran unter der Führung Khomeinis der schiitische Klerus, dessen Herrschaft dreizehn Jahrhunderte lang als illegitim galt, zu den Trägern der Herrschaft.

Bedeutsam für die Khomeini-Revolution war nicht zuletzt die Tatsache, dass die schiitischen Ulema ökonomisch stark genug waren, um Khomeinis Rückkehr in den Iran und zuvor seine vielfältigen Aktivitäten in Frankreich zu finanzieren.[3] Die Ulema bildeten ein Bündnis mit den Basaris, den Handelsleuten: ein Bündnis, das unter der Führung Khomeinis – zunächst getragen von einer breiten Massenbasis – zur Revolution und damit zum Ende der Pahlawi-Monarchie führte. So wurde in kurzer Zeit ein autokratisches System gestürzt, das wie kein anderes in der Nahost-Region vom Westen unterstützt und in amerikanische sicherheitspolitische Interessen eingebunden war. Dass dies gelang, lässt sich darauf zurückführen, dass die sowohl auf die Landwirtschaft als auch auf die Industrie zielende Modernisierung der autokratischen Monarchie die traditionellen Strukturen beseitigte und damit ein neues soziales und politisches Potential freisetzte, für das die politischen Institutionen fehlten. Hinzu kam, dass die Schah-Herrschaft eine nur modernisierte Variante in der Geschichte der orientalischen Despotie verkörperte. Die Revolution konnte insofern nur dann gelingen, wenn sie auf autochthone Elemente zurückgriff. Nicht die linken und linksradikalen Bewegungen, nicht die kommunistische Tudeh-Partei kamen entgegen verfehlter europäischer Prognosen linker Observanz in Betracht, sondern die oppositionelle Bewegung des schiitischen Islam. Der Schah hatte «seine Herrschaft im Gegensatz zu den anderen orientalischen Despoten, z. B. den Herrschern von Marokko und Saudi-Arabien, ... nicht islamisch legitimiert, so dass sich der Islam vorzüglich als Widerstandsideologie zur Mobilisierung gegen den Schah eignete».[4]

Die monarchische Modernisierung per Dekret hatte – ungeachtet der Anpassungsfähigkeit der Betroffenen – nicht zur Modernisierung des Landes, sondern vor allem zur Bedrohung der materiellen Existenz der kleinen iranischen Händler, der Basaris, der kleinen Bauern etc. geführt. So ereignete sich in der Pahlawi-Monarchie ein unkontrollierter sozialer Wandel – ohne die notwendige kulturelle Bewältigung. Namentlich diese Unterlassung und die Modernisierung ohne Partizipation der Bevölkerung mussten den politischen Verfall einleiten. Das Schah-Experiment zeigt deutlich, dass eine Modernisierung, die sich nur in einer Nachahmung des westlichen Entwicklungsmodells erschöpft und die kulturellen Gegebenheiten des jeweiligen Landes unberücksichtigt lässt, die autochthonen Werte wachruft. So war, wie Udo Steinbach zu Recht vermerkt, «der Islam im schiitischen Iran ... die einzige Hoffnung des Kleinbürgertums und aller derjenigen gewesen, die nicht hoffen konnten, eine gesellschaftliche Stellung zu erringen, in der sie dem Druck von Ausbeutung in völliger Rechtlosigkeit hätten entkommen können».[5]

Charismatische Legitimität und die Khomeini-Ära

Die Khomeini-Revolution wurde durch die überragende Führerschaft Ayatollah Khomeinis zu einer Bewegung, die im Zeichen des Islam ihre Durchschlagskraft gewann. Die Durchsetzung der erwähnten Doktrin der Wilayat-i faqih gab der Islamischen Republik Iran ihre religiös-politische Gestalt, die als islamische Theokratie mit spezifisch schiitischer Färbung umschrieben werden kann. In dieser Ausrichtung hatte der Staat Khomeinis nicht nur in der modernen Welt des Islam keine Entsprechung; auch in der gesamten islamischen Geschichte stellte er ein einzigartiges und – nach der Kategorienlehre Max Webers – ein charismatisches Phänomen dar. Derart kann man aus westlicher Sicht die auf autochthonen Elementen beruhende und islamisch legitimierte Khomeini-Revolution auch charismatisch deuten. Denn Charisma bedeutet nach Webers idealtypischer Charakterisierung eine «als außeralltäglich ... geltende Qualität einer Persönlichkeit ..., um derentwillen sie als mit übernatürlichen oder übermenschlichen oder mindestens spezifisch außeralltäglichen, nicht jedem anderen zugänglichen Kräften oder Eigenschaften [begabt] oder als gottgesandt oder als vorbildlich und deshalb als ‹Führer› gewertet wird».[6] Die charismatische Herrschaft kennt «keine abstrakten Rechtssätze und Reglements ... Ihr ‹objektives› Recht» ist nach Max Weber «konkreter Ausfluss höchstpersönlichen Erlebnisses von himmlischer Gnade und göttlicher Heldenkraft und bedeutet Ablehnung der Bindung an alle äußerliche Ordnung zugunsten der alleinigen Verklärung der echten Propheten- und Heldengesinnung».[7]

Mit der Gründung der Islamischen Republik Iran erreichte der seit den frühen 1970er Jahren einsetzende Prozess der Entstehung und Ausbreitung des politischen Islam einen markanten Höhepunkt. Die Revolution im Iran begreift die Scharia als göttliche Verhaltensnorm, sie hat die Idee der Einheit von Religion und Politik neu belebt. Die Revolution erweckte die Hoffnung, als sei damit ein Weg aufgewiesen, den die Muslime zu gehen hätten, um die im Westen gesehene moderne «Krankheit» – die Khomeini auf den Begriff der «Westkrankheit» (Gharbzadegi) brachte – zu überwinden. Bei Beobachtern wie Betroffenen breitete sich die Erwartung wie die Befürchtung aus, die ursprünglich von einem breiten Konsens der Bevölkerung getragene Revolution könne eine neue historische Epoche in der Welt des Islam einleiten. Nachdem dieser Konsens verloren ging, kam Khomeini der irakisch-iranische Krieg, der die seit langem währende Wirtschaftskrise intensivierte, nicht ungelegen, diente er doch der Stabilität der Islamischen Republik, insofern er von inneren Problemen ablenkte. Zudem reflektierte der irakisch-iranische Krieg die wichtigsten politischen Intentionen. Deutlich wurde dies vor allem in der Phase nach Mitte 1982, als die iranische Führung vor der Frage stand, ob sie nach dem Rückzug der irakischen Truppen den Krieg weiterführen sollte. Ayatollah Khomeini entschied sich für die Fortsetzung – nicht zuletzt deshalb, weil er entsprechend dem universalistischen Anspruch des von ihm vertretenen Islam die Revolution in benachbarte Länder «exportieren» wollte[8], während eben diese Länder das iranische Modell ablehnten.

Neben die Intention, die iranische Revolution zu exportieren, trat die weltpolitische Revolte gegen den Westen – vor allem gegen den Protagonisten der Verwestlichung und die Ursache des Identitätsverlustes der Muslime: gegen die Vereinigten Staaten und im weiteren Kontext gegen Israel als Manifestation westlicher Dominanz und Einflussnahme auf die islamische Welt.[9] Damals verbreitete sich der Slogan: «Der Weg nach Jerusalem geht über Kerbela» – über die im Irak gelegene Grabstätte des vierten Kalifen Ali, aus dessen Anhängern die Schiiten hervorgehen. «Kerbela» stand für die Befreiung der Muslime von ihren inneren Feinden, den Abtrünnigen wie Saddam Hussein. Und der «Weg nach Jerusalem» kennzeichnete die Befreiung der Welt des Islam von ihren äußeren Feinden. In diesem Kontext ist die von der iranischen Führung im Krieg gebrauchte Rhetorik enthüllend: Der Krieg wurde zum Djihad: ein Begriff, der im Koran bekanntlich die «Anstrengung zur Verbreitung des Islam gegen die Ungläubigen»[10] bedeutet, hier aber – analog dem Djihad-Krieg in der Tradition der islamischen Welteroberung – als angeblich von Gott verordneter «Heiliger Krieg» herausgestellt wurde. Das Heer wurde zum Heer des Mahdi: des auf die Welt zurückkehrenden «verborgenen Imam», und das Sterben im Kampf zum Martyrium.[11]

In dem von Ayatollah Khomeini bestimmten Jahrzehnt wurden wesentliche Grundlagen gelegt, die noch das heutige politische Regime des Iran prägen. Dessen Kerngehalt ist die Herrschaft des anerkannten Gottesgelehrten, wie sie in der Verfassung vom Dezember 1979 betont wurde – einer Verfassung, die das schiitische Staats- und Herrschaftsverständnis in khomeinistischer Ausprägung widerspiegelt: In der Islamischen Republik Iran stehe während der Abwesenheit des entrückten zwölften Imam der Führungsauftrag, das Imamat, und die Führungsbefugnis in den Angelegenheiten der islamischen Gemeinschaft dem «gerechten, gottesfürchtigen, über die Erfordernisse der Zeit informierten, tapferen, zur Führung befähigten Rechtsgelehrten» zu, der von der Mehrheit der Bevölkerung als Islamischer Führer anerkannt und bestätigt werde. Nach diesem Grundsatz zielte die Republik Khomeinis darauf ab, eine islamische Ordnung zu errichten, wie sie unter dem Imam Ali (656–661 n. Chr.) bestand. Die Verfassung benennt – auch in ihrer zweiten Fassung – den Islam zwölfer-schiitischer Ausprägung als die offizielle Religion des Iran, sie unterstreicht die dominierende Rolle der Geistlichkeit in den staatlichen Institutionen und sieht im islamischen Recht, in der Scharia, die Grundlage des Rechtswesens. Insgesamt hatte nach der Verfassung von 1979 der Islamische Führer, also Ayatollah Khomeini selbst, die ausgeprägtesten Befugnisse in allen politischen Bereichen inne.

Die Nachfolge

Es zeugt für einen gewissen Weitblick Khomeinis, dass er kurz vor seinem Tod einen Rat zur Revision der Verfassung bilden ließ, um die Islamische Republik stärker in institutionelle Bahnen zu leiten, wohl wissend, dass der von ihm selbst als sein Nachfolger vorgeschlagene damalige Staatspräsident Ali Khamenei nicht über die Khomeini zugeschriebene Ausstrahlung verfügte. Aus westlicher Sicht lässt sich auch diese Intention Khomeinis mit jener Passage aus Max Webers Kategorienlehre erklären, in der er von der Veralltäglichung des Charismas spricht: «In ihrer genuinen Form ist die charismatische Herrschaft spezifisch außeralltäglichen Charakters und stellt eine streng persönliche, an die Charisma-Geltung persönlicher Qualitäten und deren Bewährung geknüpfte soziale Beziehung dar. Bleibt diese nun aber nicht rein ephemer, sondern nimmt sie den Charakter einer Dauerbeziehung ... an, so muss die charismatische Herrschaft, die sozusagen nur im statu nascendi in idealtypischer Reinheit bestand, ihren Charakter wesentlich ändern: sie wird traditionalisiert oder rationalisiert (legalisiert) oder: beides in verschiedenen Hinsichten.»[12] Diese aus westlicher Sicht auf den idealtypischen Legitimationsbegriff des Charisma zurückführbare Interpretation findet im Islam eine spezifisch schiitische «Parallele». Der Islamische Führer stellt einen von den Gläubigen anerkannten Marja' at-taqlid, eine oberste theologische Autorität, dar, wenn er über wissenschaftlich hervorragende und ethisch vorbildliche Führungsqualitäten verfügt. Das war bei Ayatollah Khomeini der Fall; er besaß eine überragende Autorität und wurde weithin als Führer der Revolution verehrt.[13] Nachdem sich jedoch Khomeini für Khamenei als seinen Nachfolger eingesetzt hatte, stellte sich die Frage nach den genannten Führungsqualitäten in vollem Umfang. Von der Geistlichkeit im Umkreis Khomeinis hatte niemand die Position eines Marja' auch nur annähernd erreicht. Der Nachfolger im Amt des Islamischen Führers würde also kein Marja' sein können, wie dies die Verfassung von 1979 vorsah. So erfuhr das Problem nach längeren Differenzen letztlich dadurch eine Lösung, dass Khomeini die Islamische Führung als eine änderungsbedürftige Verfassungsvorschrift bezeichnete, da man davon ausgehen müsse, dass die Marja'-Eigenschaft des Islamischen Führers nicht zu erbringen sei.

Eine zweite Verfassung

Noch am Todestag Khomeinis wurde Khamenei vom Expertenrat zum Islamischen Führer gewählt. Knapp zwei Monate später, Ende Juli 1989, trat die revidierte Verfassung der Islamischen Republik Iran in Kraft, die die Aufgaben und Befugnisse des Islamischen Führers neu bestimmt: Zusätzlich zu den bisherigen Aufgaben – den Ernennungsbefugnissen für die Inhaber der höchsten Ämter in Justiz, Armee und Wächterrat – werden ihm die politische Richtlinienkompetenz sowie die Kontrolle der drei Gewalten im Staat übertragen. Eingeschränkt sind diese Machtbefugnisse allerdings dadurch, dass Khamenei die Richtlinienkompetenz nach Beratung mit dem

«Rat zur Feststellung des Interesses des Systems» durchzuführen hat. Dieser Rat besteht derzeit aus achtzehn ständigen Mitgliedern. Von ihnen werden die geistlichen Mitglieder des Wächterrats, die Spitzen der drei Gewalten und der Innenminister als namentlich nicht benannte Amtsträger und acht weitere Mitglieder namentlich berufen. Neben seiner Funktion der Beratung des Islamischen Führers kommt dem Rat zur Feststellung des Interesses des Systems im Gesetzgebungsverfahren eine wichtige Funktion zu. Da aus der khomeinistischen Verfassung der Wächterrat mit sechs vom Islamischen Führer ernannten religiösen Rechtsgelehrten und mit sechs vom Parlament auf Vorschlag des Obersten Justizrats gewählten sonstigen Juristen mit seiner Aufgabe übernommen wurde, die vom Parlament vorgeschlagenen Gesetzentwürfe auf ihre Übereinstimmung mit den Prinzipien des islamischen Rechts zu prüfen, wird der Rat dann tätig, wenn zwischen Parlament und Wächterrat keine Einigung zustande kommt.

Die zweite wichtige Verfassungsänderung betrifft die Exekutive. Gegenüber der von Khomeini beherrschten Phase der Islamischen Republik Iran, die einen vom Volk gewählten Staatspräsidenten und einen von diesem bestimmten Ministerpräsidenten kannte, weicht die neue Verfassung von diesem Dualismus ab. Um die Stellung des Staatspräsidenten zu stärken, wurde das Ministerpräsidentenamt abgeschafft. Der unmittelbar vom Volk auf vier Jahre gewählte Staatspräsident wählt nunmehr als Regierungschef die Minister mit Ausnahme des Justizministers, er stellt das Kabinett dem Parlament vor, um ein Vertrauensvotum zu erhalten, und ist selbst wie seine Minister dem Parlament verantwortlich. Wenn dieses ihm auch mit einer Zweidrittelmehrheit das Misstrauen aussprechen kann, so lässt sich doch de facto von einer Stärkung des Präsidenten sprechen, da er sich neben den Ministern einen Kreis enger Mitarbeiter für wesentliche Staatsaufgaben zulegen kann, der dem Parlament nicht verantwortlich ist.

Berücksichtigt man noch die Befugnis des Islamischen Führers, das Oberhaupt der Justiz für die Wahrnehmung der Verantwortlichkeiten der Judikative direkt zu ernennen, sowie die Befugnisse des Oberhaupts der Justiz, dem Präsidenten des Obersten Gerichtshofs und den Generalstaatsanwalt nach Beratung mit der Richterschaft zu ernennen, was zuvor nur der Islamische Führer vermochte, so zeigt sich die neue Verfassungs- und Staatsstruktur: Die Position des Islamischen Führers ist vor allem dadurch schwächer geworden, dass er sich bei seiner politischen Richtlinienkompetenz mit dem Rat zur Feststellung des Interesses des Systems zu beraten hat. Dagegen ist die Position des Staatspräsidenten stärker geworden, da er über die konzentrierte Macht der Exekutive verfügt. Diese Bipolarität verlangt einen weitgehenden Konsens zwischen dem Islamischen Führer und dem Präsidenten der Islamischen Republik.

Mit Blick auf die von der neuen Verfassung der Islamischen Republik herausgestellten Befugnisse wie der Volkswahl des Staatspräsidenten und der Ministerverantwortlichkeit gegenüber dem Parlament sowie des erwähnten Misstrauensvotums muss betont werden, dass im Unterschied zum arabischen Nahen Osten als dem Zentrum der sunnitischen Welt des Islam, in der die Ulema lediglich die Kalifen religiös legitimierten, nicht aber die Herrschaft selbst ausübten, im Iran – entsprechend dem Staatsmodell einer Gottesherrschaft – der Islamische Führer selbst Träger der Herrschaft ist. Dies zeigt sich nicht nur darin, dass auch nach der neuen Verfassung alle Parlamentsbeschlüsse vom Wächterrat auf ihre Übereinstimmung mit den Prinzipien des islamischen Rechts geprüft werden und der Islamische Führer trotz der mit dem Rat zur Feststellung des Interesses des Systems zu beratenden politischen Richtlinien letzte Schlichtungsinstanz und oberster Richter ist.[14] Auch im Konfliktfall zwischen dem Staatspräsidenten und dem Islamischen Führer kommt Letzterem jene Dominanz zu, die sich immer wieder verdeutlicht hat.

4. Die türkische Politisierung des Islam und der Kemalismus

Nachdem der Fundamentalistenführer Necmettin Erbakan mit seiner islamistischen Refah-Partei die türkischen Wahlen vom Dezember 1995 gewonnen hatte, wurde die Weltöffentlichkeit mit einem Phänomen konfrontiert, das sie bisher nicht wahrgenommen hatte. Nun musste sie erfahren, dass seit geraumer Zeit die Türkei in einen inneren Konflikt zwischen Islamisten und Kemalisten involviert war und dass erstmals in der Geschichte der Türkischen Republik ein islamistischer Parteivorsitzender und eine antilaizistische Partei an die Regierung gelangten. Was ging und geht in einem Land vor, das die Mitgliedschaft in der Europäischen Union anstrebt und das nach der Meinung vieler noch immer kemalistisch geprägt ist? Vollzieht sich in der Türkei eine schleichende Islamisierung der Politik und eine Entwestlichung? In einer ersten Antwort auf diese Fragen lässt sich mit Bassam Tibi[1] auf die türkischen Islamisten hinweisen, die einen religiösen Fundamentalismus mit einer teils neo-osmanischen, teils pantürkischen Ausrichtung vertreten und die die Türkei kulturell zu entwestlichen bestrebt sind. Angesichts dessen ist der Konflikt zwischen den Kemalisten und den Islamisten ein solcher zwischen westlich und anti-westlich orientierten politischen Kräften, ein Streit darüber, ob die Türkei eine westliche oder eine islamische Zivilisation verkörpert. Derart ist der politische Islam des Landes eine politisch-soziale und eine kulturelle Erscheinung, die dem internationalen Phänomen der islamistischen Revolte gegen den Westen eingegliedert werden kann. Hinzu kommt noch, dass die türkischen Islamisten im Unterschied zu denen anderer Länder «eine Führungsrolle für ihr Land nicht nur in der islamisch-nahöstlichen Welt, sondern in einer von Xinjiang (Nordwestchina) über Zentralasien und den Kaukasus bis nach Südosteuropa reichenden geopolitischen Dreiecksverbindung anstreben, die Turkestan genannt wird».[2]

Das Osmanische Reich

Um die nur kurz angerissene Thematik näher beurteilen zu können, muss der Kemalismus detailliert aufgezeigt und zuvor das Osmanische Reich stichwortartig erwähnt werden. Die um 1300 von Osman I. begründete Dynastie der Osmanen beanspruchte für sich, der «Fackelträger des Islam» (Irene Markhoff) zu sein, was sich nicht zuletzt darin manifestierte, dass der Sultan seit 1517 auch den Kalifentitel trug und den Schutz der heiligen Stätten Mekka und Medina übernahm. Das osmanische System lässt sich mit Serif Mardin als eine Dreiecksorganisation bezeichnen, in der der Zentralgewalt die Militärorganisation und die Verwaltung sowie die Steuereintreibung zukam, während der Klerus und die Gelehrten des islamischen Rechts, die Ulema, die Positionen von Richtern, Professoren und Theologen innehatten.[3] Hinzu kamen als dritter Bereich die Orden der Sufi, die im Dienstleistungssektor und im Bildungsbereich tätig waren. Dieser Dreiecksorganisation entsprachen drei Wertetypen: die Ideologie des Dienstes am Staat, der offizielle orthodoxe Islam und eine tolerante Grundhaltung der Sufi. Es ist davon auszugehen, dass der osmanische Islam das religiöse Recht und die rituellen und praxisorientierten Institutionen wie die Sufi-Orden mit den staatlichen Institutionen zu vereinen vermochte – ein Islam, der zum Teil mit einem «Verwaltungs-Islam» gleichzusetzen war.

Nach den Niederlagen des Osmanischen Reiches zwischen 1699 und 1720 wurde die strukturelle und wertbezogene Dreiecksorganisation durch den Import westlich-europäischer Errungenschaften in Form institutionell-militärischer Reformen in ihrer Bedeutung überlagert. Die damit verbundene Zentralisation des Staates, in dem sich die Überschneidung von Religion und Staat zum Staat hin entwickelte, vollzog sich in einem konfliktreichen Prozess, der darauf beruhte, dass die osmanischen Sultane nicht erkannten, dass es unmöglich ist, eine europäische (Militär-)Technologie zu importieren, deren Auswirkungen auf das politische System jedoch nicht zu beachten. Es kam zu einer zunehmenden Säkularisierung und zu einer wachsenden Unterhöhlung der islamischen Legitimität des osmanischen Reiches. Die logische Folge dieser Entwicklung sollte schließlich der Kemalismus bilden.

Die osmanische Reformentwicklung setzte sich in der Geschichte der Türkei seit ihrer Gründung im Jahre 1923 dadurch fort, dass in immer stärkerem Maße neue Ideen und Institutionen des Westens übernommen wurden. Aus den Bestandteilen dieses Entfaltungsprozesses entstanden Konfigurationen, die die kemalistische Revolution und die türkische Geschichte prägten. Dies trifft für den Prozess der Zentralisation des türkischen Staates ebenso zu wie für die noch näher zu erwähnenden Bruchlinien zwischen Zentrum und Peripherie, die nachhaltig den kulturellen Unterschied in der modernen türkischen Politik kennzeichnen. Deutlich wurde dies bei den Kommunalwahlen vom März 1994, in denen die islamistische Refah-Partei – wie bei den nationalen Wahlen vom Dezember 2002 – die politische und kulturelle Peripherie vertrat, während die Demokratische Linkspartei, die Demokratik Sol Partisi, das Zentrum, die staatliche Machtkonzentration und den Säkularismus repräsentierte.

Der Kemalismus

Nach diesem kurzen Rückblick lassen sich die Türkische Republik und die kemalistische Revolution ausführlich darstellen. Mustafa Kemal Atatürk, der Gründer der Türkei und ihr erster Staatspräsident, zielte mit der Abschaffung des Kalifats 1924, dem bereits 1922 die Aufhebung des Sultanats vorausgegangen war, auf die Säkularisierung der türkischen Gesellschaft und damit auf die uneingeschränkte Staatssouveränität durch die Trennung von Religion und Staat. Mit dem Kalifat wurde jene traditionelle Institution entfernt, die im Islam die Einheit der Gemeinde der Gläubigen versinnbildlichte. Die Türkische Republik erhielt eine moderne Verfassung, die den Universalismus in seiner politischen Ausprägung verankerte. Der Islam bildete nicht länger die Staatsreligion, und das Ministerium für Religionsangelegenheiten wurde aufgelöst. Die Bevölkerung, für deren Großteil Kemal Atatürk ein charismatischer Führer war, der, wie der emotionale Gehalt des Titels «Vater der Türken» zeigt, in hohem Maße verehrt wurde, erhielt anstelle der islamischen Gesetze westeuropäische Zivil- und Strafrechtsnormen. In der Zeit von 1923 bis 1929 wurden – ungeachtet des Widerstands theokratischer Kreise, die die religiösen Gerichtshöfe und Ausbildungsstätten beizubehalten suchten – tief greifende kulturelle und politische Neuerungen eingeführt. Dazu zählten auch die Monopolisierung des Bildungswesens durch den Staat, die Latinisierung der türkischen Sprache und die Abschaffung der Sufi-Orden. Das Programm der 1923 von Kemal Atatürk geschaffenen Staatspartei, der Republikanischen Volkspartei, beinhaltete die Errichtung eines türkischen Nationalstaates und damit den Nationalismus sowie den Laizismus: die erwähnte Trennung von Staat und Religion. Das Prinzip des Laizismus wurde auch verfassungsmäßig verankert. Der Türkische Staat, so die Verfassung von 1928, sei republikanisch, nationalistisch, etatistisch und laizistisch.

Mit Blick auf die zahlreichen Reformen Atatürks und der Kemalisten, die die Schließung der Koran-Schulen und die Aufhebung der religiösen Gerichte mitsamt der Scharia umfassten, lässt sich sagen, dass sie nur partiell eine gesellschaftliche Wende herbeigeführt haben, allgemein jedoch keinen gesellschaftlich umfassenden Prozess der Säkularisierung. Ein solcher Prozess lässt sich nicht verordnen; die Säkularisierung bedarf der Religionsreformen, die der Kemalismus nicht erbrachte. Die kemalistische «Revolution von oben» hat im Ergebnis zu einer Zweiteilung der türkischen Gesellschaft geführt. Die Säkularisierung setzte sich in der ländlichen Türkei nicht durch, und so entstand «ein struktureller Konflikt zwischen der Säkularisierung einer kemalistischen Elite und dem islamischen Alltagsleben in den Provinzen und Dörfern».[4] Es lässt sich insgesamt einräumen, «dass unter kemalistischer Herrschaft *partiell* eine gesellschaftliche Säkularisierung als Beiprodukt der Entwicklung stattgefunden hat», wobei diese Feststellung dahingehend einzuschränken ist: «Im Wesentlichen wurde eine Ideologie, hier der Kemalismus, als verbindlich von oben vorgeschrieben, für die in der türkischen Gesellschaft die sozialen Voraussetzungen fehlten, die ihrerseits nicht einmal durch eine entsprechende Politik angestrebt wurden.»[5]

Erbakan und der Islamismus

Angesichts dessen kann es nicht verwundern, dass der Kemalismus und seine säkulare Ideologie sukzessive in eine Krise gerieten. Diese erreichte ihren Höhepunkt, als nach den erwähnten Parlamentswahlen vom Dezember 1995 die islamistische Refah-Partei stärkste Kraft wurde und als deren Vorsitzender Necmettin Erbakan im Juli 1996 die Ministerpräsidentschaft einer Koalitionsregierung mit der Doğru Yol-Partei von Tansu Çiller übernahm. Erbakan ging es in seiner elfmonatigen Amtszeit darum, die Türkei wieder an ihre alte Tradition zu binden und den Kemalismus durch eine schleichende Entwestlichung zu beseitigen. Unterstützt wurde dieser Islamismus dadurch, dass der Islam unter Kemal Atatürk zwar entpolitisiert wurde, aber, wie erwähnt, religiös-kulturell weiterhin die Identität der Mehrheit der Türken bestimmte. Hierauf konnte sich der islamistische Pragmatiker Erbakan – «ohne Fundamentalistenbart und Bombe in der Hand» (Bassam Tibi) – stützen, als er es unternahm, den Islam in der Türkei nicht nur als Religion, sondern auch als Legitimität für seine Politik zu vitalisieren und den Kemalismus durch eine Unterwanderung der Staatsinstitutionen zu schwächen. So wurde der Staatsapparat durch mehr als dreißigtausend Fundamentalisten erweitert und die «rein» türkische Sprache im Sinne der osmanischen Tradition ebenso einer Islamisierung unterzogen wie das Schulsystem, vor allem die Prediger-, die Imam-Hatip-Schulen und die fundamentalistischen Gymnasien. Nach dem Ende der fundamentalistischen Ära Erbakans wurden diese Schulen und die Einbeziehung der Fundamentalisten in den Staatsdienst wieder eingeschränkt. Und das weitgehend als Garant des Kemalismus zu betrachtende türkische Militär hat immer wieder die Entlassung zahlreicher «islamistischer» Offiziere wegen befürchteter Unterwanderung herbeigeführt.

Nach Erbakans kurzer Ministerpräsidentschaft und dem Verbot der Refah-Partei ordnete sich der türkische Islamismus in den Konflikt um die Orientierung der Türkei ein: in die westlich-säkulare oder in die islamistische Orientierung. In diesem Kontext zeigt sich eine Politisierung des Islam und ein Zurückdrängen des laizistischen Staates – deutlich erkennbar in den Parlamentswahlen vom November 2002, in denen Recep Tayyit Erdogan seine islamistisch-islamische Partei für Gerechtigkeit und Entwicklung zur absoluten Mehrheit in der Großen Nationalversammlung führte. Der Kemalismus und seine säkulare Ideologie sind damit erneut in eine Krise geraten, wenngleich, wie erwähnt, die Verfassung die Türkische Republik zu einem dem Nationalismus Atatürks verbundenen und auf den demokratischen, laizistischen und sozialen Grundprinzipien beruhenden Rechtsstaat erklärt und der Staatspräsident – ähnlich den Parlamentariern – in seinem Amtseid seine Entschlossenheit zu bekunden hat, den Prinzipien und Reformen Atatürks sowie dem Prinzip der laizistischen Republik verbunden zu bleiben.

Schließlich sollte nochmals darauf hingewiesen werden, dass die türkische Gesellschaft von tiefen Trennlinien durchzogen ist. Eine dieser Trennlinien verläuft zwischen den türkischen

Führungsschichten und der Bevölkerung in den westlich geprägten Städten und Orten einerseits und der Masse der Landbevölkerung andererseits. Die Führungsschichten suchen nach einem Kompromiss zwischen dem Kemalismus und der islamischen Tradition, der es erlaubt, Entwicklung und Modernisierung voranzutreiben und gleichwohl die Traditionen, die im Osmanischen Reich wurzeln, zu bewahren. Und was die Masse der Landbevölkerung anbelangt, so lässt sich – unabhängig vom Kemalismus – noch immer ein ungebrochener Einfluss des Islam auf das Alltagsleben konstatieren. Nach wie vor ist das anatolische Dorf eine Welt für sich; dies gilt für den ökonomischen Entwicklungsstand ebenso wie für die Verhaftung in religiösen Traditionen.

IV. Der Hinduismus

1. Die Religion und der Hindu-Fundamentalismus

Ein vielgestaltiges Gebilde

Den Hinduismus zu verstehen, fällt – im Unterschied zum Christentum und zum Islam – insofern schwer, als er «das vielgestaltigste religiöse Gebilde [darstellt], das die Gegenwart kennt».[1] Im Rahmen der kaum überschaubaren Gottesvorstellungen glauben die Hindus an einen Gott oder an viele Götter als Gestalten des einen Gottes oder des Absoluten. Ein Teil der Hindus betrachtet in der Trinität der Gottheiten weniger Brahmā als Shiva oder Vishnu als den Weltenlenker; andere verehren eine mütterliche Gottesgestalt, und schließlich stellen sich viele das Absolute nicht in personaler Gestalt vor. Die Fülle heiliger und semi-heiliger Literatur sowie reiche Mythologien lassen kaum die Vorstellung von einer in ihrem Lehrsystem einheitlichen Religion aufkommen.

Der Hinduismus hat sich organisch und spontan herausgebildet. Er kennt keinen singulären Stifter. Er besitzt kein fest umrissenes Dogma, und er verfolgt keine Mission. Der Hinduismus versteht sich als eine Religion, deren Inhalte den weisen Sehern, den Rishis, zuteil geworden sind. Kurzum, der Hinduismus verkörpert keine prophetische und keine Stifter-Religion; er kennt keine kirchenähnliche Organisationsstruktur oder eine verbindliche Lehre. Vielmehr beinhaltet er eine breite Palette religiösen Handelns und Glaubens. Ihm immanent ist weniger eine Orthodoxie als eine (auf das Handeln bezogene) Orthopraxis. Zu den Schriften des Hinduismus zählen vor allem die Veden und die Upanishaden, die von größter Autorität sind. Aber auch hier gilt, was Mahatma Gandhi in die Worte fasste: «Mein Glaube an die hinduistischen Schriften zwingt mich nicht, jedes Wort und jeden Vers als Ausfluss göttlicher Eingebung anzuerkennen ... Ich lehne es ab, mich durch irgendeine Auslegung binden zu lassen, so gründlich sie auch sein mag ...»[2] Ähnlich steht es mit den traditionellen Gesetzbüchern des Dharma (Dharmashāstras) und den Regeln für religiöse Bräuche des Dharma (Dharmasātras). Der Terminus «Dharma» steht für die Grundlagen der menschlichen Moral und Ethik und bezeichnet die ewige Ordnung, auf der das kosmische Geschehen basiert. Die Dharma-Schriften, deren berühmteste das Manusmriti ist, sind für das religiöse Leben von größter Bedeutung; sie behandeln unter anderem die Lebensweisen und die Pflichten der Stände und Altersklassen. Diese Schriften sind nicht zuletzt deshalb wichtig, weil für den Hinduismus das Ziel der Erlösung wesentlich ist. Dementsprechend ist ein mit den Dharma-Schriften vertrauter Hindu fest davon überzeugt, dass sein Weg – unter mehreren anderen – zur Erlösung und zur Gottesrealisation führt. Dies steht ihm frei; nicht hingegen soll er glauben, dass der andere den falschen Weg geht. Im Hinduismus wird das als anmaßend betrachtet und bedeutet eine Gotteslästerung. Der Religion der Hindus wohnt somit jene Toleranzidee inne, die sich im Christentum «gegen den Widerstand der christlichen Führer und Institutionen durchsetzen musste, soweit sie sich überhaupt bereits durchgesetzt hat».[3] Im Kontext dieser Toleranzidee legt der Hinduismus Wert darauf, dass die Propheten und Gottesinkarnationen im Plural stehen.

Wie bisher soll auch weiterhin von der nicht hinterfragten Meinung abgesehen werden, dass nur der ein Hindu sei, der in Indien geboren wurde oder indischer Ethnizität ist. Dass diese Meinung besteht, verdanken die Inder den Persern, die die im Sindhu-Gebiet im Nordwesten Indiens siedelnden Menschen

Hindus nannten. Der Hinduismus ist ein Begriff, der sich nur ungenau von der indischen Kultur und Tradition trennen lässt – der hier in seiner allgemeinen Ausprägung behandelt und im zweiten Kapitel auf den real existierenden indischen Hinduismus bezogen wird. Von Interesse sind Fragen zum Inklusivismus des Hinduismus und nach dessen Interreligiosität. Was den ersten Sachverhalt anbelangt, so lässt sich mit Ram Adhar Mall die Frage, ob der Hinduismus im Namen des Sanātana Dharma – der einen ewigen Religion – einen Inklusivismus beinhaltet, mit dem Hinweis verneinen, dass der konkrete Hinduismus analog den anderen positiven Religionen «eine bestimmte Art des Sanātana Dharma darstellt», sich darin jedoch nicht erschöpft. «Ein Hinduismus, der sich mit ihm als deckungsgleich wähnte, verriete seinen Grundsatz, dass das Eine viele Namen trägt.»[4] Ähnlich verhält es sich mit der Interreligiosität, die eine religiöse Grundüberzeugung beschreibt, die das «eine Wahre der religio perennis in vielen Religionen» (Ram Adhar Mall) zum Schwingen bringt. Interreligiosität zielt zudem auf einen interreligiösen Diskurs und dekonstruiert Begriffe wie Gott, Sünde oder Erlösung. Und schließlich umfasst Interreligiosität die Einsicht, die vielfältigen Religionen und Glaubensformen als eine gottgewollte Zielsetzung anzusehen. «Die Absolutheit, die Universalität und die Allgemeingültigkeit des einen Wahren zeigen sich so in verschiedenen Religionen, transzendieren diese jedoch auch. Interreligiosität bedeutet daher ... eine Einheit des Glaubens ohne Einheitlichkeit».[5]

Die Veden und die Upanishaden

So wie im Judentum die Thora, im Christentum die Bibel, im Islam der Koran und im Buddhismus die Tripitaka (der Dreikörbekanon) den religiösen Mittelpunkt bilden, verkünden im Hinduismus die Veden und die Upanishaden die Botschaft des Göttlichen. Der vedische Hinduismus stammt in seiner Bezeichnung von der Veda genannten, alten Tradition; der Text wird weitgehend wie ein Teil der Shruti (auf dem Hören der Rishis beruhend) behandelt und damit als Offenbarung angesehen. Mündlich verbreiteten sich traditionelle Texte, die nur von den Brahmanen rezitiert wurden. Von diesen Texten ist der Rigveda am bekanntesten; er wurde um 1000 v. Chr. in einem Gesetzbuch zusammengefasst und beinhaltet Hymnen und Gebete in Bezug auf den Götterkult und das Opferritual, deren Prinzip das do ut des ist: «Ich lobe Dich, Gottheit, und spende Dir stärkende Opfer, damit Du mir von Deinem himmlischen Reichtum zurückgibst.» Die Texte nennen viele Götter, entsprechend dem als gottgewollt angesehenen religiösen Pluralismus, der in den Worten des indischen Dichters und Philosophen Rabindranath Tagore zum Ausdruck kommt: «Wenn je eine solche Katastrophe über die Menschheit hereinbrechen sollte, dass eine einzige Religion alles überschwemmte, dann müsste Gott für eine zweite Arche Noah sorgen, um seine Geschöpfe vor seelischer Vernichtung zu retten.»[6]

Das Wissen um das Ritual des Opferns verlagerte sich mit der Herausbildung des privilegierten Priestertums zum Wissen als Erkenntnis und als innere Weisheit. Dies zeigt sich vor allem in den zwischen 800 und 500 v. Chr. entstandenen Upanishaden – einer Textgruppe, die Berichte von Lehrgesprächen zwischen den Schülern und dem Lehrer beinhaltet, der die Wahrheit unmittelbar erfahren hat. Der Form, aber auch dem tieferen Inhalt nach zählt zu den Upanishaden die berühmte Bhagavadgītā, die von einem Lehrgespräch zwischen Arjuna, einem Helden aus der Kriegerkaste, und seinem Wagenlenker Krishna berichtet, der – wie sich während des Gesprächs herausstellt – jene Gottheit selbst ist, der außerhalb der genannten Hindu-Trinität der Gottheiten eine hohe Bedeutung zukommt. Dieses Lehrgespräch ist charakteristisch für den Hinduismus, in dem das Individuum den Impuls verspüren muss, der es nach seinem Lehrer suchen lässt. Mit anderen Worten:

Die Unerlöstheit drängt den Hindu zu einem Zustand der Erfüllung, die er nur im unmittelbaren persönlichen Kontakt zum Meister vernehmen darf. Insgesamt beinhalten die Upanishaden eine esoterische Philosophie: beispielsweise ein Nachdenken über den einen, absoluten Gott und seine Entsprechung in der menschlichen Seele (atman). Den Texten wird Offenbarungsqualität zuerkannt.

Die Veden, die Upanishaden und andere Schriften des Hinduismus verweisen auf verschiedene Wege zum Einen, das allem Leben zugrunde liegt. Dies trifft besonders im Bereich der Schöpfungsmythen zu, die – wie in allen Religionen – die Hauptbotschaft enthalten, dass der Mensch, die Welt und die Natur von einem Schöpfer geschaffen sind. Hierbei unterscheidet sich der Hinduismus von der Einmaligkeit des Schöpfungsaktes im Judentum, im Christentum und im Islam vor allem darin, dass die hinduistischen Schöpfungsmythen einen endlosen Kreislauf des Weltentstehens und des Weltvergehens enthalten. Mit W. Eidlitz lässt sich sagen: «Die heiligen Schriften des Judentums, Christentums und Islam berichten von der Schöpfung unserer jetzigen Erde … Die indischen heiligen Texte berichten von einem sich zahllose Male von Ewigkeit zu Ewigkeit begebenden Weltentstehen und Weltvergehen.»[7]

Betrachtet man den Schöpfungsmythos des Hinduismus etwas näher, so fällt auf, dass sich die Idee der Schöpfung in den Veden vom Schöpfungsgedanken in den Upanishaden unterscheidet. Die Veden berichten von einem ungenannten Urgott, dem alleinigen Herrn der Schöpfung, der Himmel und Erde trägt. Sein Name ist Prajāpati, der «Herr der Geschöpfe». Im Unterschied zum vedischen Hinduismus stellen die Upanishaden keine eigentliche Schöpfungsgeschichte dar, sondern einen Zustandsbericht: Der Dichter erörtert nur den Anfangszustand und das Problem des Verhältnisses zwischen der existierenden Welt (sat) und dem Nichtexistierenden (asat). Die vielfach gegenübergestellten Begriffe bezeichnen eher eine Art

Kosmos und Chaos, ein Organisiertes und ein Destruktives als ein Sein und ein Nichts.

Karma und Wiedergeburt

Die multidimensionale Schöpfungstheologie korrespondiert im hinduistischen Denken mit der Lehre von der Reinkarnation, die sich mit Strafe, Belohnung und Gnade verbindet. Hierbei wird der Schicksalsglaube durch die Lehre von der Wiedergeburt abgelöst – einer von den Taten abhängigen Reinkarnation. Das Karma-Gesetz und die Reinkarnation zeichnen dafür verantwortlich, dass das Dasein eines Menschen und seine gesellschaftliche Position von seinen Taten in früheren Leben abhängen. Das Karma-Gesetz lässt sich als Gesetz von Ursache und Wirkung deuten. Jede Tat bewirkt Lebensumstände, die ihrerseits als Ursache für neue Taten wirksam werden. Mit anderen Worten, mit denen Ram Adhar Malls: «Ein gläubiger Hindu geht davon aus, dass allen weltlichen, mundanen und materiellen Dingen und Ereignissen eine übernatürliche, spirituelle ewige Kraft zugrunde liegt. Das, was den ganzen Kosmos trägt, trägt auch den Menschen ...» Dementsprechend glaubt der Hindu an einen «unsterblichen Kern in ihm, an eine Transmigration dieses Kernes über den Tod hinaus».[8] Die Kraft, die diese Transmigration regelt, ist das Karma-Gesetz.

Im Karma lassen sich mit Konrad Meisig zwei zeitliche Dimensionen erkennen, von denen die eine in die Vergangenheit und die andere in die Zukunft gerichtet ist. «Zwar erklären sich die Umstände des gegenwärtigen Lebens aus den eigenen Taten in den vergangenen Geburten. Andererseits aber hängt auch die Art des zukünftigen Daseins von den Taten des gegenwärtigen Lebens ab.»[9] Das Karma darf mithin nicht als ein für immer vorbestimmtes Fatum verstanden werden. Es wäre irreführend, sich einen fatalistischen Hindu vorzustellen, der sein Schicksal erduldet. Dem Karma-Gesetz zufolge bestimmt der

Mensch durch seine Taten sein Schicksal. Der Glaube daran, dass gute Taten gute Folgen zeitigen, ist ein Impuls für die Zukunft, der der Mensch nicht hilflos ausgeliefert ist. Bei der Vergeltung im Karma-Gesetz wird mithin das individuelle Moment akzentuiert: keiner wird von seinen Werken getrennt. Dadurch erst wird das Karma-Gesetz für ethische Zwecke brauchbar. Es muss ein mächtiger Ansporn zur Vermeidung schlechter und zur Vollbringung guter Werke sein.[10]

Die idealtypische Viererteilung

Des Weiteren kennt der Hinduismus – in idealtypischer Viererteilung – die vier Lebensziele, die vier Lebensstadien und die vier Kasten. Was die vier Lebensziele betrifft, so erlangt der Hindu Glück und Heil, wenn er das Streben nach der Erlösung aus den Reinkarnationen (moksha) – die höchste Stufe aller Lebensziele im Hinduismus – harmonisch mit den drei weiteren zu verbinden weiß, das heißt mit der Befolgung der richtigen Normen: dem auf den sittlichen Vorschriften beruhenden korrekten Betragen (dharma), dem Sorgen für Lebensunterhalt und materielle Bedürfnisse (artha) und dem Streben nach dem sinnlichen Genuss (kāma). Was die vier Lebensstadien, die Stufen des Lebens anbelangt, so ist der Hindu im ersten Stadium ein Schüler, der über die Pflichten und die Moral belehrt wird, im zweiten Stadium gründet der Hindu eine Familie, im dritten begibt er sich in die Einsiedelei. Er zieht sich aus der Welt zurück, um sich auf das meditative Stadium vorzubereiten. Schließlich erreicht er als Wandermönch das Ziel der Befreiung.

Die idealtypische Viererteilung im Hinduismus zeigt sich vor allem in der Einteilung der Gesellschaft in ein Kastensystem, das den indischen Kulturbereich noch immer kennzeichnet.[11] Dieses Kastensystem ist eng mit dem Dharma, dem Kāma und dem Kamsāra verbunden. Und diesbezüglich sind die Kasuistik der guten und bösen Taten einerseits und die Kasten andererseits die beiden Seiten des religiösen, sozialen und moralischen Systems der Hindus. Diese sind als Mitglieder einer Kaste in eine feste Ordnung einbezogen. Die Stellung in der Gesellschaft resultiert aus den Taten in früheren Leben; sie kann jedoch durch die Taten in diesem oder in einem späteren Dasein verbessert oder verschlechtert werden. Die Kasten stellen hierarchisch geordnete Gruppen der Bevölkerung dar, die durch traditionelle Regeln und Bräuche gekennzeichnet sind. Die Kasten (varnas): die Brahmanen, die Krieger (kshatriyas), der Nährstand (vaishyas) und die Shudras, die die materielle Arbeit verrichten, brauchen, da sie für sich genommen wenig sagen, Bezugspunkte, andere Kasten, an denen sie sich messen können. Dabei strebt jede Kaste danach, ihren Status zu erhöhen. Der Kontakt mit niederen Kasten führt zum Statusverlust, der Kontakt mit höheren Kasten bewirkt Statusgewinn. Jede Kaste achtet auf die Abgrenzung nach unten und sucht den Anschluss nach oben. Das Kastensystem, zu dem auch die Kastenlosen sowie die als Parias oder als Unberührbare etikettierten Hindus zählen, verkörpert das Interesse der Brahmanen, für die das Kastenwesen ein integrierter Bestandteil der traditionellen indischen Weltanschauung ist. Wer es beseitigen wollte, würde sich den Brahmanen zufolge an der ewigen Weltordnung vergreifen.

Das Epos Mahābhārata und der Hindu-Fundamentalismus

Im Hinduismus kommt einem Epos – dem Mahābhārata-Epos – eine besondere Bedeutung zu. Es reicht weit in die Geschichte zurück und wurde immer wieder bearbeitet und ergänzt. Dieses Epos, das einen Bruderkampf innerhalb eines Fürstengeschlechts des heroischen Zeitalters behandelt, ist an sich kein religiöses Werk, wird aber zu einem solchen durch die hinduistische Interpretation. Es steht nicht nur für die Frage Gewalt oder Nichtgewalt, sondern vor allem für den Gegensatz von Dharma und Adharma. Bekanntlich verkörpert der Dharma das Weltgesetz, das für Gerechtigkeit sorgt. Dessen Gegenteil ist der Adharma, dem die Rechtschaffenheit und die Tugend fehlen. Die zentrale Gestalt des Epos ist Arjuna, an dessen Haltung sich der soeben charakterisierte Gegensatz manifestiert.[12]

Der Inhalt sei kurz wiedergegeben: Arjuna, der den Bruderkrieg nicht führen will, obgleich er das Unrecht, das ihm widerfuhr, erkennt, will lieber ein Mönch werden, um seinen Frieden zu erreichen. Da erinnert ihn Krishna, der göttliche Wagenlenker, an den Dharma und an dessen Entsprechung im individuellen Dharma, dem Svadharma. Die Pflicht des Arjuna sei es, die durch den Bruderkonflikt zerstörte Gerechtigkeit wiederherzustellen. Gleichzeitig versucht der Adharma, sich bei Arjuna durchzusetzen: Der Gegensatz zwischen Adharma und Dharma bricht nun auf. Als sich die beiden Heere gegenüberstehen, muss Krishna erneut den in Adharma-Haltung befangenen Arjuna an seine Aufgabe und vor allem an seine Pflichterfüllung erinnern. Wenn man seiner Pflichterfüllung folge, so Krishna, kämpfe man für eine gerechte Sache; wenn man sich jedoch weigere zu kämpfen, dann verliere man seine Ehre, was schlimmer sei als der Tod. Diese Worte überzeugen schließlich Arjuna. Religiös vielgestaltig, erteilt das Mahābhārata-Epos eine Zusammenfassung des Brahmanismus im werdenden Hinduismus.

Der Gegensatz von Dharma und Adharma bildet so etwas wie den religionshistorischen Hintergrund des Hindu-Fundamentalismus. Diesem Fundamentalismus soll nachfolgend nur eine Skizze gewidmet werden, da er im zweiten Kapitel konkret dargestellt wird. Hier lässt sich der Gegensatz von Dharma und Adharma, von Gut und Böse, unter einem neuen Aspekt aufzeigen. Die Hindus nämlich ordnen sich selber dem Dharma zu und überlassen den Muslimen den Adharma. Durch den Gegensatz zwischen den beiden Einteilungsprinzi-

pien werden die Muslime durch das Fehlen von Rechtschaffenheit und Tugend gekennzeichnet, während den Hindus durch
den Dharma die Rechtschaffenheit und die menschliche Moral
und Ethik zukommen.[13] Mit anderen Worten: Während die
Hindus und das Hindutum (hindutva) als das Gute schlechthin
erscheinen, verkörpern die Muslime das Böse. Und wo man
diesen Gegensatz zwischen Gut und Böse herausstellt, ist der
Weg zur absoluten Priorität des Guten auf Seiten des Hinduismus geebnet. Deutlich wurde dies im Mahābhārata-Epos, in
dem Krishna beim Erstarken des Adharma stets von neuem
auftritt, um den Dharma wiederherzustellen. Die Hindu-Fundamentalisten sehen sich als Gefolgsleute Krishnas, die für den
Dharma, das Gute, gegen die Muslime und damit gegen den
Adharma, das Böse, kämpfen. Für diesen Kampf wird von den
Hinduisten oft der Begriff «Gerechter Krieg» (dharmayuddha)
gebraucht. Zur Erklärung lässt sich das Parallelepos zum
Mahābhārata – das Bhagavadgītā – anführen, in dem es heißt:
«Denn etwas Besseres als einen gerechten Krieg gibt es für
einen Krieger nicht.»[14]

2. Indien und der real existierende Hinduismus

Die Staatsgründung
Mit der britischen Machtübergabe vom 15. August 1947 begann eine neue Epoche auf dem indischen Subkontinent. Die
auf die De-Kolonisierung zielenden Kampagnen Mahatma
Gandhis hatten sich als erfolgreich erwiesen; dem 1885 von
ihm der Kolonialmacht abgerungenen Nationalkongress (All-
India National Congress) konnten nun die Briten die Macht
übergeben. Nachdem die Gespräche zwischen Gandhi und Ali
Jinnah, dem Führer der Muslim-Liga, ergebnislos geblieben
waren und die Bildung einer nationalen Interimsregierung an
Chinas Forderungen scheiterte, wurde im August 1946 Jawa-

harlal Nehru zum Interimspremier und nach der Unabhängigkeit zum ersten Premierminister des neuen Indien ernannt. Nehru, der sich vor allem für die Idee des Säkularismus einsetzte, stand nun einem Problem gegenüber, das sich in Gestalt des Konflikts der beiden großen Religionen in Indien – Hinduismus und Islam – aufdrängte. Zwar hatten die Briten die Gebiete im Westen und Osten des Subkontinents, die mehrheitlich von Muslimen bewohnt wurden, zu dem neuen Staat Pakistan zusammengefasst und damit entgegen dem Willen Gandhis und Nehrus eine Teilung vorgenommen, die ihre Intention verfehlte, weil nur zwei Drittel der indischen Muslime nach Pakistan zogen, ein weiteres Drittel jedoch in Indien ansässig blieb. Damit bahnten sich in Indien, dem damals volkreichsten Land der Welt, das heute ein Sechstel aller Menschen umfasst, bereits Probleme an, die sich in Gestalt zahlreicher Konflikte im real existierenden Hinduismus herausbildeten.[1]

Die kurz angesprochene Idee des Säkularismus, die Nehru verfolgte, war unter diesen Bedingungen kaum zu verwirklichen. Zum einen entbehrte die Freiheit die Gleichheit und Brüderlichkeit in einer Gesellschaft, in der der real existierende Hinduismus das Kastenwesen aufrecht erhielt. Zum anderen war die Idee des Säkularismus für die große Masse der Bevölkerung ein kaum begreifbares Phänomen, das zudem für die Religion der Hindus ein Problem beinhaltete. Im Unterschied zum Westen, wo man mit der Idee des Säkularismus nicht zuletzt die Trennung von Kirche und Staat verfolgte, zeigte sich dieses Problem in Indien darin, dass für die Hindus das Wort Dharma nicht nur die Religion, sondern vor allem die Ordnung des Universums und die Grundlage der menschlichen Moral und Ethik beinhaltet, wodurch sich das Wort der Idee des Säkularismus gleichsam entzieht. Die Verfassung legt in Artikel 3 fest: «Alle Bürger, unabhängig von Religion, Rasse, Kaste, Geschlecht und Geburtsort, sollen Gleichheit vor dem Gesetz genießen und es soll ihnen in keiner Weise eine Benachteilung erwachsen.»² Die Verfassungsvorschrift beinhaltet den Säkularismus, den die Hindus in der Vergangenheit oft falsch auslegten, nämlich als einen «Minoritismus», der die Minderheitenreligionen bevorzugt und die hinduistische Mehrheit benachteiligt. Charakteristisch hierfür sind die Worte eines hinduistischen Abgeordneten im Haus des Volkes (House of the People): «Leider haben die meisten indischen Parteien den Säkularismus so ausgelegt, dass ich mich gezwungen sehe, ihn als ‹Minoritismus› zu bezeichnen. Er führt oft zu merkwürdigen Empfindungen gegenüber dem Hinduismus und seinen Anhängern. Wenn ein Muslim sagt ‹Ich bin stolz auf den Islam›, dann gilt das als richtig …, wenn aber ein Hindu, wie ich, sagt ‹Ich bin stolz auf meinen Glauben›, dann wird von ihm behauptet, dass er ein Kommunalist sei, ein Fundamentalist – oder was auch immer.»³ Diese Äußerung deutet an, dass es nicht immer einfach ist, zu interpretieren, was die «Gleichheit der Religionen vor dem Gesetz» im politischen Alltag bedeutet. Religion und Politik sind eben doch nicht zwei immer exakt voneinander trennbare Bereiche. Es gibt Überschneidungen. Und daraus entstehen – manchmal erhebliche – Probleme und Konflikte.

Politiker vor der Unabhängigkeit

Die politische Machtübergabe an Indien verlief keineswegs nur friedlich. Vielmehr müssen die Errungenschaften des Freiheitskampfes berücksichtigt werden, der sich in zwei Varianten niederschlug. Um ihn adäquat zu verstehen, sollen mit einem Blick zurück zwei religiöse Haltungen von indischen Politikern aufgezeigt werden, die die genannten zwei Varianten verkörperten. Da ist zunächst Bal Gangadbar Tilak, der Führer der «Extremisten», zu nennen, der 1908 zu sechs Jahren Zuchthaus verurteilt worden war und 1914 in die indische Politik zurückkehrte. In dieser Zeit verfasste er seinen Kommentar zur Bhagavadgītā. Dieser Kommentar (Gītā-Rahāsya) ist durch das Bemühen gekennzeichnet, indisch-religiöse und westlich-humanistische Ideen und Ideale miteinander zu verbinden. Im Mittelpunkt steht der Grundgedanke des Karmayoga, des Handelns in der Welt – für Tilak die Kernlehre der Gītā. So war denn auch Tilak bestrebt, den Karmayoga-Gedanken als Verpflichtung zum sozialen und politischen Engagement und als Aufforderung zum Kampf um die Unabhängigkeit Indiens zu deuten.

Dieser Kampf um Freiheit war bei Tilak mit dem Dienst an Gott verbunden – ein Kampf, den der Mensch mit jener Energie zu führen hat, mit der Gott die Welt erschuf. Damit stand der Grundgedanke von Tilaks religiös-politischen Überlegungen fest: «Die Summe und Essenz der Lehre Śri Krishnas ist, dass der Anbeter des gesegneten Herrn nach Erlangung der Kenntnis des höchsten Gottes (Parameshwara) durch Verehrung sich selbst – wie der Parameshwara – verausgaben muss, um die Aufrechterhaltung und Stützung der Welt sicherzustellen.»[4] Tilak wusste zwar, dass die Gītā auch einen Erlösungsweg kennt, der durch Wissen (grāna) und Gottesliebe (bhakti) gekennzeichnet ist. Gleichwohl sah er den entscheidenden Weg zum Heil in der weltlichen Tat (karma), die aus der Gottesverehrung resultiert. Handeln im Sinne des Karmayoga zielt auf die Stützung des Dharma. Und dies ist durch die aktive Haltung zu erreichen. Indem Tilak zum Aktivismus aufrief, betonte er: «So stellt sich die von unseren Vätern gelehrte Lehre folgendermaßen dar: es lag niemals in ihrer Intention, dass das Ziel des Lebens die Meditation allein sei. Keiner kann erwarten, dass das Schicksal ihn beschützt, wenn er mit verschränkten Armen dasitzt und seine Last auf andere wirft. Gott hilft dem Trägen nicht.»[5] Und an anderer Stelle hebt Tilak hervor: «Jener Mann ist wirklich gelehrt, der ein Täter ist.»[6] Es galt für Tilak, die weit in die Geschichte zurückreichende kulturelle und religiöse Einheit Indiens und der Hindus, die durch den gemeinsamen Dharma begründet wird, neu zu verwirklichen.

Die religiöse Haltung des zweiten indischen Denkers ist die Mahatma Gandhis, des Politikers des gewaltlosen Widerstands gegen die britische Kolonialherrschaft: «Meine Religion basiert auf der Wahrheit der Gewaltlosigkeit. Die Wahrheit ist mein Gott und die Gewaltlosigkeit das Mittel, ihn zu erreichen.»[7] Der Hinduismus war für Gandhi mithin das Streben nach Wahrheit mit gewaltlosen Mitteln. Es ging ihm darum, mit den Mitteln der Satyāgraha (Wahrheitssuche) das Ziel: die Sarvo-daya (Selbstregierung), zu erreichen. Der Inhalt der zentralen Begriffe Gandhis offenbart sich vor allem in einer Äußerung über die Dekolonisation Indiens: «Indien muss natürlich seine Selbstregierung haben, aber es muss sie mit rechtschaffe-nen Mitteln erringen. Unsere Selbstregierung muss wahrhaft Selbstregierung sein, welche weder durch Gewalt noch durch Industrialisierung erreicht werden kann.»[8] Gandhi fügte hinzu, dass das Indien der vorkolonialen Zeit «ein goldenes Land [war], weil die Inder damals ein goldenes Herz hatten»; das zu entkolonisierende Indien sollte nach Gandhi mit Hilfe des Prinzips Ahimsa, Satyāgraha und Sarvodaya jener «golde-nen Zeit» seine Orientierung finden.

Das Kastenwesen

Mit der Unabhängigkeit verbanden viele Hindus die Hoff-nung, man werde die Kastenordnung weitgehend überwinden, zumal in der neuen indischen Verfassung von 1950 kasten-bedingte Vorrechte und Benachteiligungen verboten und der Schutz religiöser und kultureller Minderheiten verankert sind. Eine Gesellschaft mit einer Vielzahl von Religionen, Sprach-gemeinschaften, ethnischen Gruppen, Kasten und indigenen Völkern kämpfte deswegen darum, eine «Einheit in der Viel-falt», so die offizielle Formulierung, zu erlangen. Man war sich darüber bewusst, hier gegen eine festgefügte Tradition zu kämpfen, die zudem von der Kolonialherrschaft übernommen worden war. Die Briten hatten – entgegen ihrer Rhetorik einer sich global ausweitenden Moderne – die Kasten unterstützt. Für die Kolonialbeamten bildete diese hierarchische Ordnung eine wichtige Kategorie zur Kontrolle der indischen Gesellschaft. Die Informationen über die Kasten wurden zwar offiziell mit administrativen Bedürfnissen gerechtfertigt. Es lässt sich jedoch nicht übersehen, dass es gleichermaßen darum ging, «die zahlreichen Unterschiede am Leben zu erhalten oder gar zu verschärfen, die in der indischen Gesellschaft bereits existierten».[9]

Im postkolonialen Indien nun propagierte man eine «kastenlose und klassenlose Gesellschaft». Das religiös sanktionierte Kastensystem – ein Ordnungsprinzip bis hinunter in den arbeitsteiligen Dorfverband, durch den rund 75 Prozent der indischen Bevölkerung erreicht wurden – bedeutete zweifellos einen Garanten politischer Stabilität, gleichzeitig aber auch ein System, das den gesellschaftlichen Wandel blockierte. Gleichwohl war die indische Führungsschicht bestrebt, das Kastensystem beizubehalten. Für Mahatma Gandhi, der selbst aus einer relativ hochstehenden Kaste der Kaufleute stammte, sollten lediglich Exzesse des Systems beseitigt werden, nicht jedoch das System selbst. Er sei vielmehr gegen jeden Versuch, «die ursprünglichen Teilungen aufzugeben. Die Kasten beruhen *nicht* [Hervorh. W.R.] auf Ungleichheit.» Und außerdem: «Die Kasten haben nach meiner Ansicht den Hinduismus vor der Auflösung bewahrt.»[10] Verfolgt man Gandhis Gedankengang weiter, wonach die Existenz des Kastensystems die des Hinduismus bewahrt habe, so lässt sich schlussfolgern, «dass die Dharma- und Karma-Gesetzlichkeit nicht nur als Stabilisator des sozialen Systems, sondern – damit – das Kastensystem als wesentliche Ursache der Stabilität des demokratischen Systems anzusehen» ist.[11] Damit erhebt sich freilich die Frage, wie die indische Demokratie, die größte Demokratie der Welt, sich ausprägen soll, wenn gleichzeitig die Institution der Kaste weiter existiert, mit der zwangsläufigen Folge, dass ein sozialer

Aufstieg fast unmöglich und ein wirtschaftlicher Aufstieg jedenfalls der tiefer rangierenden Kastenangehörigen – und das sind 80 Prozent der Hindus – sehr erschwert wird. Das gilt vor allem für die Parias oder die «Unberührbaren», die bis heute den Bodensatz der Gesellschaft bilden.

Die Kartographie sozialer Bindungen in Indien hat sich gründlich verändert. Noch vor vierzig Jahren, als sich die Modernisierungstheorie auf ihrem Höhepunkt befand, wurden die Zugehörigkeit zu Kasten, die Solidarität innerhalb religiöser Gemeinschaften sowie die regionalen und sprachlichen Loyalitäten als Zeichen der Rückständigkeit interpretiert. Heute trägt, wie erwähnt, der indischen Führungsschicht zufolge das Kastensystem zur politischen Stabilität bei. Heute stehen für die Eliten der unterschiedlichen Kasten und Gemeinschaften wichtige politische und ökonomische Interessen im Vordergrund. Auch entwickelte sich das vierteilige Kastengefüge inzwischen zu einem hochkomplexen System mit rund dreitausend Kasten, die verschiedenen Kastenorganisationen angehören. Die Kaste in Indien ist noch immer – in Abwandlung einer Definition, die Max Weber im Zusammenhang mit dem Judentum als einem Pariavolk gibt – «eine durch rituelle Kommensurabilitäts- und Konnubialschranken nach außen abgegrenzte, durch positive oder negative Privilegien und durch ökonomische Sondergebarungen nach innen zusammengeschlossene erbliche Gemeinschaft innerhalb eines sozialen Gesamtverbandes».[12] Und gleichermaßen in Anlehnung an Max Weber lässt sich mit Shalini Randeria jede Unterteilung einer Kaste als ein autokephaler Verband, eine körperschaftliche Gruppe mit eigener Führungsschicht und internen Kontrollmechanismen, die keine weitere oder höhere Autoritätsebene zulässt, behandeln.[13]

Es erscheint fraglich, ob Gandhis Ansicht, die Kasten hätten den Hinduismus vor der Auflösung bewahrt, und die vielfach betonte These, einer Kaste angehören zu müssen, um Hindu zu sein, berechtigt sind. Die letzte These zumindest hält einer theologischen Untersuchung nicht stand, wie dies überzeugend Ram Adhar Mall aufgezeigt hat: «Man hat oft behauptet, dass man um Hindu sein zu können, einer Kaste angehören müsse. Diese Lesart des Hinduismus stimmt nicht; denn anfänglich stellten die Kasten lediglich Berufsbezeichnungen dar. Die vielen neohinduistischen Lehren verneinen ausdrücklich die Kastenzugehörigkeit als etwas für den Hinduismus Wesentliches: Man kann auch dann ein Hindu sein, wenn man an dem Kastensystem nicht festhält. Neben dem Glauben an die Veden gibt es andere Überzeugungen, die für denjenigen verbindlich sind, der sich zum Hinduismus bekennt: Dies kann der Glaube an die Unsterblichkeit der Seele, an das Karma-Gesetz oder an die prinzipielle Möglichkeit der Erlösung sein, in welcher Form auch immer.»[14]

Zieht man in Bezug auf das indische Kastenwesen ein Fazit, so lässt sich sagen, dass sozialer Rang, wirtschaftliche Potenz und politische Macht nach wie vor nahezu deckungsgleich verteilt sind. Sie konzentrieren sich auf die Mitglieder der höheren Kasten, die zusammen allenfalls zwanzig Prozent der Bevölkerung des Landes umfassen.[15] Damit ist über fünfzig Jahre nach der offiziellen Ächtung des Kastenwesens durch die Verfassung von 1950 diese einzigartige soziale Organisationsform noch immer von besonderer Bedeutung. In der Tageszeitung «The Hindu» stand im 50. Jahr der Republik zu lesen: «Die Kaste durchdringt jede politische Handlung, seien es Ausbildungsplätze, die Zusammensetzung des Gemeinderates, den Zugang zu Krediten, die Namengebung öffentlicher Institutionen. Wenn die Kastenzugehörigkeit das ganze öffentliche Leben definiert, wie kann sie da im sozialen Leben bedeutungslos werden?»[16]

Die politische Machtstruktur

Dass sich die indische Gesellschaft parallel zur Kasten-Gesellschaft zu einer Mittelklassen-Gesellschaft entwickelt, ist eine weit verbreitete Betrachtungsweise. Einer solchen Interpretation muss man allerdings den berechtigten Hinweis Dietmar Rothermunds entgegenrichten, dass es sich hier nicht um eine Mittelklasse, sondern vielmehr um eine «bemittelte Klasse» handelt. «Es geht um die oberen zehn Prozent der indischen Gesellschaft, doch das sind immerhin einhundert Millionen, also keine kleine Oberschicht von Kapitalisten und Großgrundbesitzern. Diese ‹Mittelklasse› umfasst sowohl urbane Gehaltsempfänger als auch eine reichere Bauernschaft, die von der ‹Grünen Revolution› profitiert hat.» [17] Nicht zu vergessen sind in diesem «Klassen»-Kontext die Politiker. Dies zeigte über einen langen Zeitraum hinweg namentlich die Kongresspartei, die sich unter der Führung von Jawaharlal Nehru und unter der seiner Nachfolgerin zur staatstragenden (Massen-) Partei während der ersten dreißig Jahre der indischen Republik entwickelte. Nach Nehrus Tod im Jahre 1964 trat nach einer Interimsregierung 1966 Indira Gandhi, die Tochter Nehrus, als Kompromisskandidatin das Amt der Premierministerin an, das sie von 1966 bis 1977 und von 1980 bis zu ihrer Ermordung 1984 innehatte. Während ihrer langen Amtszeit errang die Premierministerin hohe Wahlsiege wie im Jahre 1971 mit dem Slogan «Garibi Hatao» (Schlagt die Armut). In dieser Zeitspanne, in der die Parlamentswahlen zu einem Plebiszit für Indira Gandhi wurden, machte sie jedoch auch von umfassenden – vom Staatspräsidenten übertragenen – Notstandsbefugnissen Gebrauch, um Indien über ein Jahr (1975–1976) mit diktatorischen Vollmachten zu regieren. Indira Gandhi lebte in dieser Zeit von der und für die Macht, um 1980 letztmals in einer harten Wahlkampagne das Amt der Premierministerin zu erlangen.

Dass die Kongresspartei unter Indira Gandhi und ihrem Sohn und Nachfolger Rajiv Gandhi immer wieder erfolgreich

Wahlen gewann, lag nicht zuletzt darin begründet, dass zahlreiche kleinere Oppositionsparteien durch das Mehrheitswahlrecht nicht zum Zuge kamen. Erst die Parlamentswahlen vom September und Oktober 1999 gewann, wie erwartet, Atal Behari Vajpayee mit seinem Wahlbündnis der hindu-nationalistischen Bharatiya Janata-Partei (BJP) und 24 weiteren Parteien. Hierbei entfielen auf das Wahlbündnis 299 von 543 Mandaten, von denen die BJP 183 stellte, während die Kongresspartei unter Führung von Sonia Gandhi, der aus Italien stammenden Schwiegertochter Indira Gandhis, mit nur noch 114 Delegierten die schwerste Niederlage in ihrer Geschichte erlebte. Die Bharatiya Janata-Partei, die einen Hindu-Nationalismus vertritt, der recht vage gehalten ist, wurde von der «Mittelklasse» gewählt – einer Mittelklasse, die den Hindu-Nationalismus massiv unterstützt.

Dieser Hindu-Nationalismus ist im Spektrum des politischen Hinduismus in Indien ebenso stark vertreten wie der Neo-Hinduismus, der im Laufe des 19. Jahrhunderts entstand und sich als eine Auseinandersetzung indischer Intellektueller mit religiösen und ideologischen Einflüssen aus dem Westen charakterisieren lässt. Den zahlreichen neo-hinduistischen Bewegungen und Gruppierungen ist das Bestreben gemeinsam, den Hinduismus zur Universalreligion umzugestalten. Der Neo-Hinduismus sieht in den Veden die reine Uroffenbarung, die durch die Auswüchse des späteren purānischen Zeitalters überwuchert worden sei. Mit dem Rückgriff auf die vedische Tradition verbindet sich das Streben nach gesellschaftlichen Reformen, insbesondere nach der Abschaffung der Kastenschranken. Und mit der Gründung der Rāmakrishna-Mission, einer neo-hinduistischen Bewegung, die auf einem modern interpretierten Vedānta basiert, breitete sich im Neo-Hinduismus die Toleranz gegenüber fremden Weltanschauungen aus. Man ist davon überzeugt, «dass alle Religionen und Philosophien im Grunde auf dieselbe Wahrheit zielen, die freilich im Vedānta ihren vollkommensten Ausdruck gefunden hat».[18]

Konflikte zwischen dem Hinduismus und dem Islam
Bedeutend intensiver als der Neo-Hinduismus hat in Indien der Hindu-Fundamentalismus eine markante Bedeutung erlangt. Er konzentrierte sich auf den Gegensatz von Dharma (Weltgesetz und Gerechtigkeit) und Adharma (ohne Rechtschaffenheit und Tugend), und rechtfertigte sich damit, dass er dem Hindutva (Hindutum) schlechthin das Gute und den Muslimen das schlechthin Böse zuordnete.

Überblickt man die mannigfachen Konflikte zwischen Hindus und Muslimen, so hat vor allem ein Ereignis die Weltöffentlichkeit stark bewegt: die Zerstörung der berühmten Babri-Moschee im nordindischen Wallfahrtsort Ayodhyā durch fanatisierte Hindu-Fundamentalisten im Dezember 1992. Hindu-nationalistische Bewegungen begannen damals – charakteristisch für die religiöse Diffamierung – mit einer zehnjährigen Agitation zur Errichtung eines eigenen Tempels an dieser Stelle. Als dann bekannt wurde, dass radikale Hindu-Organisationen, vor allem der World Hindu Council, im März 2002 mit dem Bau jenes Tempels beginnen wollten, kam es im Februar 2002 nach einem Angriff auf einen Zug mit hinduistischen Pilgern aus Ayodhyā, worauf sich im gesamten Bundesstaat Gujarat massive Ausschreitungen ausbreiteten – Massaker an der muslimischen Bevölkerung. Am Ende der fünftägigen Ausschreitungen lag die offizielle Zahl der Toten bei 855 Menschen. Allein in Ahmadadad, der Hauptstadt des Bundesstaates Gujarat, zählte man 120 zerstörte Hotels. 300 Grabmäler waren geschändet, 43 Moscheen entweder zerstört oder «umfunktioniert».

Das Massaker von Gujarat zeigte jenes für gewalttätige Auseinandersetzungen charakteristische Verhaltensmuster[19], das neue Feindseligkeiten bewirkt. Man geht daran, Statuen und

Tempel sowie Moscheen und Heiligengräber der jeweils anderen Religion zu zerstören. Mit Blick auf diese strukturelle Gewalt lassen sich mit Christophe Jaffrelot bestimmte Schemata herausstellen: namentlich die Mobilisierungskampagnen der Hindu-Nationalisten als Reaktion auf die pan-islamischen Neigungen der muslimischen Minderheit und die pseudoreligiösen Umzüge, die sich rasch zu gewalttätigen Machtdemonstrationen wandeln. «Diese Provokationen lösen z.B. landesweite Unruhen aus, die wiederum einen deutlichen Einfluss auf die Politik (bzw. auf die Wahlen) haben.»[20]

Ein Beweis hierfür zeigte sich zu Beginn der 1980er Jahre bei einem Umzug in Poona, wo militante Hindus bei einer Kundgebung ein Flugblatt verteilten, das mit den Worten begann: «Indien ist das einzige Land zwischen Marokko und Malaysia, in dem die Muslime noch in der Minderheit sind. Deshalb werden unablässig Anstrengungen unternommen, um den islamischen Bevölkerungsanteil zu vergrößern ...»[21] Die Prozession, die nach dem Treffen in Poona vonstatten ging, drang in ein von Muslimen bewohntes Viertel ein, wo es seitens der Hindus zu mehreren Gewalttaten kam. Dasselbe Muster zeigte sich in den Ausschreitungen in Bhiwandi (1970) und in Jamshedpur (1989)[22]. Kurz vor den Wahlen im November 1989 drang in Jamshedpur ein Pseudo-Prozessionszug in ein Stadtviertel ein, das von Muslimen bewohnt wird. Dort skandierten die Hindus den Slogan «Es gibt nur zwei passende Orte für einen Muslim, entweder Pakistan oder den Friedhof».

Bei solchen Provokationen kommt es zwangsläufig zur Gegenwehr, wenngleich nur in Form vereinzelter Steinwürfe, die dann die Prozessionsteilnehmer durch tödliche Gewalt erwidern. Genauso lief dann auch in Jaipur (Radjasthan) eine Pseudo-Prozession ab, die nur noch übertroffen wurde von der in Khargona (Madhya Pradesh). Dort ereignete sich – als die Prozession die Moschee erreichte – ein Bombenanschlag. Und in Bhagalpur (Bhihar) spielte sich das ab, was ein Augen-

zeuge wie folgt beschrieb: «Es schien, als befände sich Maha-
dev Singh und die ganze Prozession im Taumel. Als ob jeder
glaubte, es sei ein großer Sieg für den Hinduismus, wenn der
Umzug Chattarpur durchquerte. Die Menge schien vom Gefühl der eigenen Macht regelrecht berauscht zu sein und brüllte
die anti-muslimischen Slogans mit Begeisterung heraus.»[23]

In welchem Maße sich aufgestauter Hass auswirken kann,
zeigte sich vorerst zuletzt im August 2003, als Sprengstoffanschläge die indische Wirtschaftsmetropole Bombay mit Terror
überzogen. Die Sprengsätze explodierten auf einem Bazar nahe
einem Hindutempel sowie am Wahrzeichen Bombays, dem
Gateway of India. Es steht zu vermuten, dass die beiden
Sprengstoffanschläge in Verbindung mit der in Bombay verfolgten Politik standen, die Muslime – vorwiegend Handwer-
ker, die in der hinduistischen Kastenordnung die Unterschicht
bilden – weiter an den Rand zu drängen. Hindu-nationalistische Politiker, unter ihnen der indische Premierminister Vajpayee, beschuldigten die in Pakistan beheimatete Islamisten-
gruppe Lashkar-i-Toiba, die für die Befreiung Kaschmirs von
Indien kämpft, die Bombenanschläge geplant und ausgeführt
zu haben.

3. Der Kaschmirkonflikt

Die Entstehung
Der Umstand, dass sich Indien und Pakistan heute als Atommächte gegenüberstehen, lässt den Konflikt um Kaschmir
als besonders bedrohlich erscheinen. Als im August 1947 der
Vizekönig Lord Louis Mountbatten die Teilung des indischen
Subkontinents durchführte und sodann Pakistan und Indien in
die Unabhängigkeit entließ, wussten die beiden neuen Staaten
noch nicht, welche Grenzen sie hatten und welche Probleme
damit verbunden sein sollten.[1] Erst einen Tag später teilte

Mountbatten die konkreten Teilungspläne mit, und was daraufhin geschah, bedeutete für viele Menschen den Tod oder das Flüchtlingselend. Die Teilung erfasste nicht die zahlreichen Fürstenstaaten, die sich bis auf das mehrheitlich von Muslimen bewohnte Kaschmir Indien anschlossen. Erst als auch Hari Singh, der letzte Maharadscha von Kaschmir und ein Hindu, angesichts nahender pakistanischer Invasoren seinen Staat in die Indische Union und nicht in das islamische Pakistan einbrachte, entstand das Kaschmirproblem. Hari Singh hatte zuvor Indien um militärische Hilfe gebeten, die dieses mit dem Hinweis ablehnte, dass ohne den Anschluss Kaschmirs an Indien keinerlei Hilfe gewährleistet werden könne.

Als dann im Oktober 1947 militärische Einheiten Pakistans in Kaschmir einrückten, brach der erste Krieg zwischen Pakistan und Indien um Kaschmir aus. Im Dezember 1948 wurde unter Vermittlung der Vereinten Nationen ein Waffenstillstand geschlossen, der im Januar 1949 in Kraft trat. Eine Demarkationslinie wurde durch Kaschmir gezogen, die geraume Zeit als Grenze zwischen Indien und Pakistan galt. Indien gliederte die besetzten Gebiete Jammu und Kaschmir 1957 als Bundesstaat in die Republik ein. Pakistan erhielt den kleineren westlichen Teil Azad Kaschmir (Freies Kaschmir). Das gesamte Gebiet blieb ein Konfliktherd: 1965/66 und 1971 führten beide Staaten erneut Kriege um Kaschmir, auf dessen nordöstliche Randbereiche seit 1959 auch China Anspruch erhob. Die Teilung Kaschmirs wurde 1972 im Simla-Abkommen bestätigt; die Waffenstillstandslinie wurde zur Line of Control. In den 1980er Jahren dauerten die blutigen Unruhen – provoziert durch indische Milizen und muslimische Befreiungsfronten – in Kaschmir an. 1990 drohten beide Länder mit dem Einsatz von Atomwaffen, um im Kaschmirkonflikt eine Entscheidung herbeizuführen. Damals hat nur amerikanisches Krisenmanagement, also Druck aus Washington, den Atomkrieg verhindert.

Die (Terror-)Gruppen und die Sicherheitskräfte
Welche Gruppierungen stehen sich im Kaschmir-Konflikt gegenüber, welche Organisationen gibt es auf islamistischer Seite?[2] Da existiert zunächst die Brigade Harkat-ul-Mujahidin, eine Brigade, die aus Afghanen, Pakistanis und Arabern besteht und das Ziel verfolgt, eine islamische Ordnung in Kaschmir aufzubauen. Als eine zweite islamistische Organisation sei die Lashkar-i-Toiba genannt, die rund 3000 Söldner mit Hauptquartier im pakistanischen Punjab umfasst und zahlreiche Massaker an Hindus und an den indischen Sicherheitskräften verübte. Sie gilt als die brutalste in Kaschmir tätige Gruppierung und verfolgt kein geringeres Ziel als die Herrschaft des Islam über ganz Indien. Genannt sei des Weiteren die Organisation Harkat-ul-Ansar (Bewegung der Gefährten des Propheten), die 1995 von Maulana Masood Azhar gegründet wurde, von jenem Terroristen, der 1999 durch die Flugzeugentführung der Indian Airlines nach Afghanistan aus indischer Haft freigepresst wurde. Er postuliert den Djihad-Krieg als Heiligen Krieg gegen die indische Besetzung Kaschmirs. Ziel ist der Anschluss Kaschmirs an Pakistan.

Eine weitere radikale islamistisch orientierte Organisation bildet die Hizbul Mujahidin (Partei der heiligen Krieger), die Anfang 1989 unter maßgeblicher Beteiligung Pakistans entstand. Sie bildet den militärischen Flügel der islamischen Partei Jamā'at-i Islami-i-Kashmir. Ihr Ziel ist die Errichtung einer islamischen Ordnung in Jammu und Kaschmir und der Anschluss an Pakistan. Schließlich ist auch die Armee Pakistans zu nennen, die – trotz entgegengesetzter Beteuerungen der Regierung in Islamabad – nach militärischen Zusammenstößen auf der indischen Seite der Kontroll-Linie eine Verwicklung in die Kämpfe öffentlich eingestehen musste.[3]

Es wäre sicherlich einseitig, würde man nur die islamistischen Terrororganisationen nennen und nicht die indischen paramilitärischen Gruppierungen und die Sicherheitskräfte.

Da existiert die paramilitärische Gruppierung, die seit 1995 als kaschmirische Hilfstruppe von den indischen Sicherheitskräften ausgebildet wurde und sich zumeist aus übergelaufenen Guerillas rekrutiert. Diese Hilfstruppe untersteht nicht der normalen indischen Kommandostruktur, sie hat jedoch eine ähnliche Machtfülle wie die offiziellen Sicherheitskräfte. Ihre Aufgabe besteht darin, Guerilla-Organisationen aufzuspüren und zu vernichten. Darüber hinaus sind die indischen «Sicherheitskräfte in Jammu und Kaschmir» zu nennen, die sich aus Soldaten der indischen Armee, der Bundessicherheitskräfte, der Zentralen Reserve der Polizei und der Grenzsicherheitskräfte rekrutieren. Diese indischen Sicherheitskräfte agieren seit 1990 unter dem Schutz des «Armed Forces Special Power Act», der es in hohem Maße erleichtert, Personen in Untersuchungshaft zu halten oder extra-legale Hinrichtungen vorzunehmen. Die Verfolgung von muslimischen Zivilisten im indischen Kaschmir wird durch diese unlimitierten Kompetenzen ermöglicht. Da die Sicherheitskräfte keine strafrechtliche Verfolgung zu befürchten haben,[4] gehen sie mit äußerster Brutalität gegen muslimische Zivilisten und gegen andere Bewohner vor, von denen sie annehmen, dass sie den militanten Islamisten Schutz bieten. Der «UN Special Report on Torture» berichtet, dass muslimische Zivilisten systematisch durch indische Sicherheitskräfte gefoltert werden. Die Folter umfasst Vergewaltigung, Schläge, Elektroschocks etc. Die Opfer sind nahezu durchgehend Muslime, gegen die sich die indischen Sicherheitskräfte – vor allem bedingt durch die Brutalität der islamistischen Terrororganisationen – in hohem Maße mit Gewalt wenden.

Exemplarische Gewalt

Das Ausmaß an Gewalt wird verständlicher, wenn man sich veranschaulicht, dass die verbliebenen Hindus im Kaschmir-Tal gleichermaßen Opfer militanter Gewalt sind. Hindus wer-

den von islamistischen Gruppen – in an Hinrichtungen er-
innernder Form – aus ihren Häusern gezerrt und getötet. Ein
Beispiel für die Gewalt gegen Hindus geht aus den Berichten
über Lastwagenfahrer hervor,[5] die systematisch von militanten
islamistischen Gruppen angehalten werden; stellt sich heraus,
dass der Fahrer oder Beifahrer Hindu ist, wird er aus dem
Wagen gezerrt und erschossen. Ein Massaker verübten Milizen
der Lashkar-i-Toiba im August 2000, als sie in Pahalgam
dreißig Hindu-Pilger ermordeten. Die Brutalität der Gewalt
gegen Hindus nimmt jährlich zu und sorgt dabei vor allem
dafür, dass keine der in Lagern in Jammu untergebrachten Hindus in das Kaschmir-Tal zurückkehren können. Die militanten
islamistischen Gruppen erreichten so ihr Ziel, die «Ungläubigen» aus Kaschmir zu vertreiben.

Die Konzentration des Konfliktgeschehens auf den indischen Teil Kaschmirs resultiert daraus, dass Pakistan und die
von pakistanischem Territorium aus operierenden Truppen,
die Lage im indischen Kaschmir zu destabilisieren versuchen.
Maßgeblich beteiligt ist daran der militärische Geheimdienst
Pakistans (Inter-Services Intelligence), der seit der Regierungszeit von Zia-ul-Haq (1977–1988) darauf zielte, einen Aufstand
im indischen Kaschmir zu initiieren. Darüber hinaus gelingt es
den islamistischen Kräften immer wieder, die Legitimität der
indischen Herrschaft in Kaschmir in Frage zu stellen. Die
Zweifel an der indischen Ordnung werden offenbar von einem
Großteil der Bewohner im indischen Kaschmir geteilt. Das
zeigt sich unter anderem im wechselnden Wahlverhalten und
in der niedrigen Wahlbeteiligung.

Nach der bisherigen Beschreibung der Gewaltmaßnahmen
können – so sollte man meinen – die nachfolgenden Einzelfälle
wenig Neues bringen. Im Mai 1990 jedoch wurde in Srinagar
ein durch die Straßen der kaschmirischen Hauptstadt ziehen-
der Trauerzug für den Mirwaiz Mohammed Farooq, den angeblich von Unbekannten ermordeten muslimischen Geistli-

chen, durch Beschüsse des indischen Militärs, das den Trauerzug verboten hatte, pietätlos verletzt.[6] Mit diesem Ereignis begann eine neue Phase der Krise in Kaschmir: Für die dortigen Muslime bedeutete dies den endgültigen Bruch mit Indien und ein Wiederaufleben der zunehmend militanter werdenden Forderungen nach Unabhängigkeit. Indien reagierte darauf, indem es das Parlament von Jammu und Kaschmir auflöste und das Himalaya-Tal der Direktverwaltung in Neu-Delhi unterstellte. Für eine lange Zeit gab es in Kaschmir keine gewählte Volksvertretung oder demokratischen Institutionen mehr. Ein Jahr später kam es im Februar zu einer Vergewaltigung im muslimischen Dorf Kunan Poshora, die weltweit Schlagzeilen machte. Dort überfielen nachts Hunderte von indischen Soldaten das kleine muslimische Dorf. Während die Männer gefoltert wurden, vergewaltigten die indischen Soldaten mindestens dreiundfünfzig Frauen. Etwa hundert andere Frauen wurden sexuell misshandelt – das jüngste Opfer war dreizehn, das älteste über achtzig Jahre alt. Das Entsetzen über diesen Vorfall war groß. Das Europäische Parlament verurteilte in einer Entschließung an die indische Regierung das «schreckliche Vergehen». Doch sowohl das indische Verteidigungsministerium als auch die Militärbehörden stritten alle erhobenen Vorwürfe kategorisch ab.[7] Ähnlich enttäuschend war die Reaktion der indischen Behörden auf Berichte von Amnesty international, die die zahlreichen Todesfälle als eindeutige Folgen von Folter dokumentierten. Allein in Jammu und Kaschmir wurden nach diesen Erhebungen von 1989 bis 1995 über siebenhundert Menschen zu Tode gefoltert.

Die hindu-nationale Regierung

Die Korrelation zwischen der inneren Lage im indischen Kaschmir und dem Gesamtkonflikt zwischen Hindus und Muslimen ist seit dem Wahlsieg der hindu-nationalen Bharatiya Janata-Partei (BJP) im April 1998 und unter dem Premierminister Atal Behari Vajpayee in eine neue Phase getreten. Die BJP verfolgt eine offensive Politik, die polarisieren soll. Der neue Premierminister zielt darauf ab, das Konfliktgeschehen, das bisher auf das indische Kaschmir konzentriert war, möglichst nach Pakistan zu verlegen – eine Maximalposition, die als regulative Idee betrachtet werden kann. Bisher sind Versuche gelungen, den militanten Widerstand im indischen Kaschmir mit militärischen Mitteln einzuhegen, den Zustrom neuer militanter Kräfte aus Pakistan zu blockieren und die Residenturen des pakistanischen Geheimdienstes in ganz Indien zu bekämpfen.[8] Bei diesen Aktionen konnte sich Vajpayee auf die Resolution des indischen Parlaments von 1994 stützen, in der erstmals die Zugehörigkeit von Jammu und Kaschmir zu Indien formuliert wurde. Jedenfalls lässt sich feststellen, dass Vajpayee eine starke Politik verfolgt; und dies ist insofern für den Kaschmirkonflikt bedeutsam, als ein Zusammenhang zwischen der Stabilität und der Stärke der nationalen Regierungen in Indien und Pakistan und den Aussichten für eine Kompromisslösung in Kaschmir zu konstatieren ist.

Doch zurück zum Konfliktgeschehen: In Jammu und Kaschmir setzten sich die blutigen Auseinandersetzungen zwischen den indischen Sicherheitskräften und den Muslimen, die entweder für ein unabhängiges Kaschmir oder für den Anschluss an Pakistan kämpften, fort. Bei einem Feuergefecht zwischen kaschmirischen Separatisten und Sicherheitskräften wurde der Führer der Untergrundbewegung «Jammu and Kashmir Islamic Front» getötet; die Bewegung hatte sich zu zwei Bombenanschlägen mit Todesfolgen bekannt. Nach einem Raketenangriff auf eine Moschee in Kahuta im pakistanisch besetzten Teil von Kaschmir, kam es erneut zu Schusswechseln entlang der Line of Control zwischen Indien und Pakistan. – Im Jahre 1998 nahmen endlich beide Staaten den Dialog über die Kaschmir-Frage, die einer Normalisierung des beiderseitigen Verhältnisses bisher im Wege stand, wieder auf.

Da jedoch beide Regierungschefs an ihren Positionen festhielten, scheiterten der Dialog und die Vermittlungsbemühungen des amerikanischen Präsidenten Clinton. Anfang 2000 kam es erneut zu militärischen Zusammenstößen zwischen indischen und pakistanischen Truppen an der Kaschmir-Grenze. Und im selben Jahr erzwangen islamistische Luftpiraten durch die Entführung einer indischen Passagiermaschine mit 154 Fluggästen an Bord die Freilassung von drei prominenten in Indien inhaftierten Kaschmirspezialisten, unter ihnen der Geistliche Maulana Masood Azhar. Die Kidnapper, nach indischer Version Pakistaner, und die Freigepressten reisten nach Pakistan aus. Die indische Regierung beschuldigte darauf Pakistan, in den Entführungsfall verwickelt zu sein. Im Januar 2000 war es zudem zu einem Bombenanschlag in Srinagar gekommen; und am Vorabend des Besuchs von Präsident Clinton in Neu-Delhi wurden im Dorf Choti Singpura südlich von Srinagar mehrere Sikhs ermordet. Die indische Regierung bezichtigte zwei islamistische Gruppen, die von Pakistan aus gesteuert würden, der Tat. – Im Juli 2000 führte das erste indisch-pakistanische Gipfeltreffen seit zwei Jahren trotz beiderseitiger Gesten der Versöhnungsbereitschaft zu keiner Annäherung in der Kaschmirfrage.

Szenarium der Zukunft

Nach dem, wie sich die einzelnen Akteure im Kaschmirkonflikt verhalten haben, fällt es nicht leicht, einen Blick in die Zukunft zu wagen. Die muslimischen und die hinduistischen Exzesse und die religiösen Fanatismen lassen sich in Kaschmir nur schwer aus der Erinnerung tilgen. Andererseits hat der 11. September 2001 den Terrorismus globalisiert, so dass auch Pakistan heute nicht mehr der Sammelpunkt der verschiedensten islamistischen Terrorkräfte sein kann. Beide Staaten müssen einen neuen Dialog anstreben. Die Ausgangslage für einen solchen Dialog ist allerdings weiterhin schwierig, haben doch

Indien und Pakistan weitgehend unbeachtet von der Weltöffentlichkeit zwei Staaten hochgerüstet, die sich in Kaschmir
seit ihrer Gründung feindlich gegenüberstehen. Dass ihnen bei
der Lösung des Konflikts weitreichende Mittel recht waren,
haben die beiden Kontrahenten mehrmals bewiesen.[9] Namentlich 1990 wurden, wie erwähnt, Atomwaffen in Alarmbereit-
schaft versetzt, wurde die Region an den Rand einer Katastrophe gebracht. Dies war möglich, weil beide Länder den
Atomwaffensperrvertrag nicht unterzeichnet haben. Sanktio-
nen, die nach Atomwaffentests im Jahre 1998 gegen Indien
sowie gegen Pakistan verhängt wurden, sind nach dem 11. September 2001 wieder aufgehoben worden. Dies kann freilich
nicht bedeuten, dass die beiden Staaten nun entpflichtet sind,
eine Volksabstimmung durchzuführen, bei der die Kaschmiris
selbst darüber entscheiden sollten, zu welchem Staat sie gehören wollen.

Mit dem Ende der Bipolarität in der Welt hat sich eine Veränderung in den äußeren Bedingungen für den Kaschmirkonflikt herausgebildet, die möglicherweise ein Ende des Status
quo bewirken. Die Nuklearkapazitäten zwingen zwar Indien
und Pakistan, sich zurückzuhalten; doch mehrere lokale Konflikte haben gezeigt, dass sie keine Kampfhandlungen verhindern.[10] Damit steht zu befürchten, dass die verschiedenen
Kräfte in Kaschmir immer wieder alles versuchen werden, neue
Aktionsräume zu nutzen. Daraus entsteht die Gefahr einer
möglichen Eskalation, aber auch die Chance für eine Kompromisslösung, die vor 1990 so nicht bestand. Doch die veränderten Positionen der Weltmächte – darunter die Annäherung der
Vereinigten Staaten an Indien – zeigt auch einen Weg für neue
Vermittlungsmöglichkeiten.

Die internationale Gesellschaft hätte freilich schon längst im
Kaschmirkonflikt vermitteln müssen – mit der Intention, das
seit langem von den Vereinten Nationen geforderte Referendum zu realisieren, durch das allein der Kaschmirkonflikt zu

lösen ist. Diplomaten aus aller Welt, darunter auch Kofi Annan, haben alles in ihrer Macht Stehende versucht, beschwichtigend auf die beiden Kontrahenten einzuwirken. Wenn auch noch keine Lösung zu sehen ist, so haben sie gleichwohl eine gewisse Entspannung erreicht. Eine langfristige Lösung muss jedoch eine endgültige Entscheidung in der Kaschmirfrage bringen. Hoffnungsvoll klingen die Worte des indischen Ministerpräsidenten Atal Behari Vajpayee, die er – trotz der Überfälle, die am indischen Unabhängigkeitstag 2003 im Nordosten des Landes zu verzeichnen waren – an den pakistanischen Staats- und Regierungschef Pervez Musharraf richtete: «Wir haben mehr als fünfzig Jahre lang gekämpft. Wieviel Blut soll noch vergossen werden?»

V. Der Buddhismus

1. Die Religion und der buddhistische Fundamentalismus

Der Buddhismus – eine von Gautama Buddha gestiftete religiöse Bewegung, die sich auf wenige Anhänger konzentrierte – ist inzwischen zu einer Weltreligion geworden, die auf keiner Offenbarung, sondern allein auf Gautama Buddhas Lehre beruht. Im Mahāvagga I,6,7, einem Text aus den noch zu erörternden «Vier Edlen Wahrheiten»[1], heißt es: «Ich selbst habe die Erkenntnis erlangt, wessen Anhänger sollte ich mich nennen? Ich habe keinen Lehrer, ich bin der unvergleichliche Lehrer.» Die zitierte Erkenntnis, die dem Buddhismus zugrunde liegt, beinhaltet die Lehre vom Weg zur Erlösung, die für alle erreichbar und deren Realisierung weder vom Glauben noch von göttlicher Gnade abhängig ist. Diese Erlösung bewirkt einen Zustand von Glück und Ruhe schon während dieses Lebens und, wenn es zu Ende geht, darin, nicht wiedergeboren zu werden.

Gautama Buddha

Der historische Buddha, Prinz Siddhārtha Gautama, der vor nahezu 2500 Jahren geboren wurde, wuchs als Sohn eines Fürsten im heutigen Nepal auf.[2] Er führte ein sorgloses Leben – frei von allem Leid, das in seiner Lehre eine zentrale Bedeutung gewinnen sollte. Als er eines Tages die Erfahrung von Alter, Krankheit und Tod machte, verließ er seine Familie und wurde Wanderasket. Doch strengste Askese, der er sich unterzog, führte nicht zur erlösenden Erkenntnis. Erst nachdem er seine Askese aufgab und körperlich wieder zu Kräften kam, gewann er die Voraussetzung für die Erreichung seines geistigen Zieles. Er ließ sich unter einem Baum in der Nähe des Nairanjanā-Flusses nieder und stand erst wieder auf, nachdem er die erlösende Erkenntnis gewonnen hatte, die eine Antwort auf die universale Leidensfrage gab. So wurde er mit fünfunddreißig Jahren der Erleuchtete, der Buddha, der sich im Nirvāna, dem Erlöschen von Gier, Hass und Verblendung, verwirklichte. Buddha war mithin kein Gott, sondern nur ein Mensch, der den Dharma, die erlösende Wahrheit, aus eigener Kraft entdeckt hatte: die Wahrheit, dass alles vergänglich, leidvoll und ohne dauerhaften Wesenskern ist. – Hermann Hesses stimmungsvolle Erzählung «Siddhartha» vermittelt am besten die wenngleich fiktive Lebensgeschichte Buddhas.

Die Vier Edlen Wahrheiten

Nach der Überlieferung hat Buddha kurz vor seinem Tode seinen Schüler Ānanda dahingehend ermahnt[3]: «Es könnte sein, Ānanda, dass ihr dächtet: ‹Ihres Lehrers beraubt ist die Lehre; wir haben keinen Meister mehr.› So sollt ihr nicht denken, Ānanda. Die Lehre [dharma] und die Disziplin [vinaya], die ich euch gelehrt habe, die sollen auch nach meinem Hinscheiden als Lehrer dienen.» Die Schüler haben diese Aussage erleichtert aufgenommen; ihnen ist es zu verdanken, dass die Buddha zugeschriebenen Sammlungen von Lehrreden und disziplinären Regeln bewahrt blieben. Später wurde versucht, die Hauptpunkte von Buddhas Lehre in Begriffsreihen zusammenzufassen. So entstand denn auch die Textsammlung der «Vier Edlen Wahrheiten», die die buddhistische Lehre zusammenfassen. Diese Wahrheiten zielen darauf ab, den Zuhörer dazu zu bewegen, den Erlösungsweg anzutreten. Die erste der Vier Edlen Wahrheiten kennzeichnet die Wirklichkeit der Welt und des Menschenlebens als eine Leidenssituation. Alles ist in dem

Sinne Leiden, wie die psychischen und physischen Phänomene der Existenz Leiden sind. Es bestehen drei Grundformen des Leidens: das Leiden an sich, das als solches erfahren wird, das durch das unaufhaltsame Entstehen und Vergehen erwachsende Leiden und das aus der Vergänglichkeit resultierende Leiden. Was immer im ständigen Wandel in Erscheinung tritt, ist Leiden; alles, was gefühlt wird, wird (letztlich) als Leiden gefühlt; nichts außer Leiden entsteht, nichts außer Leiden geht zugrunde. Im Dīghanikāya 13,18, einem Text aus den Vier Edlen Wahrheiten, heißt es: «Und was, o Mönche, ist die edle Wahrheit vom Leiden? Geburt ist Leiden, Alter ist Leiden, Krankheit ist Leiden, Sterben ist Leiden, Kummer, Wehklage, Schmerz, Unmut und Unrast sind Leiden; was man wünscht, nicht zu erlangen, ist Leiden; kurz gesagt, die fünf Arten des Festhaltens am Sein sind Leiden … Und inwiefern, o Mönche, bedeutet, etwas Gewünschtes nicht zu erlangen, Leiden? In den der Geburt unterworfenen Wesen, o Mönche, entsteht so der Wunsch: ‹Ach, wären wir doch nicht der Geburt unterworfen; würde doch keine Geburt uns heimsuchen!› Doch durch einen Wunsch ist das nicht zu erlangen. Das aber, was man wünscht, nicht zu erlangen, ist eben Leiden.»

Die zweite der Vier Edlen Wahrheiten beinhaltet die Entstehung des Leidens.[4] Die Phänomene der Existenz sind vergänglich, leidvoll und «leer» von einem Selbst und von allem, was zu einem Selbst gehört. Sie treten jedoch nicht zufällig auf; sie haben ihren Ursprung im Begehren. «Der Mensch befindet sich, solange er die Erlösung nicht erreicht hat, in einem endlosen Kreislauf von Wiedergeburten, und jede Existenz ist bedingt durch die in der früheren Existenz vollbrachten Taten.»[5] In diesem Kreislauf folgen Erscheinen und Vergehen dem Gesetz der Bedingten Entstehung, nach dem das Entstehen in der Tat und die Tat in der Leidenschaft gründen. Die Leidenschaft: die Unwissenheit und der Durst, ist ein seelischer Zustand, der sich auf Begehren zurückführen lässt. Aussagekräftig ist das

Wort Durst, das in einem weiten Sinne verwendet wird: als Durst nach sinnlichem Genuss und als Durst nach Existenz – insbesondere in höheren Welten. Das Mahāsatipatthāna-Suttanta 19 im Dīghanikāya geht auf diesen Durst ein: «Und was, o Mönche, ist die edle Wahrheit von der Leidensentstehung? Es ist dieser ‹Durst›, der zur Wiedergeburt führt, verbunden mit Vergnügen und Lust, an dem und jenem sich befriedigend, nämlich der Liebestrieb, der Selbsterhaltungstrieb, die Sucht nach Reichtum. Dieser Durst nun aber, o Mönche: Wo er entstanden, tritt er zutage; wo eindringend, setzt er sich fest? Was in der Welt von lieber Gestalt, von angenehmer Gestalt ist, daraus entstanden, tritt dieser Durst zutage; dort eindringend, setzt er sich fest.» Die Leidenschaft, zu der dieser Durst zählt, verdirbt die Tat durch das dreifache Gift der Gier, des Hasses und der Verblendung: «Es gibt drei Gründe für das Entstehen von Taten: Gier, Hass und Verblendung» (Anguttara-Nikāya I, 263). Im selben Text steht zuvor zu lesen: «Verzehrt von Gier, erbost durch Hass, irregeleitet durch Verblendung, umstrickten Geistes trachtet der Mensch nach eigenem, fremdem und beiderseitigem Schaden» (156f.). Die Tat, die durch die Leidenschaft verdorben wird, ist nur dann eine wirkliche Tat und von Bedeutung, wenn sie bewusst, reflektiert und gewollt ist. Die Tat ist streng persönlich und unmittelbar. Im Majjhimanikāya III,181 heißt es: «Diese deine schlechte Tat wurde nicht von deiner Mutter oder deinem Vater oder irgendjemandem sonst getan. Du allein hast diese schlechte Tat getan, du allein wirst ihre Frucht ernten.» Die Tat scheidet die Wesen, indem sie sie den verschiedenen guten und schlechten Formen der Reinkarnation zuweist.

Es bleibt zu zeigen, ob es möglich ist, das Leiden zu überwinden, und wenn ja, worin die Überwindung besteht. Die dritte der Vier Edlen Wahrheiten erteilt eine Antwort auf diese Frage. Während sich die beiden ersten Wahrheiten mit der Welt des Werdens befassen, befindet sich diese dritte Wahrheit auf einer entgegengesetzten Ebene, der Ebene des Nicht-Bedingten, des Nirvāna. Sie ist ohne Entstehen und Vergehen, sie ist der Sprache und dem Denken unzugänglich: «Kein Auge, keine Zunge, kein Gedanke kann den Heiligen im vollkommenen Nirvāna erreichen», heißt es im Samyuttanikāya IV,52. Zum Nirvāna führt ein Weg, der in der vierten der Vier Edlen Wahrheiten als der «Edle Achtgliedrige Pfad» bezeichnet wird: «Dies, o Mönche, ist die edle Wahrheit von dem zur Leidensaufhebung führenden Weg, nämlich rechte Ansicht, rechter Entschluss, rechtes Reden, rechtes Handeln, rechte Lebensweise, rechtes Streben, rechtes Gedenken, rechtes Sichversenken.» Das durch diesen Pfad zu erreichende Nirvāna besteht im Überwinden des Begehrens und der grundlegenden Leidenschaften; es ist zugleich das Ende der schmerzvollen Wiedergeburt. Es ist das Ende des Leidens, die Befreiung vom Werden, es ist jedoch kein Paradies; es befindet sich außerhalb von Raum und Zeit und ist nirgendwo zu finden, wie es in Udāna 80 des Khuddakanikāya heißt: «Es gibt eine Sphäre, die weder Erde noch Wasser noch Feuer noch Luft ist; sie ist weder die Sphäre der Unendlichkeit des Raumes noch die Sphäre der Unendlichkeit des Bewusstseins noch die Sphäre des Nichts, weder die Sphäre der Wahrnehmung noch die Sphäre der Nicht-Wahrnehmung, sie ist weder diese Welt noch eine andere, weder Sonne noch Mond. Ich bestreite, dass sie Kommen oder Gehen, Andauern, Sterben oder Geburt ist. Sie ist nur das Ende des Leidens.»

Die vierte der Vier Edlen Wahrheiten handelt von jenem Erlösungsweg, der zum Erlöschen des Leidens führt: Die Überwindung der Verblendung und der Leidenschaften bedeutet die Erlösung aus der Welt des Werdens und des Leidens. Der Erlösungsweg gliedert sich in zwei Etappen: die erste ist die Ethik, die den Weg zum Heil vorbereitet, und die zweite besteht in der innerlichen «Versenkung mystischer Natur, welche erst die erstrebte Weisheit verleiht» (A. Theodor Khoury). Die

Erlösung erfolgt über den bereits erwähnten Edlen Achtgliedrigen Pfad, der die rechte Erkenntnis, die rechte Gesinnung, die rechte Rede, die rechte Tat, den rechten Lebenserwerb, die rechte Anstrengung, die rechte Achtsamkeit, die rechte Sammlung umfasst. Diese acht Glieder lassen sich auf drei Grundelemente zurückführen: Sittlichkeit, Sammlung und Wissen. Was die Sittlichkeit anbelangt, so besteht sie in bewusster Enthaltung von falschem Verhalten des Körpers (Tötung von Lebewesen), der Sprache (Lüge, Verleumdung) und des Geistes (Gier, Feindseligkeit). Ihr Ziel besteht darin, jede Handlung zu unterlassen, die jemand anderen verletzen könnte. Was die Sammlung betrifft, so ist sie die Konzentration des Geistes auf einen Punkt. Sie lässt sich in etwa mit dem Nicht-Vorhandensein von Zerstreuung gleichsetzen. Sie umfasst neun Stufen der Meditation, die genau bestimmt sind. Schließlich bleibt noch das Wissen, das das wichtigste Element des Weges ist. Um Ruhe und Frieden und das Nirvāna zu erlangen, ist – ergänzend zur Sammlung – das Wissen notwendig. Es handelt sich hierbei um eine präzise Einsicht, die die Vier Edlen Wahrheiten umschließt und die allgemeinen Eigenschaften der Dinge durchdringt: Vergänglichkeit, Leiden, die Unpersönlichkeit der aus Ursachen entstandenen Phänomene sowie den Frieden des Nirvāna. Lässt man einmal die ersten drei Unterschiede des Wissens unbeachtet, so wird sich bereits durch das Wissen um den Frieden des Nirvāna der Erleuchtete seiner Befreiung bewusst. Er wird dann erleichtert erklären: «Ich habe die edlen Wahrheiten erkannt; die Wiedergeburten haben ein Ende; ich habe das reine Leben gelebt; was zu tun war, ist getan worden; von nun an gibt es keine Wiedergeburt mehr für mich.»

Der Theravāda- und der Mahāyāna-Buddhismus
Der ältere Theravāda-Buddhismus, der hier nur angedeutet werden soll, weil seine Lehre im nachfolgenden Kapitel exemplarisch am Buddhismus Sri Lankas, Birmas, Thailands, Laos'

und Kambodschas aufgezeigt wird, ist eng mit der ursprünglichen Lehre Buddhas verbunden. Die Textbasis der Schule ist
der Pāli-Kanon. Er ist der älteste vollständig überlieferte Kanon der buddhistischen Schriften, unterteilt in die so genannten Drei Körbe (tripitaka): Buddhas Lehrreden (sutta-pitaka),
die klösterliche Ordensdisziplin (vinaya-pitaka) und die psy-
chologisch-klassifizierende Deutung des Buddha-Wortes (ab-
hidhamma-pitaka). Die Indologie betrachtet den Sutta-Pitaka
des Pāli-Kanons als die am ehesten authentischen Worte des
historischen Buddha. Der indische Vorläufer des Theravāda-
ist der Shrāvaka-Buddhismus. Unter dem buddhistischen Kaiser Ashoka (272–236 v. Chr.) kam die Lehre nach Sri Lanka, wo
im dritten Jahrhundert vor Christus der ceylonesische
Theravāda-Buddhismus gegründet wurde.[6]

Die Kernlehren des Theravāda-Buddhismus bestehen in
einem bestimmten Befreiungsziel und in einem bestimmten
Hauptmittel, um es zu verwirklichen, sowie in bestimmten
Gründen, warum man dies tun sollte. Das Befreiungsziel ist
eine ungetrübte Schau der Drei Daseinsmerkmale (tilakka):
Alle Gestaltungen sind unbeständig (anicca), letztendlich
unbefriedigend (dukka) und besitzen weder ein Ich noch eine
Seele (an-atta). Das Hauptmittel, um dieses Befreiungsziel zu
verwirklichen, ist die Praxis der Reinen Achtsamkeit (sati)
in allen Lebenslagen, gegenüber den äußeren Abläufen wie
den Absichtsqualitäten der menschlichen Handlungen. Die
Gründe, warum man den Befreiungsweg beschreiten sollte,
sind die Vier Edlen Wahrheiten. Diese Wahrheiten sind eine
nüchterne und realistische Bestandsaufnahme der existentiellen Situation des Menschen. Sie wenden sich direkt gegen
die gewöhnliche Verdrängung der existentiellen Tatsachen,
weshalb sie immer wieder einer Kontemplation unterzogen
werden müssen. Die Entwicklung ging noch darüber hinaus.
Manche Mönche stellten die Verbindlichkeit des alten Kanons
in Frage und fügten neue Texte hinzu, andere vertraten eine

großzügigere Auslegung der Ordensregeln; und schließlich strebten vor allem die Laienanhänger danach, die gleichen religiösen Rechte wie die Mönche zu erhalten. So bildete sich kurz vor Beginn der christlichen Zeitrechnung eine neue Form des Buddhismus heraus: der Mahāyāna-Buddhismus.

In diesem Buddhismus kommt der Gestalt des Bodhisattva eine besondere Bedeutung zu. Sein Hauptkennzeichen ist es, nicht nur seiner eigenen Befreiung nachzustreben, sondern sich auch für die Befreiung anderer einzusetzen. Mit anderen Worten: Der Bodhisattva ist ein Erwachter, der sich durch Gelübde verpflichtet hat, zunächst nicht in das Nirvāna einzugehen, um möglichst lange den Menschen zu helfen, den Weg zur Erlösung zu finden und zu gehen. In dieser Zeit lässt sich der Bodhisattva in verdienstvollem Tun von sechs Vollkommenheiten (pāramitā) leiten: Freigiebigkeit, Sittlichkeit, Nachsicht, Willenskraft, Konzentration und Weisheit – eine lange Reihe, die manche Überlieferungen noch ergänzen: durch Geschicklichkeit in der Anwendung der Erlösungsmittel und durch ihre Erkenntnis. Die Ausübung dieser Vollkommenheiten verläuft über zehn «Stufen»: Während der ersten sechs Stufen ist der Bodhisattva noch an Begriffe von Wesen und Gegebenheiten gebunden.[7] Auf der siebten Stufe ist er bestrebt, Objekte nicht wahrzunehmen. Auf der achten und neunten Stufe gewinnt er die Gewissheit, dass die Gegebenheiten nicht entstehen; er weiß nun, dass er auf dem rechten Weg ist. Auf der zehnten Stufe schließlich wird ihm die Weihe der Allwissenheit zuteil, durch die er einem Buddha sehr nahe kommt.

Der mahāyānistische Bodhisattva zielt auf mehr als auf die bloße Arhatschaft (der Heiligen). Sein Weg zur völligen Erleuchtung, zur Buddhaschaft, ist deshalb länger und schwieriger als der zur Arhatschaft. Er umfasst mehr Stufen und Eigenschaften, die sich zur Erleuchtung als hilfreich erweisen. Die Stufen und Eigenschaften sind in der Vollkommenheit der Weisheit enthalten. «Diese Buddhas und Bodhisattvas sind nur

Erscheinungsformen der Weisheit und des Mitleids der Buddhas» (Étienne Lamotte). Die Buddhas sind in ihrem «Körper der Lehre» (dharmakāya) miteinander identisch. Dieser Dharmakāya ist die Lehre selbst, das heißt die von ihnen erlangte Wahrheit. Und so senden sie «Erscheinungskörper» als ihre Stellvertreter in die Erscheinungswelt, in der diese die Lehre verbreiten. Dies ist nur möglich, weil sie vom Dharma erfüllt sind und weil diese Wahrheit zum Ende des Leidens führt.

Der Mahāyāna-Buddhismus geht über die einfache Verneinung der Wirklichkeit der Erscheinungswelt hinaus. Der nächste Schritt besteht in der Verneinung der Wirklichkeit des Dharmas – ein Schritt, dessen Bedeutung aus zwei Überlegungen heraus nicht unterschätzt werden sollte: Erstens ist die Dharma-Theorie mit der buddhistischen Lehre so gut wie identisch. Die Verneinung ihrer absoluten Richtigkeit kommt deshalb einem bedeutsamen Umbruch gleich. Zudem ändert sich mit der Verneinung der Wirklichkeit der Dharmas das buddhistische Weltbild erheblich.[8] – Noch bewegt sich diese Entwicklung in einem gewissen Zwischenstadium, in dem den Anhängern des Mahāyāna-Buddhismus zufolge die Gegebenheiten existieren; sie sind jedoch bedingt, also aus Ursachen hervorgegangen. Sie sind «leer» von Merkmalen. Daraus ergibt sich dreierlei: Die «leeren» Gegebenheiten entstehen nicht; und da sie nicht entstehen, können sie auch nicht vergehen. Des Weiteren sind Gegebenheiten ohne Entstehen und ohne Vergehen ihrem Wesen nach unbewegt. Und schließlich können Gegebenheiten, die unbewegt sind, auch keine Dualität aufweisen. Wer der Mahāyāna-Lehre folgt, nimmt die Gegebenheiten nicht wahr. So heißt es in einem Mahāyāna-Text: «Wenn er sie nicht wahrnimmt, geschieht dies aufgrund ihrer absoluten Reinheit. Was für eine Reinheit ist dies? Sie ist Nicht-Entstehen, Nicht-in-Erscheinung-Treten, Nicht-Aktivität, Nicht-Existenz.»

Nach dieser überraschenden Wandlung drängt sich ein Einwand auf: Einerseits vertritt der Mahāyāna-Buddhismus «das hohe Ideal von Güte und Uneigennützigkeit, er kennt zahllose Buddhas und Bodhisattvas und beschreibt deren Wirksamkeit» (Étienne Lamotte). Dagegen steht nun die Behauptung, dass die Gegebenheiten «leer» seien etc. Die daraus resultierende Frage beantworten die Mahāyāna-Buddhisten mit der Theorie der «doppelten Wahrheit»: der «konventionellen» Wahrheit und der «absoluten» Wahrheit. Außerhalb «des den konventionellen Normen folgenden alltäglichen Daseins ist die Einsicht in die tiefere Wahrheit nicht möglich»;[9] aber nur durch diese Einsicht lässt sich das Nirvāna erreichen. Kurzum, indem der Mahāyāna-Buddhismus nach konventioneller Wahrheit das bestätigt, was er nach der absoluten Wahrheit als falsch erkennt, und umgekehrt, hält er gleichen Abstand zwischen Existenz und Nichtexistenz: Es ist der von ihm vertretene «Mittlere Weg», mit dem er jeden Gegensatz umgeht.

Der Fundamentalismus

So, wie in diesem Buch der Fundamentalismus verstanden wird: als eine Politisierung der betreffenden Religion bzw. als eine politische Ideologie, die auf einem religiösen Unterbau beruht, lässt er sich in diesem Kapitel nur vereinzelt aufzeigen. Der Theravāda-Buddhismus und der Mahāyāna-Buddhismus stellen zumeist tolerante und friedfertige Religionen dar, die kaum zum Fundamentalismus neigen. Zweifellos bestehen auch im Theravāda-Buddhismus von ihm verursachte Konflikte, wie die zwischen den buddhistischen Singhalesen und den hinduistischen Tamilen auf Sri Lanka. Ebenso lassen sich im Mahāyāna-Buddhismus fundamentalistische Tendenzen ausmachen – besonders dann, wenn man – wie im 3. Kapitel – die Politisierung der Religion in den japanischen Kontext einbezieht.

Hier beschränken sich die Hinweise auf den Fundamentalismus des Theravāda-Buddhismus, der sich in Gestalt religiöser Konflikte im Inland äußert: Mit Blick auf Ceylon bestimmen die dem Theravāda-Buddhismus angehörenden Singhalesen mit ihrer überwältigenden Mehrheit weitgehend die Regierungspolitik des Landes, wodurch immer wieder ethnische und religiöse Konflikte mit den muslimischen Tamilen ausgelöst werden. In Birma fällt es den Theravāda-Buddhisten offensichtlich schwer, ihre propagierte Toleranz gegenüber den christlichen und muslimischen Minderheiten, denen sie die Gleichberechtigung absprechen, walten zu lassen. Und in Kambodscha, wo der Theravāda-Buddhismus Staatsreligion ist und fast neunzig Prozent der Bevölkerung zu seinen Gläubigen zählt, haben im Juli 2003 rund einhundert Buddhisten im Süden des Landes, in Kok Pring, eine christliche Kirche überfallen. Typisch für die religiöse Konflikt-Dominanz zerstörten die Eindringlinge das Altarkreuz und Kirchenfenster und warfen die Bibel in den Schmutz. Erst die Polizei konnte weitere Zerstörungen verhindern. – Sicherlich sind diese drei Beispiele relativ harmlos gegenüber dem was zuvor über andere Fundamentalismen gesagt wurde. Aber es sind ja nur Beispiele; und der Fundamentalismus in seiner – in diesem Buch behandelten – Erscheinungsform ist historisch ein relativ junges Phänomen.

2. Der Theravāda-Buddhismus in Süd- und in Südostasien

Der Theravāda-Buddhismus, dessen Lehre im vorangegangenen Kapitel dargelegt wurde und der nun exemplarisch in den klassischen fünf Ländern des älteren Buddhismus beschrieben werden soll, wurde durch das Missionswerk des indischen Mauryakaisers Ashoka (273–233 v. Chr.) zuerst in Ceylon (heute: Sri Lanka) und in Birma (heute: Myanmar), später auch in Thailand, Kambodscha und Laos verbreitet.[1] In diesen Ländern bildete sich eine gewisse Symbiose zwischen dem Herrscher und dem Sangha heraus: Während die jeweilige politische Führung den Orden schützt(e), sorgt(e) dieser für die Legitimität der Herrschaft. Zwar soll sich nach Buddha der Sangha aus der Politik heraushalten; in der Realität hat er jedoch – mit wenigen Ausnahmen – eine regierungsaffirmative Haltung gezeigt. Dem Theravāda-Buddhismus ist weitgehend ein asiatisch-demokratisches Gepräge immanent, was darauf zurückzuführen ist, dass die Mönchsgemeinschaft aus einer antibrahmanischen Reformbewegung hervorging. Dadurch entstand die genannte demokratische Grundausrichtung, die auch auf die Laiengemeinden wirkte und zu jener Konzeption der Gleichheit aller Menschen beitrug, die für die theravāda-buddhistischen Dörfer auch heute noch charakteristisch ist.

Das Beispiel Sri Lanka

Der Theravāda-Buddhismus, der durch den missionierenden indischen Mönch Mahinda nach Ceylon gelangte, vollzog dort einen recht umfangreichen Wandel der Ordensregel. War diese im alten Indien allein für die buddhistischen Asketen bedeutsam, so wurde nun die Ordensregel zum Leitprinzip einer etablierten Religion. Der ceylonesische König, der in der Mitte des 3. Jahrhunderts v. Chr. den neuen Glauben annahm, etablierte den Buddhismus dergestalt, dass er nach dem Wunsch Mahindas einem Singhalesen die Ordensführung anvertraute. Damit übernahmen die singhalesischen Mönche gesellschaftliche Verpflichtungen. Die Aufgaben für die Öffentlichkeit, die über die für die eigene Erlösung hinausgingen, wurden in ihren Zielsetzungen miteinander verbunden. Die singhalesischen Kommentatoren charakterisierten die Mönche als Vorbilder für die Laien, den Weg der Erlösung zu finden und zu beschreiten. Dieses Leitbild des Sangha blieb ebenso bis in die Gegenwart lebendig wie die neuen Aufgaben, die die Mönche übernahmen – als gelehrte Spezialisten für die Durchführung von Zeremonien, als Grundherren und als Politiker.

Die Bedeutung der Mönche als Politiker gründete auf der Theorie über das Verhältnis des Königs zum Sangha, die sich von zwei Prämissen ableitete: Einerseits war der König ein Laie, der dem Sangha Ehrerbietung erwies. Andererseits war er Eigentümer des Bodens, von dem sich alle Rechtstitel ableiteten. Ihm kam die höchste Staatsgewalt und die Verpflichtung zu, die Gesellschaftsordnung zu erhalten. Der König war der Staat. Und durch ihn erwies der Staat dem Sangha die Ehrerbietung. Was die Mönche anbelangt, so beherrschten sie den politischen Bereich als Vorbilder.[2] Der Vorrang, der dem Sangha zukam, verweist auf den Vorrang seiner sittlichen Prinzipien. Der König regierte durch den Dharma.

Die Praxis allerdings unterschied sich von dieser Theorie. Im 2. Jahrhundert v. Chr. befand sich König Dutthagāmani im Krieg gegen tamilische Eroberer. Hierin kämpfte er mit einer Reliquie des Buddha an seiner Lanze, nachdem er den Sangha um seinen Segen gebeten hatte. Die Mönche kamen dem nach; und von diesem Zeitpunkt an wurden sie «Schirmherren des ceylonesischen Nationalismus» (Michael B. Carrithers). Dadurch entstand ein Präzedenzfall, auf den man sich berief, um kriegerische Auseinandersetzungen im Namen des singhalesisch-buddhistischen Nationalismus zu legitimieren. Gegen Ende des 2. Jahrhunderts v. Chr. wurden die Mönche zudem «Königsmacher»: Damals versuchten sie mit den Ministern des verstorbenen Königs, die Krone nicht dem älteren Sohn, sondern einem jüngeren zu übergeben. Damit griff der Sangha sowohl als Verfechter des ceylonesischen Nationalismus als auch in seiner Rolle als «Königsmacher» in die aktive Politik ein und veränderte damit seine eigentliche Intention. Zu diesem Zweck wurden die Ordensregeln geändert, nach denen zuvor die Ordensälteren dominierten. Eine solche Organisation war für kleine Gruppen gedacht, nicht für das nun entstandene umfangreiche Mönchtum. Ohne hier auf Einzelheiten eingehen zu können, bildete sich nun ein Muster heraus, das die Geschichte des Buddhismus in Ceylon durchzog: die Verflechtung des Sangha mit der Politik, die des Königshauses mit dem Sangha und die politische Konkurrenz. In der Zeit von 1153 bis 1186 n. Chr. kam es zu einem weiteren Präzedenzfall: Als sechzig Mönche die Verfügung des Königs nicht annahmen und ihn zu ermorden planten, wurden sie eingekerkert. Damals wurde der Sangha immer stärker in Konflikte einbezogen, so dass man schließlich den König verpflichtete, den Sangha «rein» zu erhalten.

Der Theravāda-Buddhismus in Sri Lanka[3] wird heute noch mit ähnlichen Konflikten konfrontiert. Der Umstand, dass die dem Buddhismus angehörenden Singhalesen, die ethnische Hauptgruppe Ceylons, die alte Tradition der Symbiose zwischen dem Theravāda-Buddhismus und der politischen Führung weiter aufrecht erhalten, hat in keinem geringen Maße dazu beigetragen, dass immer wieder ethnische und vor allem religiöse Konflikte zwischen den Singhalesen und der Bevölkerungsminderheit der hinduistischen Tamilen entstanden – zuletzt seit der zweiten Hälfte des Jahres 1995. Dieser Tamilen-Konflikt, der in Sri Lanka zu einem Bürgerkrieg führte, wurde von beiden Seiten unter Berufung auf religiöse Prinzipien ausgetragen. Während die singhalesische Regierung in regelmäßigen Abständen militärische Angriffe auf tamilische Siedlungen im Norden und Osten des Inselstaates durchführte, beantworteten die muslimischen Tamilen diese Angriffe mit terroristischen Anschlägen auf den von den Singhalesen beherrschten Teil Sri Lankas. In diesen kriegerischen Auseinandersetzungen besteht die Tragödie darin, dass der Theravāda-Buddhismus, eine von Grund auf friedliche Religion, zum Ausgangspunkt für Gewalt und Intoleranz geworden ist.

Das Beispiel Birma

Im Unterschied zur Darstellung des Theravāda-Buddhismus in Sri Lanka soll am Beispiel Birmas der Theravāda-Buddhismus und seine Bedeutung in der Regierungszeit U Nus und während der Militärdiktatur seit 1962 aufgezeigt werden. Deshalb beschränkt sich der Blick in die Vergangenheit auf nur wenige Sätze: In Ceylon wurde der Theravāda-Buddhismus am frühesten unter allen Ländern Hinterindiens übernommen; dort hatten bereits Teile der älteren Mon-Bevölkerung sich zu ihm bekannt. Als sich der Buddhismus dann unter König Ashoka im 3. Jahrhundert v. Chr. in Birma ausbreitete, nahm er eine ähnliche Entwicklung wie in Ceylon, vor allem nachdem die Birmanen vom Norden her in die Irawadi-Ebene zogen und schließlich im birmanischen Reich siedelten, in dem König Anuruddha (1044–1077) den Theravāda-Buddhismus förderte.

In Birma ging aus der nationalistischen Thakin-Bewegung 1947 die Antifacist People's Freedom League (AFPFL) hervor. Ihr unbestrittener Führer und erster Ministerpräsident des freien Birma wurde U Nu. Dieser versuchte zunächst eine nationale Einigung durch eine linksorientierte Politik zu erreichen. Sein Plan scheiterte jedoch am Widerstand der Kommunisten. Seit etwa 1949 änderte sich die Haltung U Nus zugunsten einer Einbeziehung religiöser Elemente in die Politik. «Die Sozialisten innerhalb der AFPFL formulierten die These, dass marxistische Lehren in Birma nur insoweit akzeptabel seien, als sie nicht mit dem Buddhismus in Konflikt stünden.»[4] Damals begann das Experiment einer Verschmelzung marxistischer und buddhistischer Lehren. Dieser «buddhistisch-marxistische Synkretismus»[5] gründete auf dem Konzept von einer doppelten Wahrheit: Während die marxistische Lehre die niedere – auf ökonomische Verhältnisse bezogene – Wahrheit repräsentierte, war der Buddhismus die höchste Wahrheit.

Bereits 1949/1950 hatte U Nus Regierung drei Gesetze zur Erneuerung des buddhistischen Ordens erlassen: zur Einrichtung klösterlicher Gerichtsbarkeit (auf kanonischer Grundlage) für Rechtsstreitigkeiten zwischen den Mönchen, und zur Gründung der Pāli-Universität, in die vierundachtzig Klosterschulen eintraten und in denen die gelehrten Mönche Pāli-Prüfungen abhielten sowie Titel verliehen. Das für die Weltöffentlichkeit sichtbarste Zeichen der Bemühungen um eine Erneuerung des birmanischen Buddhismus war das Sechste Buddhistische Konzil (1954–1956), auf dem Mönche aus allen Ländern des Theravāda-Buddhismus zusammenkamen, um eine Revision der kanonischen Schriften durchzuführen. Der Höhepunkt der buddhistischen Politik U Nus bestand im verfassungsändernden Parlamentsbeschluss über die Erklärung des Buddhismus zur Staatsreligion im August 1961. Nachdem U Nu auch Gesetze zur Sicherung der Gleichberechtigung anderer Religionen erließ, wandten sich politisierende buddhistische Mönche gegen ihn; sie zerstörten Moscheen und ermordeten Muslime.

Ein sich verstärkender politischer Druck der Mönche auf U Nus Regierung trug 1962 zu dessen Sturz durch den Staatsstreich der Armee bei.[6] Als die Militärdiktatur den Buddha Sāsana Council, das Hauptorgan der Buddhismus-Maßnahmen U Nus, einschränkte, stimmten ihr sogar mehrere buddhistische Kreise zu. Das erwähnte Gremium missfiel den Modernisten, beispielsweise weil es Reliquien-Kulte unterstützte, es missfiel privaten buddhistischen Laiengesellschaften, weil es deren Tätigkeitsfeld einengte, und es missfiel dem Institut für Buddhistische Studien aus Rivalität. Die Militärdiktatur schloss die Pāli-Universität und beseitigte die Mönchsgerichtsbarkeit. Der Buddhismus hörte auf, Staatsreligion zu sein, und ist wieder – wie unter englischer Kolonialherrschaft – eine private Angelegenheit.

Es muss allerdings betont werden, dass die «Philosophie» der Militärregierung sich weitgehend auf Formulierungen buddhistischer Mönche stützt(e). Sie verfolgt(e) die Intention, einen «mittleren Weg zwischen birmanischer Tradition und westlichem Sozialismus» (Heinz Bechert) zu repräsentieren. Obwohl als eine «rein weltliche und menschliche Lehre» definiert, übernahm sie wesentliche Elemente der buddhistischen Kosmologie, und zwar in einer Terminologie, die sich an die Abhidharma-Texte – den systematischen Teil des Kanons des Theravāda-Buddhismus – anlehnt. Insgesamt stellt(e) die Ideologie der Militärregierung zu einem Großteil ein Synkretismus-Produkt von Buddhismus und Marxismus dar. Sie betont die Vergänglichkeit der Dinge, das Gesetz des Wandels, sie spricht von Stoff und Geist (Rūpa und Nāma) und teilt die Welt weitgehend nach buddhistischen Pāli-Begriffen auf. Zudem erkennt die Ideologie der Militärregierung – als «dualistische Ergänzung» zu ihrer sozialistischen Wirtschaftsprogrammatik – einen geistigen Bereich an, dessen Interpretation vom Theravāda-Buddhismus geprägt ist. Es handelt sich hierbei mithin nicht um eine ausgewählte marxistische Programmatik, die als wirtschaftliches Mittel dem buddhistischen Heilsziel dient, sondern umgekehrt: Eine Auswahl aus buddhistischen Ideen rundet ein undogmatisches marxistisches Programm ab.

Überblickt man die heutige Szene des birmanischen Buddhismus, so lässt sich feststellen, dass die Einbeziehung der Mönche in säkulare Bereiche kaum noch besteht, besonders nach der Verhaftung von siebzig oppositionellen Ordensangehörigen 1965. Der geheime Widerstand der Mönche gegen die Militärregierung schreitet fort. Mittelpunkt der politisierten Mönchsorden ist weiterhin Mandalay, die Stadt, die König Mindon 1857 nach dem kosmischen Weltbild des Theravāda-Buddhismus erbauen ließ. Hier, im Schutz der Klöster, sammelte sich 1988 die Demokratiebewegung, hier rief die Mönchsgemeinschaft den spirituellen Boykott gegenüber den Militärs aus, hier wurden Tausende von Mönchen zu Märtyrern. – «Das Lieblingsvolk Buddhas»: so lautet der Titel der deutschen Übersetzung des 1898 erschienenen berühmten Birma-Buches «The Soul of a People» von Harold Fielding-Hall.[7] Er stellte damals fest, dass wohl in keinem anderen Land der Besucher einen so unmittelbaren Eindruck darüber erhält, dass Land und Volk so stark vom Buddhismus geprägt sind wie in Birma. Heute können selbst die erhabensten Buddha-Statuen und Tempel kaum darüber hinwegtäuschen, dass Myanmar durch ein politisches Klima der Unterdrückung gekennzeichnet ist.

Die Beispiele Thailand, Kambodscha und Laos

Die drei klassischen Staaten des Theravāda-Buddhismus werden traditionellerweise gemeinsam dargestellt, obwohl seit dem politischen Umsturz in Laos und Kambodscha der alte Buddhismus nur noch in Thailand in seiner tradierten Bedeutung anerkannt wird. Nach wie vor ist der Theravāda-Buddhismus jedoch auch in den beiden weiteren Staaten die Religion der Bevölkerungsmehrheit. Und was die Stellung der Sanghas in der jeweiligen Gesellschaft anbelangt, so lassen sich starke Ähnlichkeiten herausstellen. In allen drei Staaten bildet der Sangha eine Organisation, die vom Staat geachtet wird. In Thailand beispielsweise wurde unter König Rāma V. im Jahre 1902 ein Gesetz erlassen, das die Verwaltung des Sangha regelt. Darin wird betont, dass religiöse Angelegenheiten genauso wichtig seien wie die Verwaltung des Staates, «insofern als sie, in richtiger Weise verwaltet, mit Sicherheit eine zunehmende Zahl von Menschen für das Studium und die Praxis des Buddhismus gewinnen und sie damit zur richtigen, in Übereinstimmung mit den Lehren des Buddha stehenden Lebensweise führen».[8] Diese Gesetzgebung zielte auf eine Hierarchie von geistlichen Ämtern nach dem Vorbild der zivilen Thai-Verwaltung. Der Oberste Patriarch bildet(e) die Spitze der Geistlichkeit, der König jedoch behielt die letzte Entscheidungsgewalt und setzt(e) den Patriarchen ein. Durch diese Verflechtung von Staat und Religion waren vor allem Krisenzeiten verhältnismäßig leicht zu überwinden. Aber auch nur in diesen Krisenzeiten duldeten die buddhistischen Laien militantes Verhalten der Mönche.

Die aufgezeigte Ordnung bestimmt(e) die Position des Sangha in Thailand, Kambodscha und Laos; sie unterscheidet auch den Sangha dieser Länder von dem in Birma und in Sri Lanka. Das Studium des Dharma wurde gleichsam organisatorisch geregelt und nach Erfolg oder Misserfolg in den jeweiligen Prüfungssystemen beurteilt. In Kambodscha beispielsweise wurde die 1914 unter König Sisowath gegründete Pāli-Schule zum Studium des Buddhismus mit modernen Methoden der Quellenforschung 1955 zum buddhistischen Lyzeum Prah Suramarita und 1959 zu der nach Prinz Sihanuk benannten buddhistischen Universität ausgebaut. In Thailand wurde die buddhistische Hochschule Mahā-Nikāya im Kloster Mahathat zum Mittelpunkt von Forderungen, dass der Mönchsorden zu politischen Reformen Stellung beziehen müsse. Andererseits fand der 1958 an die Macht gelangte Militärdiktator Sarit Thanarat, die buddhistische Ethik des Verzichtes sei «für eine fortschrittliche Zeit ungeeignet». Er wollte aus dem Buddhismus die Texte ausgewählt sehen, die Fleiß und Fähigkeit lehrten. Mönche, die die Lehre Buddhas nicht unbedingt neu interpretieren, sondern sie vor fremdem Einfluss bewahren wollen, finden sich vor allem in Laos. Dort zeigt sich eine starke Unzufriedenheit mit den Politikern, die den Mönchen zu sehr amerikanisiert scheinen. Sie sehen in solchen Eliten und ihren amerikanischen Vorbildern eine Gefährdung des den Mönchen teuren Althergebrachten. Auch reagieren sie gegen die – durch amerikanische Wirtschaftshilfe – erfolgte Aufwertung von Militär- und Polizeilaufbahnen und die Abwertung des Mönchslebens sowie gegen die Vertiefung der sozialen Unterschiede im Konsum durch die Modernisierung.

In Thailand besteht der Sangha aus zwei Gruppen: dem Mahānikāya und dem Dhammayuttika-Nikāya, der eine Reformgruppe darstellt. Im Allgemeinen legen die Mönche der Reformgruppe besonderen Wert auf das Studium und die Meditation und weniger auf seelsorgerische Tätigkeit wie die des

Mahānikāya. In Kambodscha erstreckte sich die Tätigkeit der buddhistischen Mönche auch auf wirtschaftliche und soziale Aufbau-Projekte, für die Prinz Sihanuk sie herangezogen hatte. Das Projekt, das den Namen «Buddhistischer Sozialismus» trug, war durchaus vergleichbar mit demjenigen U Nus in Birma; es stellte eine Synthese der revolutionär interpretierten Tradition mit der traditionalistisch aufgefassten Revolution dar. Nach offiziellen Erklärungen Sihanuks hat der Buddhismus – wie er einst die Wohlfahrtsbemühungen der mittelalterlichen Könige Kambodschas unterstützt hat[9] – auch «das einzige Regime, das dem Lande angemessen ist und seiner Mentalität entspricht», den Sozialismus, inspiriert. Dieser Sozialismus sei vor allem eine Anwendung des Buddhismus im Kampf gegen soziale Missstände und Ungleichheiten.

Die Folgen der zuvor erwähnten Institutionalisierung des Sangha in Thailand wurden von Yonco Ishii in seinem Aufsatz «Church and State in Thailand» beschrieben; dies galt früher ganz ähnlich auch für Laos und Kambodscha. Ishii schreibt: «Die Einführung des Systems, den Mönchen durch Staatsprüfungen einen offiziellen Status zu geben, verstärkte die staatliche Kontrolle über die Mönche. Dieses System sollte zwar das Wissen der Mönche über den Buddhismus vertiefen; durch das Verbot freier Auslegungen der buddhistischen Lehre, die eine Spaltung innerhalb des buddhistischen Ordens hervorrufen könnten, führte es zu einer Art Orthodoxie. So wurde das Verständnis des Buddhismus bei den Thai-Mönchen stereotyp und ihre Unterordnung unter den Staat verstärkt.»[10] Das trifft zweifellos zu. Deshalb ist es notwendig, die «religiöse» Verpflichtung des heutigen Mönchs richtig zu verstehen. Nach der Lehre des orthodoxen Theravāda-Buddhismus kann nur ein Mönch hoffen, das Nirvāna unmittelbar zu erreichen, nicht jedoch ein Laie. Realiter sehen auch nur wenige Mönche das Nirvāna als ein kurzfristig erreichbares Ziel an; die meisten sind bestrebt, eine bessere Wiedergeburt zu erlangen. Die wichtigste Tätigkeit besteht im Studium der Worte des Buddha; aber auch die Seelsorge ist verdienstvoll und wird bei vielen Mönchen zur Haupttätigkeit. Für die Laien gelten allgemeinere ethische Regeln: namentlich die fünf Sittenregeln. – Und noch eine letzte Überlegung erscheint wichtig: Der Theravāda-Buddhismus verfolgt nicht nur eine Legitimation für die «Paläste»; er erfüllt auch eine Sinngebung für die «Hütten» in Gestalt der Dörfer. Der dortigen zumeist analphabetischen Bevölkerung vermittelt der alte Buddhismus in seiner einfacheren Beschaffenheit gegenüber dem Mahāyāna-Buddhismus ein konstantes Gerüst von Glaubensinhalten für die Alltagsheiligung, die das Dorfleben prägt.

3. Der Mahāyāna-Buddhismus und die neuen religiösen Bewegungen in Japan

Das Streben nach wirtschaftlichem Wachstum und ein Hightech-Lebensstil könnten vermuten lassen, dass Japan seine beiden bedeutendsten Religionen vernachlässigt habe – den Shintoismus und den hier vor allem interessierenden Buddhismus. Realiter jedoch ist die japanische Lebensart nicht von einer spirituellen Denkweise zu trennen, und Rituale aus dem Shintoismus und dem Buddhismus lassen sich täglich beobachten. Darüber hinaus kennzeichnet ein religiöser Pluralismus das moderne Japan, in dem religiöse Traditionen indischer, chinesischer und altjapanischer Herkunft, säkularisierte Ideologien des Westens und christliches Glaubensgut recht unvermittelt nebeneinander bestehen. Japan ist kein buddhistisches Land wie die dargestellten fünf klassischen Länder des alten Buddhismus in Südostasien. Auch war der Mahāyāna-Buddhismus nie im eigentlichen Sinne japanische Staatsreligion; doch buddhistisches Denken und Fühlen haben während einer mehr als tausendjährigen Geschichte die japanische Kultur geprägt. Das zeigt sich heute noch darin, dass die zahlreichen neuen religiösen Bewegungen in Japan, die seit Mitte der 1970er Jahre entstanden sind und etwa zehn bis zwanzig Prozent der japanischen Bevölkerung umfassen, vom Buddhismus ausgehen. So soll zunächst die historische Entwicklung des Buddhismus – teils in Gestalt eines shintoistisch-buddhistischen Synkretismus – aufgezeigt und sodann den neuen religiösen Bewegungen nachgegangen werden.

Etwa tausend Jahre nach dem Tod des historischen Buddha Sākyamuni erreichte der Buddhismus auf dem Weg über Korea das Inselreich Japan. Die japanische Chronik aus dem frühen 8. Jahrhundert, das Nihonshoki (720), beschreibt, dass 552 n. Chr., im 13. Regierungsjahr des Kinmei-Tennō, des 29. japanischen Kaisers, ein koreanischer Gesandter und Missionar den Buddhismus nach Japan gebracht hat. Während der folgenden drei Jahrzehnte kamen neben mehreren Mönchen ein Bildschnitzer und ein Tempelarchitekt nach Japan; der Bau der religiösen Tempel mit Buddha-Statuen konnte beginnen. In der Regierungszeit des Kaisers Bidatsu (572–585) erlebte der Buddhismus zwar mehrere Rückschläge, die dadurch entstanden, dass man die einheimischen Kami des traditionellen Shintoismus vom Buddhismus verdrängt sah.[1] Als jedoch die neu übernommene Religion die Existenz und die Macht der Kami anerkannte, stand der Ausbreitung des Buddhismus nichts mehr im Wege. Es kam zur Bildung verschiedener Formen eines shintoistisch-buddhistischen Synkretismus, obwohl beide Religionen verschiedene Lehren vertreten. Der Shintoismus beschränkt sich weitgehend auf die Naturkräfte (Berge, Flüsse, Tiere, Bäume, Sonne, Mond); er gründet auf einem Kontinuum von Gottheiten und Natur, zu denen auch der Mensch zählt. Hinzu kommt namentlich die Ahnenverehrung. Insgesamt ist der Shintoismus durch seine Weltzugewandtheit und seine Bejahung der konkreten Wirklichkeit eine Volksreligion, die dem Denken und Fühlen der Japaner entspricht. Dem kommt der

Buddhismus, den die Chinesen auf ihre Art umgeformt hatten, entgegen. Die vorherrschende Tendenz des japanischen Buddhismus besteht darin, nach Erfüllung und höchster Wahrheit nicht in irgendeiner transzendenten Welt, sondern innerhalb der Strukturen des irdischen Daseins zu streben.

Die Soga- und die Heianzeit

In der Regierungszeit der Soga (574–622) wurde der Buddhismus vom Hof begünstigt. Kaiserin Suiko, die 592 den Thron bestieg, zog sich alsbald von den Staatsgeschäften zurück und wurde buddhistische Nonne. Kaiser Shōtoku, der danach dreißig Jahre lang den Staat regierte, zeigte seine Begünstigung des Buddhismus vor allem darin, dass er zahlreiche Tempel errichten ließ. Nach den Chroniken gab es 623, ein Jahr nach Shōtokus Tod, 36 buddhistische Tempel, 816 Mönche und 569 Nonnen in Japan.[2] Damals nahm der Sangha die Lehre von sechs chinesischen Schulen auf, die als die «Sechs Sekten von Nara» bekannt sind. Sie können hier übergangen werden – zugunsten der alsbald einsetzenden gegenseitigen Durchdringung von buddhistischen und staatspolitischen Ideen. Zunächst nahm die Zahl der großen Tempel durch Landschenkungen seitens der Zentralregierung stark zu, so dass dadurch ein politisch und wirtschaftlich konkurrenzfähiger Machtfaktor im Staat entstand. Dafür hatte der Buddhismus nach chinesischem Vorbild die Aufgabe zu übernehmen, Frieden und Wohlstand für Staat und Kaiserhaus zu sichern. Die bereits angekündigte gegenseitige Durchdringung von buddhistischen und staatspolitischen Ideen kam in der Regierungsperiode des Kaisers Shōmu (724–749) zustande. Der Kaiser, der sich selbst als «Diener der drei Kleinodien [Buddha, Dharma, Sangha]» bezeichnete, bewirkte den Bau eines staatlichen Provinzialtempels, in dem er für Frieden und Wohlstand der Nation beten ließ.

Die Heianzeit (794–1185), die wie die folgenden Herrschaftsperioden nur kurz genannt werden kann, war dadurch gekennzeichnet, dass die hohe buddhistische Priesterschaft einen starken Einfluss auf die Politik ausübte. Eine vertiefte Religiosität zeigte sich in der Entscheidung zweier Mönche, die die Zukunft des japanischen Buddhismus maßgeblich bestimmten: Saichō (767–822) und Kūkai (774–835), die bekannter unter ihren posthum verliehenen Titeln sind: Dengyō-daishi: Großmeister der Lehrübertragung, und Kōbō-daishi: Großmeister der Verbreitung des Dharma.[3] Das, was diese beiden Mönche lehrten, war von entscheidendem Einfluss auf die Weiterentwicklung des japanischen Buddhismus, der im wesentlichen Vereinfachungen oder eine Auswahl von Teilen der Lehrgebäude dieser beiden religiösen Denker beinhaltet(e). Auf die Heianzeit folgten die Meiji-, die Taishō- und die Shōwazeit (1868–1984). Die Meiji-Ära war für den japanischen Buddhismus eine Niedergangszeit. Das Phänomen der Niedergangssituation nach dem «Südwestlichen Bürgerkrieg», der letzten Erhebung der Anhänger der alten Staatsordnung gegen die Modernisierung Japans, ist von besonderer Bedeutung für die japanischen Buddhisten. Damals erwachte im Zuge der allgemeinen Demokratisierung buddhistische Selbstkritik, die sich mit den Verfallserscheinungen befasste, wie zahlreiche Interpellationen auf buddhistischen Kongressen bezeugen. Gleichwohl darf sich die Schilderung der Situation des japanischen Buddhismus bei Kriegsende nicht im Negativen erschöpfen. Wie das Erwachen der buddhistischen Selbstkritik beweist, war der japanische Buddhismus trotz seiner Missstände niemals bis zum Letzten geschwächt. Immer gab es in den Klöstern, auf dem Lande, aber auch unter den Gläubigen der Großstädte, religiöse Menschen, die sich vom Buddhismus inspirieren ließen. Die enge Bindung zum japanischen Volk brachte es mit sich, dass die volkstümliche Religiosität vielfach buddhistischen Charakter trug. Auch bemühten sich in den verschiedenen Schulen des japanischen Buddhismus verantwortliche Führer um eine Erneuerung.

Die Taishōzeit

In der Taishōzeit (1912–1926) gewann der japanische Buddhismus durch Kontakte im Westen Einsicht in die Methoden und Ergebnisse der modernen Wissenschaft; und das Studium von Pāli und Sanskrit gewährte zum ersten Mal direkten Zugang zu den indischen Quellen des Buddhismus. All das blieb nicht ohne Einfluss auf die Gründung buddhistischer Universitäten in den 1920er Jahren. Die neue liberale Haltung der Gelehrten dem Studium des Buddhismus gegenüber trug wesentlich zu dessen Modernisierung bei.[4] Buddhistische Ideen fanden Eingang in literarische und philosophische Werke. In dieser Zeit blieben die Geschicke des Buddhismus eng mit der politischen Geschichte Japans verbunden. Kurz vor dem Zweiten Weltkrieg vertraten namentlich die populären Shintō-Philosophen, aber auch Angehörige von Mischreligionen, die im ersten Kapitel angedeutete Ideologie vom «Göttlichen Land» Japan. Parallel hierzu vollzog sich ein Wandel im Staats-Shintō, der auf die traditionelle Lehre zielte, wie sie von der kaiserlichen Regierung vertreten wurde. Beim japanischen Überraschungsschlag gegen die amerikanische Flotte in Pearl Harbor im Jahre 1941 und bei dem anschließenden Krieg gegen die Vereinigten Staaten erhielt der japanische Gedanke des «Göttlichen Landes» eine Parallele in dem «Land mit der von Gott gewollten Missionsaufgabe», den Vereinigten Staaten. Am Ende des Zweiten Weltkriegs besannen sich die Alliierten Mächte der populären Shintoisten, deren Denken – im Unterschied zu den shintoistischen Schreinpriestern der Regierung – eng mit dem Nationalismus und Rassismus der Kriegsjahre verbunden war. Vor allem die Vereinigten Staaten drängten nun Japan, entsprechend ihrer «Shintō-Direktive» den Shintoismus – dem man die Verantwortung für die militärische Ideologie Japans zuschrieb – voll und ganz vom Staat zu trennen.

Japan heute

Japan ist heute eine parlamentarische Monarchie, die westliche Institutionen aufweist und durch Normen eigener Prägung gekennzeichnet ist. Die japanische Verfassung wurde 1947 unter maßgeblicher Beteiligung der amerikanischen Besatzungsbehörden erarbeitet und ist stark beeinflusst durch die amerikanische Verfassung und das englische Verfassungsrecht.[5] Die einschneidendsten Veränderungen gegenüber der Vorkriegsverfassung umfassen die Einführung des Frauenwahlrechts und die Erklärung der Volkssouveränität. Damit wurde der Kaiser (Tennō) entmachtet, dem die Vorkriegsverfassung eine gottgleiche Position zugewiesen hatte. Die neue Verfassung bezeichnet ihn nur noch als das «Symbol Japans und der Einheit des japanischen Volkes» und beschränkt seine Funktion auf repräsentative Aufgaben. Tennō Hirohito, der seit 1926 Kaiser von Japan war, gab eine Erklärung heraus, in der es hieß: «Die Verbindung zwischen mir und Euch, dem Volk, entsteht nicht [mehr] aus dem Mythos, dass der Tennō ein lebender Gott sei.» Diese Selbstentmythologisierung des Kaisers ließ in Japan eine Epoche für neue Götter anbrechen. Die neuen «Religionen», die nun in Japan entstanden, haben allerdings ihre geistigen Wurzeln im Milieu der Vorkriegszeit.

In der veränderten Situation nach dem Krieg nahm die Ausbreitung der Religionsgemeinschaften, die während des autoritär-faschistischen Regimes unterdrückt worden waren, rasch zu.[6] 1954 begann man damit, in der Tenri-Stadt nahe bei Nara ein Glaubenszentrum mit 68 Gebäuden zu bauen. Nun breiteten sich die zahlreichen Religionsgemeinschaften aus, von denen die Sōka-gakkai zunächst genannt sei. Die Sōka-gakkai (Studiengesellschaft zur Schaffung von Werten) ist aus der Erneuerungsbewegung innerhalb der alten Nichiren-Sekte des Buddhismus entstanden, die sich unter ihrem Gründer Takayama Chōgyū (1871–1902) zu einer modernen buddhistischen Volksreligion mit Diesseitsorientierung, sozialem Verantwortungsbewusstsein und kämpferischem Engagement entwickelte. Nach dem Krieg entfaltete sich die Sōka-gakkai nahezu explosionsartig. Vor allem in den Unterschichten der Städte und bei den jungen Menschen, die vom Land in die großstädtischen Zentren zogen, fand sie besonderen Anklang, weil sie neue Normen für ein Leben in einer Zeit des Umbruchs anbot. Die Religionsgemeinschaft, die 1956 sogar drei Parlamentssitze im Oberhaus errang, muss als eine gewichtige Kraft in der Politik angesehen werden. Unmittelbaren Einfluss übte seit 1964 die von der Sōka-gakkai unterstützte Kōmeito-Partei aus; sie war über einen langen Zeitraum hinweg die zweit- oder drittgrößte Oppositionspartei in Japan, fusionierte sodann 1996 mit der neu gegründeten New Frontier Party, die eine reformistische Grundeinstellung vertrat; sie ist jedoch mittlerweile – im Unterschied zur Sōka-gakkai – nur noch von geringem politischem Gewicht.

Die neuen «Religionen» zeichnen sich durch ein ausgeprägtes Engagement ihrer Mitglieder aus. Ihre Entwicklung vollzog sich geschichtlich in drei Phasen: Die erste Phase fällt mit dem Ende der Tokugawa-Periode zusammen, als unter anderem die Tenri-Kyō und die Konkō-Kyō entstanden. Die zweite Phase begann nach dem Ende des Zweiten Weltkrieges, als die Resyō-kōsei-kai und andere neue Religionsgemeinschaften gegründet wurden. Danach begann die dritte Phase, in der zahlreiche kleinere und kleinste religiöse Bewegungen entstanden, die einen neuen Typus von Volksreligion darstellen. Die Gesamtzahlen aller Religionsgemeinschaften, die das Kultusministerium registriert, beträgt 210000, von denen nur 376 landesweit verbreitet sind. Die Gründe für die Entstehung der zahlreichen Religionsgemeinschaften liegen darin, dass Japan sich nach dem Krieg sehr rasch zu einer großen Wirtschaftsmacht entwickelte und immer mehr zu einer bürokratisch bestimmten Gesellschaft wurde, in der vor allem junge Menschen zunehmend unter Depressionen leiden. Gerade sie suchen dann in den neuen Religionsgemeinschaften die Lösung ihrer Probleme.

Trotz der Entstehung dieser neuen Religionen in der Nachkriegszeit behielt der japanische Buddhismus, der durch seine enge Verbindung mit dem Shintō und vor allem durch die Säkularisierung manche Veränderungen erfuhr, im Wesentlichen seine traditionelle Form bei.[7] Die buddhistische Shingon-Sekte, einschließlich aller ihrer Neben-Bewegungen, umfasst über fünfzehn Millionen Japaner; die Zahl ihrer Tempel beträgt über zwölftausend. Die buddhistischen Zen-Sekten haben eine Mitgliedschaft von über neun Millionen und verfügen über einundzwanzigtausend Tempel. Zur buddhistischen Jōdo- und Jōdo-shin-Sekte (mit neunundzwanzigtausend Tempeln) bekennen sich über zwanzig Millionen Japaner, zur Nichiren-Sekte (mit rund siebentausend Tempeln) zählen rund dreißig Millionen Anhänger. Insgesamt – einschließlich der zuvor genannten Religionsgemeinschaften – bekennen sich über zweiundneunzig Millionen Japaner, die zumeist mehreren Religionen angehören, zum Buddhismus. Das sind rund dreiundsiebzig Prozent der Gesamtbevölkerung des Landes.

Neue religiöse Bewegungen

Neben den genannten Religionsgemeinschaften und Sekten ist in Japan ein weiterer «Markt der Religionen» entstanden, der jene neuen religiösen Bewegungen beinhaltet, von denen drei exemplarisch aufgezeigt werden sollen. Da besteht zunächst die von Shinjō Itō und seiner Frau Tomoji 1936 gegründete religiöse Gemeinschaft, die bis zum Ende des Zweiten Weltkrieges juristisch unter dem Dachverband des Shingon-Buddhismus stand. Seit 1951 trägt die Religionsgemeinschaft den Namen Shinnyoen (Garten der absoluten Wahrheit), und 1953 wurde sie offiziell als Religionsgemeinschaft registriert. Sie ist mit etwa 700000 aktiven Mitgliedern eine der größten neuen religiösen Bewegungen in Japan. Nach der empirischen Untersuchung von Iris Wieczorek[8], aus der diese und die nachfolgenden Daten stammen, soll das Ehepaar Shinjō Itō und Tomoji eine dreißigtägige meditative Läuterung durch eine Kaltwasseraskese (suigyo) erfahren haben. Daraufhin erhielt Tomoji eine spirituelle Offenbarung (sōshō) von ihrer Tante, die damit ihre spirituellen Fähigkeiten an Tomoji weitergab. In dieser Offenbarung wurde Itō aufgefordert, einen religiösen Weg einzuschlagen, worauf er seinen Beruf niederlegte und sich mit der Religion befasste. Itō intensivierte seine Kenntnisse über die Lehren Buddhas im Rahmen des esoterischen Buddhismus und entdeckte hierbei den Mahāparinirvāna-Sūtra, den Großen Nirvāna-Sūtra, der Buddhas «letzte Lehren» enthalten soll. Er hatte dort die Antwort auf seine Fragen gefunden und daraufhin seine Religionsgemeinschaft gegründet. Nachdem seine beiden Söhne und auch seine Frau Tomoji gestorben waren, übergab er seiner Tochter Shinsō die Verantwortung für die Lehren des Shinnyoen und die Gemeinde.

Shinnyoen stellt eine traditionell geprägte Religionsgemeinschaft dar, die eigenständige Riten aus der Shingon-Tradition entwickelt hat. Die Kosmologie der Shinnyoen umfasst die aus der Mythologie des Mahāyāna-Buddhismus stammenden zehn Welten, die miteinander in Beziehung stehen. Die unteren sechs Welten, die mit denen des Theravāda-Buddhismus identisch sind, werden als Bereiche der Unwissenheit und der ständigen Wiederverkörperung aufgefasst, während die oberen vier Welten als Bereiche der Vernunft und des Wissens gelten – als Bereiche der Erlösung, der absoluten Freiheit, unabhängig vom Kreislauf der Reinkarnationen. Der direkte Kontakt mit der Welt des Buddha wird den Gläubigen der Shinnyoen durch die Seelen Shinjō Itōs, seiner Frau und der beiden Söhne ermöglicht. Diese existieren in der spirituellen Welt, der so genannten Shinnyo veikai, die eine mittlere Position zwischen den unteren sechs und den oberen vier Welten einnimmt. Dadurch sind sie vom Kreislauf der Wiedergeburten befreit und stellen das Bindeglied zwischen dem menschlichen und dem göttlichen Bereich dar. Der Sinn des Lebens geht aus dem genannten Großen Nirvāna-Sūtra hervor, das die Möglichkeit der Erlösung für jeden Einzelnen lehrt. Jeder Mensch trägt, so betont Shinjō Itō, die Buddha-Natur in sich und soll dieses Potential nutzen, um in das Nirvāna einzugehen und den ewig beseelten Frieden durch ein geläutertes Ich (jōrakugajō) zu erfahren. Insgesamt erhebt die Shinnyoen den Anspruch, den wahren Buddhismus für die Gegenwart zu verkörpern.

Die zweite neue religiöse Bewegung ist die God Light Association (GLA): eine synkretistisch geprägte Religionsgemeinschaft, deren Lehren auf dem Buddhismus und dem Christentum gründen. Sie wurde 1968 von Shinji Takahashi gegründet und 1973 als Religionsgemeinschaft registriert. Nach Shinji Takahashis Tod übernahm seine Tochter Keiko die Leitung der Religionsgemeinschaft, die seit 1992 eine anwachsende Mitgliederzahl zu verzeichnen hat und 2002 über rund 19 000 Anhänger verfügte. In den fünfzig Publikationen der GLA wird auch Kritik am gegenwärtigen Gesellschaftssystem geübt: am ausschweifenden Materialismus, am vorherrschenden Egoismus, an der sozialen Ungleichheit und der Diskriminierung. Der Stifter Shinji Takahashi, der bereits im Alter von zehn Jahren ein spirituelles Erlebnis gehabt haben soll, setzte sich intensiv mit verschiedenen Religionen auseinander, ohne jedoch eine Antwort auf seine Fragen zu erhalten. Im Jahre 1968 soll er – als er mit seiner Frau in einem buddhistischen Tempel meditierte – die religiöse Erweckung (talgo) erfahren haben, seit der ihm bewusst wurde, dass der Mensch ein Teil des Universums ist. Der Geist existiere unabhängig vom menschlichen Körper und kehre nach dem Tode in die wirkliche Welt (jitsuzaikai) zurück, um in einem anderen menschlichen Körper wiedergeboren zu werden. Die zentralen Lehraussagen der GLA, die sich, wie erwähnt, am Buddhismus und am Christentum orientieren, gründen auf dem Glauben, dass jeder Mensch die Buddha-Natur in sich trage. Im Unterschied zur Shinnyoen werden das Jenseits und die Vorstellung des Kreislaufs der Reinkarnation stark betont. Neben der irdischen oder physikalischen Welt (genshōkai), in der der Mensch lebt, existiere die mehrdimensionale wahrhaftige Welt (jitsuzaikai), in die die Seele eines Menschen nach dem Tod eingehe.

Die dritte neue religiöse Bewegung schließlich ist die Kōfuku no kagaku, die erst 1986 gegründet wurde und sich seitdem bereits zu einer Massenbewegung entwickelt hat. Die Grundlage der von Ryūkō Okawa vertretenen Lehren bilden Buddhismus und Christentum, insbesondere die Lehre vom Edlen Achtgliedrigen Pfad und die christliche Lehre der Nächstenliebe. Die Kōfuku no kagaku geht jedoch weit darüber hinaus: Ryūkō Okawa bezeichnet sich als den japanischen Messias, der Zugang zu einer neunten Dimension besitze, eine Reinkarnation Buddhas sei und darüber hinaus Offenbarungen von verschiedenen Religionsstiftern und Propheten der Menschheitsgeschichte – von Jesus Christus, Konfuzius, Mohammed, dem Propheten Elias und von Nostradamus – empfangen habe. In den ersten Jahren ihrer Geschichte legte die Kōfuku no kagaku Wert darauf, dass sie eine Institution sei, die wissenschaftlich die Methoden erforsche, die zum Glück führen. Dieses Image existiert nach wie vor, es wird jedoch seit 1993 vermehrt die religiöse Komponente betont, wobei die Lehren des Buddhismus in den Vordergrund rücken. Okawa schrieb mehrere Bücher, unter anderem über die spirituellen Botschaften des Kūkai, über die Jesu Christi und der Gottheit Amaterasu. Vor allem in den Lehren des Buddhismus und des Christentums sind für Okawa die «Leitlinien» enthalten, durch die jeder Mensch Erleuchtung erlangen könne. Diese Erleuchtung sei schon deshalb möglich, weil jeder Mensch die Buddha-Natur in sich trage bzw. alle Menschen Kinder Gottes seien.

Insgesamt lässt sich über diese neuen religiösen Bewegungen sagen, dass im Laufe des Modernisierungsprozesses in Japan sich religiöse und säkulare Bewegungen parallel zueinander entwickelten. Als gleichwertige Indikatoren für gesellschaftliche Widersprüche versuchten und versuchen sie indirekt oder direkt, sozialen Wandel aktiv zu beeinflussen. Sie zeigen Widerspruchs- und Konfliktpotentiale auf und verweisen auf gestaltbare bzw. gestaltungsbedürftige Aspekte der japanischen Gesellschaft. Dabei versuchen sie, ihren Einfluss auch aktiv geltend zu machen und verfolgen nicht nur religiöse, sondern auch andere gesellschaftliche und politische Ziele.

VI. Der Konfuzianismus

1. Die Philosophie

Es mag zunächst dahingestellt bleiben, ob der Konfuzianismus als ein konstanter Bestandteil der chinesischen Kultur entscheidend dazu beigetragen hat, ein kollektives Denken zu entwickeln – vor allem mit Blick auf die Loyalität des Menschen gegenüber dem Staat. Konfuzius selbst, der von 551 bis 479 v. Chr. in einer Zeit lebte, in der die Grundlagen der chinesischen Philosophie und des politischen Denkens geschaffen wurden, hat wesentliche neue Elemente mit traditionellen (Staats-)Theorien verbunden. Die Charakteristika seines Denkens finden sich in Konfuzius' umfangreichem Werk «Lun-yu», einer Sammlung von Gesprächen mit seinen Schülern. Jenes Denken kreist vornehmlich um die Frage nach der Moral, um nach deren Erläuterung die fünf Kardinaltugenden – die Menschlichkeit, die Sittlichkeit, die Gerechtigkeit, die Klugheit und die Verlässlichkeit – aufzuzeigen.

Die ethisch-politische Lehre

Konfuzius lehrte vornehmlich eine Ethik mit dem Ziel der moralisch-sittlichen Lebensführung. Im Mittelpunkt steht der Primat der Moral in allen Bereichen des privaten und öffentlichen Handelns. Dies gilt vor allem für die Politik – im Sinne sittlich-kluger Herrschaft. So heißt es im Lun-yu: «Wer nach sittlichen Grundsätzen regiert, gleicht dem Polarstern; er behält seinen Platz, und die anderen Sterne umkreisen ihn» (Kapitel II,1). Und: «Will man Gehorsam durch Gesetze und

Ordnung durch Strafe, dann wird sich das Volk den Gesetzen und Strafen zu entziehen versuchen und alle Skrupel verlieren. Wird hingegen nach sittlichen Grundsätzen regiert und die Ordnung durch Beachtung der Riten und der gewohnten Formen des Umgangs erreicht, so hat das Volk nicht nur Skrupel, sondern es wird auch aus Überzeugung folgen» (II,3).[1] Konfuzius kennt mithin die Idee des tugendhaften und dadurch vorbildlichen Herrschers, der richtungsweisend auf die Staatsbürger einwirkt. Der konfuzianische Staat hat also zur Grundlage die moralisch legitimierte Autorität und die Sicherung seiner Ordnung durch das aktive Handeln tugendhafter Herrscher. Das innere Ziel höchster Weisheit korrespondiert mit dem äußeren Ziel idealer – und nicht nur faktischer – Herrschaft.

Konfuzius erteilt seine ethischen Lehren, ohne sich auf einen Gott zu berufen.[2] Er unterscheidet sich damit von den christlichen Moraltheologen, die die sittlichen Ordnungen auf den Willen eines himmlischen Gesetzgebers gründen. Konfuzius dagegen legt den Schwerpunkt seiner Lehre auf das Menschliche und die diesseitige Welt. Eine seiner Aussagen über den Tod verdeutlicht seine ausgeprägte Ausrichtung auf das Diesseits: «Zi-lu fragte, wie man Geistern dienen solle. Konfuzius antwortete: ‹Wer nicht den Menschen zu dienen versteht, wie kann der den Geistern dienen?› Dann fragte Zi-lu nach dem Tode, und der Meister gab zur Antwort: ‹Wer noch nicht das Leben kennt, wie will der wohl den Tod begreifen?›» (Lun-yu XI,12). Angesichts dieser Worte blieb Konfuzius der Vorwurf nicht erspart, er lehre seine Ethik ohne eine metaphysische Grundlage. Hier muss betont werden, dass Konfuzius kein Gegner der Religion und kein Freigeist war. Er hat die Realität der Götter und Geister nicht bezweifelt. Und auch über das Wesen der Ahnen und Götter hat er sich an einer Stelle in seinem zweiten kanonischen Hauptwerk «Li-chi» I,1,8 dahingehend geäußert: «Wie herrlich sind doch die Geisteskräfte der Götter und Ahnen! Man schaut nach ihnen und sieht sie nicht, man horcht nach ihnen und hört sie nicht. Und doch gestalten sie die Dinge, und keines kann ihrer entbehren. Sie bewirken, dass die Menschen auf Erden fasten und sich reinigen und Feiergewänder anlegen, um ihnen Opfer darzubringen. Wie Rauschen großer Wasser [ist ihr Wesen], als wären sie zu Häupten, als wären sie zur Rechten und Linken. In den Liedern steht: Der Götter Nahen lässt sich nicht ermessen, wie dürfte man sie missachten! So weit geht die Offenbarung des Geheimnisvollen, die Unverhüllbarkeit des Wahren.»

Konfuzius hat den Himmelskult anerkannt. Das Postulat des himmlischen Mandates ist für ihn ein Postulat, demzufolge der Herrscher im Auftrag des Himmels regiert. Das «Mandat des Himmels» (tianming) weist ein relativ starkes religiöses Element auf, auch wenn man Ralf Moritz und Xuewu Gu zustimmen muss, dass sich der christliche Gott und der chinesische Himmel als Gottheit wesentlich unterscheiden.[3] Der christliche Gott ist als reiner Geist vorstellbar, während der chinesische Himmel «selbst dort, wo er als moralische Macht und in diesem Sinne als Geist besonders betont wird»,[4] immer auch materiell, als Natur erscheint. So lässt sich zusammenfassend sagen, dass Konfuzius zwar die damaligen religiösen Kulte, wie den Himmels- und den Ahnenkult, achtete, dass er aber einen ausgeprägten Götter- und Geisterglauben ablehnte. Den chinesischen Himmel betrachtete er als die höchste Autorität; den Weg des Himmels zu erkennen, ist die Aufgabe des Menschen: «Wer am Morgen den rechten Weg erkannt hat, könnte am Abend getrost sterben», heißt es im Lun-yu IV,8.

Protagonist der konfuzianischen Ethik ist der Edle (Junzi) – ein moralisch gebrauchter Begriff, mit dem elitistische Implikationen verbunden sind. Der Edle übt Solidarität mit der Gemeinschaft, darf jedoch kaum mit deren Anerkennung rechnen und muss zu einem Leben in Armut und Askese bereit sein. Er befreit sich vom Urteil der «Vielen» (zhong) und findet über den Weg der Selbstkultivierung (xiu ji, xiu shen) zu Selbstrespekt (ging ji, gong ji) als Grundlage «unabhängigen Handelns» (du xing). Er stellt in ständiger Selbstreflexion (zi fan) und «innerer Prüfung» (nei xing) die Lauterkeit der Motive seines Handelns sicher, wobei ihm ein reines Gewissen die Kraft verleiht, sich, wenn nötig, «Tausenden und Zehntausenden» entgegenzurichten.

Ein Junzi (Edler) vertritt kraft seiner Persönlichkeit Moral und Verantwortung. Im Lun-yu XVI,8 heißt es: «Der Edle hat vor drei Dingen Ehrfurcht: vor dem Befehl des Himmels, vor den großen Männern und vor den Worten der Weisen.» Auch hier lässt sich der Begriff «tianming» als ein vom Junzi gefordertes Verhalten deuten, das «durch den himmlischen Weg (tiandao) bestimmt und somit als natürlich geltende Moral und Verantwortung»[5] zu begreifen ist. Der Begriff «tianming» dient hier vor allem dazu, den Junzi an seine natürliche Verpflichtung zur Übernahme sozialer und gesellschaftlicher Verantwortung zu ermahnen. Auch legt Konfuzius dem Edlen bestimmte Schranken auf: «Der Edle hütet sich vor dreierlei: In der Jugend, wenn der Körper noch nicht entwickelt ist, hütet er sich vor sinnlichen Vergnügungen. Im Mannesalter, wenn er seine volle Kraft erreicht hat, hütet er sich vor Streitsucht. Im Greisenalter, wenn die Kräfte schwinden, hütet er sich vor Geiz» (Lun-yu XVI,7).

Damit lässt sich die Frage nach der Moralität dahingehend beantworten: Konfuzius' Ethik erstreckt sich auf die loyale Integration in Gesellschaft und Staat bei gleichzeitiger Wahrung der persönlichen moralischen Integrität. Die Kehrseite dieser Moralität ist ein intellektuell-moralischer Elitismus, der für das Volk nur eine passive Rolle vorsieht. Die Eliten vertreten advokatorisch das Interesse des Volkes, das nach Konfuzius an der Politik nicht zu partizipieren vermag. Betont werden die nach unten gerichteten moralischen Pflichten der Mächtigen vor den nach oben einklagbaren Rechten der Beherrschten. Der historische Konfuzianismus war somit weder demokratisch noch rechtsstaatlich orientiert, und er schätzt institutionelle Verfahren gering – im Vergleich zur Bedeutung der persönlichen Haltung.

Fünf Kardinaltugenden

Die eingangs genannten fünf Kardinaltugenden, denen sich die Untersuchung zuwendet, sind die Menschlichkeit, die Sittlichkeit, die Gerechtigkeit, die Klugheit und die Verlässlichkeit. Was die Menschlichkeit (ren) anbelangt, so lässt sich mit Ralf Moritz darauf hinweisen, «dass ren nicht ein abstrakter moralischer Wert, sondern eine bestimmte Qualität des Verhaltens zwischen den Menschen ist»[6] Es handelt sich mithin um eine Menschlichkeit in Bezug auf andere Menschen – eine Menschlichkeit, die Konfuzius im Lun-yu XV,9 sogar über das Leben stellt: «Ein Mann von starkem Willen und hoher Moral wird niemals versuchen, sein Leben auf Kosten seiner Überzeugung zu retten. Er ist sogar bereit, sein Leben für seine Überzeugung zu opfern.» Die Tugend «ren» wird zwar nicht eindeutig definiert, ihr Verständnis erschließt sich jedoch aus den einzelnen Aussagen von Konfuzius. Der besondere Rang, der diesem Begriff zukommt, zeigt sich beispielsweise in einem Dialog zwischen Konfuzius und seinem Schüler Yan Hui. Im Lun-yu XII,1 heißt es: «Yan Hui wollte wissen, was sittliches Verhalten sei. Konfuzius antwortete ihm: ‹Sich selbst überwinden, die eigenen Wünsche und Begierden bezwingen, sich von Anstand, Höflichkeit und guten Sitten leiten lassen, das ist sittliches Verhalten. Wer nur einen Tag so handelt, wird schon von allen ob seines guten Verhaltens gelobt.›»

Diese Stelle verweist auf den wichtigen Zusammenhang zwischen der Menschlichkeit (ren) und der Sittlichkeit (li). Li und Ren sind interdependente Begriffe, und in dieser Beziehung zwischen beiden manifestiert sich der inhaltliche Kern von Lun-yu. Ohne Menschlichkeit (ren) keine Sittlichkeit (li): «Wer seine Pflichten gegenüber den Menschen [ren] nicht kennt, wie kann der die Riten und Umgangsformen [li] einhalten?» (Lun-yu III,3) Damit wird die Menschlichkeit zur Grundlage für die Sittlichkeit; in der Sittlichkeit offenbaren sich Ren-Eigenschaften. Andererseits ist die Li-Praxis eine Übung im «Einbringen in die Gemeinschaft, des Sich-Beziehens auf andere. Damit wird durch Li-Praxis wiederum Ren-Gesinnung trainiert».[7] Die Li-Praxis bildet somit einen bedeutsamen Erziehungsprozess in Bezug auf eine konfliktfreie Gesellschaft.

Im Lun-yu wird die Menschlichkeit auch als «Liebe zu den Menschen» definiert (Lun-yu XII,22). Menschlichkeit schließt schlechtes Handeln gegenüber anderen aus; sie äußert sich vielmehr im Bestreben, andere Menschen bei der Entwicklung ihrer Tugendhaftigkeit zu unterstützen. Die Menschlichkeit entfaltet sich in der Gemeinschaft, in der die «Goldene Regel» des Konfuzius gilt: «Zi-gong fragte den Konfuzius: ‹Gibt es ein Wort, das ein ganzes Leben lang als Richtschnur des Handelns dienen kann?› Konfuzius antwortete: ‹Das ist gegenseitige Rücksichtnahme. Was man mir nicht antun soll, will ich auch nicht anderen Menschen zufügen›» (Lun-yu XV,24). Damit gibt es insgesamt drei Wege zur Menschlichkeit. Der erste Weg ist, wie aufgezeigt, die «Liebe zu den Menschen»; der zweite Weg besteht darin, den anderen zu helfen, «sich zu festigen» (Lun-yu VI,28). Und der dritte Weg heißt Shu: es ist der Weg mit der erwähnten «Goldenen Regel».

Die zweite Kardinaltugend ist die Sittlichkeit (li), die nahezu alle damals denkbaren Lebensumstände umfasst. Li durchdringt das soziale Dasein durch Anweisungen zum guten Benehmen. In den gesellschaftlichen Beziehungen muss stets beachtet werden, ob sich der jeweilige soziale Kontakt als Gefälle oder als Steigerung darstellt, womit wieder die für Konfuzius wesentliche Hierarchie zum Tragen kommt. Mit anderen Worten: Der Sittenkodex ist für die sozialen Gruppen unterschiedlich, und ein jeder hat sich seinem Rang entsprechend zu verhalten.[8] Die Sitten stützen so die gesellschaftliche Hierarchie, die auf den «Fünf Beziehungen» basiert: Herrscher-Untertan, Vater-Sohn, älterer Bruder-jüngerer Bruder, Mann-Frau und Freund-Freund. Konfuzius war der Ansicht, dass nur ein hierarchisch strukturierter Staat gut funktionieren könne.

Die Sittlichkeit verkörpert kein vorgegebenes Schema, das auf einem altehrwürdigen Verhalten gründet. Vielmehr meint Li eine allgemeine – veränderbare – Verhaltensregel, die einer hierarchischen Gesellschaft entspricht. Darüber hinaus sollte die Sittlichkeit zum Frieden und zur Harmonie des Staates beitragen. Auch kommt den Sitten und Riten eine religiöse Bedeutung zu: In der Beziehung zwischen Religion und Herrschaft bedeutet Li den Ritus der Macht, all das, was mit der «religiösen Legitimation von Herrschaft durch die Berufung auf den Himmel» (Ralf Moritz) verbunden ist. Kurzum, viele Riten galten als heilig, und Konfuzius vertrat die Ansicht, sie seien den Menschen vom Himmel gesandt. Mit diesen (heiligen) Riten verbindet Konfuzius die Menschenliebe. Im Lunyu XII,22 heißt es: «[Der Schüler] Fan Chi wollte wissen, was sittliches Verhalten [ren] sei. Konfuzius antwortete: ‹Die Menschen lieben.›»

Die dritte Kardinaltugend ist die Gerechtigkeit (yi), die sich von der Sittlichkeit nicht streng abgrenzen lässt. Die Gerechtigkeit im Sinne von Yi ist eine Frage des Benehmens: eine Angelegenheit des eigenen Ichs. Bedeutsam ist deshalb, mit sich selbst im Reinen zu sein. Und in Bezug auf den Staat verfolgt Konfuzius die Intention, diesen zu gerechtem Handeln anzuleiten. Bedeutsam erweist sich hierbei die Kultivierung des einzelnen Menschen. Dieser bestimmt selbst, was gerecht und was ungerecht ist – womit sich die Frage verbindet, ob dem Menschen, wenn er allein den Weg des gerechten Handelns finden soll, nicht zu viel zugetraut wird.

Die vierte der fünf Tugenden ist die Klugheit (zhi). Diese Tugend bezieht sich auf das Lernen im konfuzianischen Sinne.

Klugheit bedeutet «Wissen und Charakterbildung, wobei der Charakterbildung das größere Gewicht zukommt».[9] Die Klugheit ist zudem der richtige «Umgang mit dem Wissen» (Martina Darga), den Konfuzius im Lun-yu II,17 einem seiner Schüler gegenüber wie folgt aufzeigt: «Sei dir bewusst, was du weißt. Was du hingegen nicht weißt, das gib zu. Das ist das richtige Verhältnis zum Wissen.» Dieser Hinweis erklärt sich wie der auf die Klugheit, das Wissen und die Charakterbildung letztendlich nur in Bezug auf den Junzi, den Edlen, der diese Hinweise zu realisieren vermag. Konfuzius als elitärer Denker zielt mit seiner Klugheitslehre eindeutig auf die Herrschaftseliten. Gemeinsam mit der Menschlichkeit und der Entschlossenheit zählt die Klugheit zu den drei Erfordernissen des Lebensweges eines edlen Menschen: «Konfuzius sprach: ‹Zum Weg des Edlen gehört dreierlei, aber ich bewältige es nicht: Richtiges Verhalten zu anderen Menschen – es befreit von Sorgen. Die Weisheit [Klugheit] – sie bewahrt vor Zweifeln. Entschlossenheit – sie überwindet die Furcht» (Lun-yu XIV,28).

Die letzte Kardinaltugend, die ein konfuzianischer Edler beherrschen sollte, ist die Verlässlichkeit (xin), auf die hier nur kurz eingegangen werden soll. Die Tugend der Verlässlichkeit ist in enger Verbindung mit der Aufrichtigkeit zu sehen. Konfuzius stellt die Bedeutung dieser Tugend in der Beziehung zwischen Freunden, vor allem aber in der zwischen dem Herrscher und dem Volk heraus. Ein Herrscher soll dem Volk immer Vorbild sein, damit sich die Menschen danach richten können. Ohne das Vertrauen der Menschen kann Konfuzius zufolge keine Herrschaft dauerhaft bestehen.

Damit ist die Betrachtung des Werkes Lun-yu, das keine philosophischen Aussagen im eigentlichen Sinne, sondern vorwiegend ethisch-politische Lehren beinhaltet, an ein Ende gelangt. In den gesammelten Aussprüchen wurden ethische Normen, Verhaltensmuster und Richtlinien für das Regieren überliefert, wobei eine bestimmte Vorstellung von der gesellschaftlichen Ordnung vermittelt wird. Diese Ordnung ist hierarchisch gegliedert. Neben der konfuzianischen Moral breitet sich, wie angedeutet, ein intellektuell-moralischer Elitismus aus, der dem Volk nur eine passive Rolle zubilligt. Und nicht von ungefähr wird die Position des Junzi, des Edlen, herausgestellt – zumeist in einem Kontext, in dem die elitistischen Implikationen dominieren. Auch die erwähnten «Fünf Beziehungen» in der gesellschaftlichen Hierarchie, von denen hier die drei wichtigsten nochmals genannt seien, weisen in diese Richtung: In diesen «Drei unumstößlichen Beziehungen», die nach Konfuzius das Leben des Einzelnen, der Familie und des Staates regeln, muss sich der Sohn dem Vater unterordnen, die Frau dem Mann und – was für die Betrachtung der Volksrepublik China von besonderer Bedeutung ist – das Volk seinem Herrscher.

2. Der Konfuzianismus und die Modernisierung Chinas

Das Reich der Mitte, das auf eine jahrtausendealte Tradition als ostasiatische Hochkultur zurückblicken kann, war von seinen greifbaren Anfängen in der Shang-Dynastie (1766–1050 v.Chr.) bis zum Ende des Kaiserreiches (1911) ein Staat mit einer religiös begründeten, Kosmos und Gesellschaft integrierenden, Sinn- und Ordnungsstruktur. In der Zhou-Dynastie wurde der Ahnenkult um die Idee einer direkten Verbindung zwischen König und der nun als «Himmel» bezeichneten höchsten Gottheit ergänzt. Die Herrschaft legitimierte sich fortan durch das «Mandat des Himmels», das Konfuzius in seiner Lehre aufgriff. Der präkonfuzianische Staatskult der Zhou-Dynastie bezog sich nicht auf eine eigenständige Religion, sondern war selbst Teil des Staatsbegriffs. Erst seit der Han-Dynastie (202 v.Chr.–220 n.Chr.) bildete sich jene konfuzianische Doktrin heraus, die den Staat ethisch und kosmologisch legitimierte. In der Geschichte dieser Dynastie findet sich auch der früheste Hinweis auf die Sammlung der Worte von Konfuzius (551–479 v. Chr.); seine Schüler hatten sie zusammengetragen und geordnet – darum der Name Lun-yu, «geordnete Worte».

Konfuzianismus und Daoismus

In dieser Geschichtsepoche bildete bereits der Daoismus Chinas authentische Religion, wenngleich die Kosmologie und die Theologie des Daoismus sich erst über einen beachtlichen Zeitraum hin und unter Einwirkung zahlreicher Faktoren im späten Altertum, also vom 4. Jahrhundert v. Chr. bis zum 2. Jahrhundert n. Chr., herausgebildet haben. Der Daoismus unterlag danach zwar neuen Einflüssen; gleichwohl lässt sich sagen, dass er sich weitgehend treu geblieben ist. Das trifft vor allem für den Daoistischen Kanon zu, der unter dem daoistischen Tang-Kaiser Xuanzong (712–756) erstmals vollständig von Hand kopiert wurde. Dao als ein transzendentes wie auch immanentes Prinzip des Universums ist mit der Lehre des Laotse verbunden, der als Begründer des Daoismus gilt. Wenngleich alle Berichte über ihn mythologischer Natur sind, so lässt sich Laotse doch als eine historische Person zeichnen, die im 7. und/oder im 6. Jahrhundert v. Chr. gelebt hat und somit ein älterer Zeitgenosse des Konfuzius gewesen ist.[1] Auch wird Laotse zu jenen Vertretern gezählt, die im alten China eine Weltsicht entwickelten, nach der entgegengesetzte und zugleich komplementäre Kräfte, Yin und Yang, gemeinsam die Dynamik des Dao (Weg) bilden. Im Kontext dieser neuen Kosmologie leben die Menschen ein einfaches Leben in kleiner Gemeinschaft. Diese Kosmologie und die damit verbundenen Eigenschaften und moralischen Normen sind es denn auch, die im Mittelpunkt der Auseinandersetzung zwischen Laotse und Konfuzius stehen, der kurz nachgegangen werden soll.

Laotse erhebt die Forderung, kulturelle und zivilisatorische Errungenschaften wie ethische Normen, intellektuelles Wissen, gesellschaftliche Pflichten etc. zu meiden und zu einem natürlichen Leben in kleiner Gemeinschaft zurückzukehren. «Menschlichkeit» und «Sittlichkeit», die beiden ersten Kardinaltugenden im Lun-yu von Konfuzius, werden als ein Abirren vom Dao, dem zentralen Begriff des Laotse, gedeutet, womit sich die Kritik der Daoisten an den Konfuzianern verbindet. Wesentlich sei, am Weg festzuhalten: an der Grundlage alles Seienden, die als natürlicher Weg unabhängig von «künstlichen» gesellschaftlichen Normen gesehen wird.[2] Nur dadurch lasse sich ein ideales Zusammenleben realisieren. Und so wird dann auch vom Herrscher erwartet, dass er die Regierungskunst des «Nichthandelns» (wuwei) praktiziert, indem er nicht aktiv in die Führung des Staates eingreift, sondern – analog zu den spontan dem Dao folgenden Gesetzen der Natur – die Gesellschaft ebenfalls spontan ihren Weg beschreiten lässt.

Laotses Absage an die moralischen Normen wie «Menschlichkeit» und «Sittlichkeit» mussten Konfuzius und die Konfuzianer herausfordern, ging es doch Konfuzius gerade darum, die Grundsätze und Regeln der Sittlichkeit (li) zur Geltung zu bringen. Zwar erscheint bei Konfuzius die Sittlichkeit nicht als ein starr vorgegebenes Schema, das stets unverändert wiederherzustellen ist. Li bezeichnet jedoch eine allgemeine Regel des Verhaltens, nach der der Einzelne in einer hierarchischen Gesellschaft so auftritt, dass die Ordnung des Gesamtgefüges gewahrt bleibt. Und was die oft als sittliches Verhalten interpretierte Menschlichkeit (ren) anbelangt, so wurde im vorangegangenen Kapitel der bedeutsame Zusammenhang zwischen der Menschlichkeit und der Sittlichkeit betont. Hier nochmals eine bereits dort zitierte Stelle: «Yan Hui wollte wissen, was sittliches Verhalten sei. Konfuzius antwortete ihm: ‹Sich selbst überwinden, die eigenen Wünsche und Begierden bezwingen, sich von Anstand, Höflichkeit und guten Sitten leiten lassen, das ist sittliches Verhalten›» (Lun-yu XII,1).

Die Etappen der chinesischen Geschichte

Es ließen sich noch sehr viele weitere Unterschiede zwischen Konfuzius und Laotse thematisieren – beispielsweise die von Konfuzius betonte hierarchische Gesellschaftsordnung und der intellektuell-moralische Elitismus sowie andererseits das von Laotse herausgestellte natürliche und einfache Leben in kleiner Gemeinschaft. Doch zurück zu den einzelnen Etappen der chinesischen Geschichte: Zu erwähnen ist hier zunächst die Konfuzius-Verehrung in der Ming-Dynastie (1368–1644), in der die Exegese der konfuzianischen Ritualkenner zur Staatsreligion wurde, während bis dahin noch andere religiöse Faktoren in ihr Ausdruck gefunden hatten. In seinem Gesamturteil über diese Periode schreibt Ku Ying-tai: «Hinsichtlich dessen, was am höchsten zu verehren ist, ist nichts größer als Himmel und Erde. Hinsichtlich des Sippenverbandes geht nichts über die beiden Gründerahnen. Und hinsichtlich derer, die für alle Menschen unter dem Himmel eine Lehre aufgestellt haben, ist niemand größer als Konfuzius. Hinsichtlich der Ernährung geht nichts über das auf dem Erdboden wachsende Getreide.»[3] Mit wenigen Worten werden hier die Grundideen des Konfuzianismus der Ming-Dynastie aufgezeigt: die Verehrung der großen, erhaltenden Mächte des Universums und der Ahnen, der heilige Lehrer, dessen Lehre dem Leben der Gemeinschaft die rechte Form verleiht, und schließlich die Sicherung der Versorgung als materieller Basis des Ganzen. Mit Blick auf den Lehrer fährt der Text, dem das vorausgehende Zitat entstammt, wie folgt fort: «Deshalb opfert man dem Konfuzius und gibt ihm Ehrentitel.» Der Konfuziuskult in der Ming-Dynastie dürfte von hoher Bedeutung gewesen sein. In dieser Zeitspanne erschienen zudem mehrere Werke über die Ausgestaltung dieses Kultes, aus denen hervorgeht, dass man zwischen Konfuzius, dem «Ersten Heiligen», und den «ersten Lehrern», den einzelnen Klassikern, gebührend unterschied. Die amtlichen Trankopfer in Frühling und Herbst galten Konfuzius und den ersten Vertretern seiner Lehre in der ausgehenden Chou-Zeit, unter denen der bereits erwähnte Lieblingsschüler Yan Hui eine Sonderstellung einnahm.

Nach dem Tode des ersten Kaisers scheint die Konfuzius-Verehrung nachgelassen zu haben; und im Zusammenhang mit der Riten-Reform des Kaisers Chia-ching von 1530 fand eine Abwertung des Konfuziuskultes statt, die über eine sehr lange Zeit währte, bis sich der Schwerpunkt des Staatskultes erneut auf Konfuzius hin verschob. Eine der treibenden Geisteskräfte hinter dieser Wandlung war der Philosoph K'ang Yu-wei (1858–1927) mit seiner Schule. Im Jahre 1912 begründete er unter den konservativ orientierten Bildungsträgern die «Vereinigung für die konfuzianische Lehre», deren Ziel darin bestand, den traditionellen Konfuzianismus wenn möglich zu einer neuen Staatsreligion zu entwickeln. In einer Versammlung auf der Altarplattform des Himmelstempels in Peking einigte man sich im Jahre 1913 darauf, dass die Lehren des Konfuzius die moralische Grundlage des chinesischen Erziehungswesens bilden sollten. Dieser Plan scheiterte nicht zuletzt am Widerstand Liang Ch'i-chaos (1873–1929), der darauf hinwies, dass es in China niemals eine Staatsreligion im eigentlichen Sinne des Wortes gegeben habe. Dem schlossen sich Vertreter aus den Kreisen der chinesischen Protestanten und Katholiken sowie der Muslime, Daoisten und Buddhisten an. Es entstand eine Opposition gegen eine solche Neuauflage der Staatsreligion, durch die alle anderen Religionen eine sekundäre Bedeutung erlangt hätten. Im Unterschied zu dieser Zurückweisung erfuhren die ethischen Lehren des Konfuzius eine praktische Wiederbelebung durch den Gouverneur Yen Hsi-shan in Shansi und später auch in der von Chiang Kai-shek gegründeten Bewegung «Neues Leben». Damit lässt sich bereits an dieser Stelle vermerken, dass keine andere historische Persönlichkeit das chinesische Kulturleben so beeinflusst hat wie Konfuzius. Das «chinesische» Chinesentum war zum weitaus größten Teil konfuzianisch geprägt.[4]

Die Volksrepublik

Mit der Ausrufung der Volksrepublik am 1. Oktober 1949 begann die Geschichte eines Staates und einer Gesellschaft, die über fünfzig Jahre von einem Einparteiensystem marxistisch-leninistischen Typs geprägt wurde. Die chinesischen Kommunisten gelangten nach zweiundzwanzigjährigem Kampf durch einen militärischen Sieg über die Truppen der Guomindang-Regierung der Republik China an die Macht. Die Kommunistische Partei konzentrierte sich darauf, ihren Herrschaftsapparat auf das gesamte Festland auszudehnen und – erstmals in der Geschichte Chinas – bis auf die Ebene des Dorfes hinunter zu organisieren. Gleichzeitig begannen intensive Bemühungen um den Wiederaufbau der durch den achtjährigen Chinesisch-Japanischen Krieg 1937–1945 und die anschließenden vier Jahre des Bürgerkrieges schwer getroffenen Wirtschaft. Nach einer relativ raschen Erholung der Volkswirtschaft in den 1950er Jahren breitete sich seit Ende der 1970er Jahre – die thematisch nicht relevanten Epochen können hier übergangen werden – eine Liberalisierungspolitik aus, in deren Gefolge Kulturdebatten entfacht wurden. Seit dieser Zeit rückten zwei Phänomene ins Blickfeld: eine Re-Traditionalisierung der chinesischen Kultur und eine Politik der Modernisierung.

Re-Traditionalisierung und Modernisierung

Was die Re-Traditionalisierung der chinesischen Kultur anbelangt, so erschien die Rückbesinnung auf das ethisch-politische Element der konfuzianischen Lehren als eine Möglichkeit, die zwischen Traditionalisierung und Verwestlichung schwankende Gesellschaft auf eine nationale Identität zu verpflichten. Bereits 1962 fand in Tsinanfu (Shantung) ein Kongress von 150 Gelehrten statt, auf dem das Thema «Konfuzius» behandelt wurde. Im Jahre 1989 – anlässlich der Feier zum 2540. Geburtstag des Konfuzius – bezeichnete Xin Guanjie, der Vizepräsident der in den 1970er Jahren gegründeten Konfuzius-

Stiftung, die Lehre des Konfuzius als eine der Quellen der chinesischen Kultur. Zum selben Anlass wurde eine Konfuzius-Gesellschaft gegründet. Im Jahre 1992 lobte Deng Xiaoping bei einer Inspektionsreise in die Südprovinzen die «strenge gesellschaftliche Disziplin» des «konfuzianisch» orientierten Singapur. Und am 25. Oktober 1995 unterstrich die Volkszeitung, dass «durch die vom Neokonfuzianismus betriebene Renaissance der nationalen Kultur der chinesischen Philosophie in der modernen Welt ein Ort errichtet werden» könne: «Während der Zeit des Krieges gegen Japan wurde von den Neokonfuzianern … die nationale Kultur gekräftigt und die traditionelle Philosophie modernisiert. Durch die Berichtigung von Vorurteilen westlicher Betrachter in Bezug auf die chinesische Kultur wurde das nationale Identitätsgefühl der Chinesen in Hongkong, Taiwan und in Übersee gestärkt, das war ein positiver Einfluss der Neokonfuzianer.»

Was die angesprochene Politik der Modernisierung betrifft, so stellte die Diskussion jener Jahre den Unterschied zwischen der «alten Tradition» (jiu chuantong), der Tradition des feudalistischen China, und der «neuen Tradition» (xin chuantong), der maoistischen Tradition, heraus und legte den Schwerpunkt der Diskussion auf die «alte Tradition», als deren bedeutendster Repräsentant der Konfuzianismus bezeichnet wurde.[5] Diese kulturelle Tradition war nach dem Standpunkt der meisten mit der Modernisierung vereinbar. Die Modernisierung stellte folglich keinen Bruch mit dieser Tradition dar; vielmehr bildeten Tradition und Moderne ein Kontinuum (lianxuti). Hinzu kam vor allem, dass die Modernisierungserfolge Japans und der Vier Kleinen Drachen (Singapur, Taiwan, Hongkong und Südkorea), die wie China vom Konfuzianismus maßgeblich beeinflusst sind, die festgefahrene Ansicht der Unvereinbarkeit der traditionellen chinesischen Kultur mit einer Modernisierung widerlegten. Die ökonomischen Erfolge dieser Länder dienten als Beweis dafür, «dass die konfuzianische

Tradition keineswegs ein Faktor ist, der die Modernisierung behindert, sondern sogar eine positive Funktion hat».[6] Hierbei konnte man auf das konfuzianische Harmoniestreben verweisen, was zu einem ausgeprägten Gruppenbewusstsein in den japanischen Unternehmen beitrage. Noch deutlicher wurde die Bedeutung des Konfuzianismus in dem, was der Chef der chinesischen Qingdao Iron and Steel Corporation unter der Überschrift «Moderne Unternehmen und traditionelle Kultur» in der Volkszeitung vom 9. Januar 1994 als sein Erfolgsgeheimnis bezeichnete: Er lasse sich von den konfuzianischen «Fünf Kardinaltugenden» leiten: «Menschlichkeit» (ren) besage, für die Mitarbeiter ein fürsorgliches Herz zu haben, «Gerechtigkeit» (yi) zeige sich darin, in Übereinstimmung mit dem Zentralkomitee der Partei die Lage zu überblicken, «Sittlichkeit» (li) bedeute, in der Marktwirtschaft auf zivilisierte moralische Formen zu achten, «Klugheit» (zhi) verdeutliche sich in der Zusammenarbeit bei der Entwicklung von Marktstrategien, und «Verlässlichkeit» (xin) schließlich besage, sich an Versprechen zu halten, die Reputation des Unternehmens zu gewährleisten.

Der Führungswechsel

Dass die Modernisierungsleistungen im wirtschaftlichen und sozialen Sektor der Volksrepublik China auch auf den politischen Bereich übertragbar sind, zeigte sich in einem (noch) eingeschränkten Maße auf dem 16. Parteitag im November 2002, auf dem sich der erste ordentliche Führungswechsel in der Geschichte der Volksrepublik mit dem Wechsel von der so genannten dritten zur vierten Generation der fünfzig- und sechzigjährigen Funktionäre vollzog – eine historische Wende, die eine Öffnung der Kommunistischen Partei Chinas brachte. Zuvor wurde der politische Sektor des chinesischen Systems von einer Kommunistischen Partei bestimmt, die seit Deng Xiaoping unter Jian Zemin pragmatische Politik- und Entwicklungsvorstellungen vertrat. Jian Zemins Führung prägte dreizehn Jahre, in denen sich die Volksrepublik der Welt öffnete und ihre Wirtschaftspolitik wie nie zuvor reformierte. Insofern müssen bei der Betrachtung des chinesischen Systems die in diesem Zeitraum erzielten beachtlichen ökonomischen Erfolge einer Modernisierungspolitik herausgestellt werden, die sich nicht nur in der Leistungsbilanz des Landes und in der Sozialstruktur niederschlug, sondern auch zu einem Transformationsdruck führte, der auf den politischen Sektor einwirkte. Einen ersten bedeutsamen Hinweis auf den anstehenden Wandel gab Jian Zemin auf dem 16. Parteitag mit seiner Doktrin von den «Drei Repräsentationen». Danach repräsentiert die Kommunistische Partei nicht mehr nur die Arbeiter und Bauern, sondern auch die «Erfordernisse der fortschrittlichen Produktivkräfte, die fortschrittliche Kultur und die Interessen der überwiegenden Mehrheit des chinesischen Volkes». Was Jian Zemin, der sich gern in einer Reihe mit Mao Tse-tung und Deng Xiaoping als großen Führer in der Geschichte der Volksrepublik sieht, unter seiner Doktrin der Parteireform – seinem ideologischen Erbe für das Parteistatut – konkret verstanden wissen will, lässt sich wie folgt zusammenfassen: Die Kommunistische Partei bedürfe neuer Legitimationsmuster, sie habe ihre Klassenbasis auszubauen und ihre Massenbasis zu erweitern, sie müsse eine Volkspartei werden, in der nicht zuletzt die Privatunternehmer als Parteimitglieder aufzunehmen seien, die noch in jüngster Vergangenheit ideologisch als Ausbeuter apostrophiert wurden. De facto indes entstanden in der Ära Jian Zemins 25 Millionen neue Privatunternehmen mit einem Anteil am Bruttosozialprodukt in Höhe von sechzig Prozent. Der neue KP-Generalsekretär als Parteichef, der 1942 in Shanghai geborene bisherige Vizepräsident Hu Jintao, der der «vierten Führungsgeneration» (nach Mao Tse-tung, Deng Xiaoping und Jian Zemin) angehört und in dem schon Deng Xiaoping einen der bedeutendsten Nachwuchsfunktionäre erkannte, wird erstmals Jian Zemins Doktrin der Parteireform in die Praxis umzusetzen haben.

Die Betrachtung des chinesischen Partei- und Regierungssystems ermangelte eines traditionellen Bestandteils, wenn nicht der Danwai-Bereich berücksichtigt würde, der allerdings durch die weiträumige Modernisierung und die Neugestaltung der Wohngebiete an Bedeutung verloren hat. Die Danwai bildete und bildet jene Grundeinheit (so die wörtliche Übersetzung), die das Leben der Mitglieder noch immer in vielen Bereichen bestimmt[7], vor allem im Dorf, aber auch in kleineren nach Nachbarschaften durchparzellierten Städten. Hier erweist sich der Konfuzianismus bzw. der Neokonfuzianismus als bedeutsam, der den Danwai- mit dem Transdanwai-Bereich durch den Grundsatz der Gemeinschaftsbezogenheit des Einzelnen verbindet: in einer aufeinander folgenden Einheit von der Familie über die Nachbarschaft zur Region und schließlich zur Nation. Überhaupt spielt der Neokonfuzianismus eine entscheidende Rolle im chinesischen Alltag. Vom Begriff der Gemeinschaftsbezogenheit ausgehend, steht nicht das Ich, sondern das Wir in der Familie oder in der Danwai im Vordergrund. Nicht der Wettbewerb, wie im Transdanwai-Bereich, sondern die harmonische Zusammenarbeit, und nicht die Konfliktbereitschaft, sondern die Konsensbildung unter den Danwai-Angehörigen werden betont. Vorherrschend sind Orientierungswerte der hierarchiegerechten Verhaltensweise sowie der Primat der persönlichen Guanxi im Sinne von Seilschaftstreue. So müssen denn auch Politiker, die im Transdanwai-Bereich Erfolg verbuchen wollen, über ein Guanxi-Netz verfügen. Ein solches Netz zeichnet dafür verantwortlich, dass sich Personalkartelle an den Hebeln der Macht befinden – an denen des chinesischen Partei- und Regierungssystems. Daran hat bisher auch der genannte Führungswechsel nichts geändert.

Religiöse Minderheiten und Geheimgesellschaften

Das Gleiche gilt für die Restriktionen und Verfolgungen religiöser Minderheiten und für die als staatsfeindlich eingestufte Falungong-Sekte. Was die religiösen Minderheiten anbelangt, so sind die buddhistischen, christlichen und muslimischen Religionsgemeinschaften Restriktionen ausgesetzt – Restriktionen, die bald nach der Machtkonsolidierung zu Beginn der 1950er Jahre begannen. Die Vorstellung, der Glaube an den Kommunismus werde durch die traditionellen Religionen erschwert, führte vor allem in der Zeit der «Kulturrevolution» (1966–1976) zu zahlreichen Verfolgungen sowie zur Vernichtung religiöser Stätten. Nach dem Ende des «kulturrevolutionären Klassenkampfes» wurden wieder religiöse Aktivitäten zugelassen. Auch ist die Religionsfreiheit seit 1978 verfassungsmäßig verankert; doch die Religionsausübung untersteht immer noch der staatlichen Kontrolle. Gleichwohl hat sich die Zahl der Religionsangehörigen seit Beginn der Reform-Ära rasch erhöht. Nach offiziellen Angaben lebten in China Ende der 1990er Jahre einhundert Millionen Anhänger von Religionsgemeinschaften, darunter überwiegend lokal organisierte Buddhisten und Daoisten. Neben etwa fünfzehn Millionen Protestanten und acht Millionen Katholiken gibt es etwa achtzehn Millionen Muslime, die den stärksten Verfolgungen unterliegen. Dies trifft vor allem für die muslimischen Uiguren in der im Nordwesten Chinas liegenden autonomen Region Xinjiang (uigurisch: Ostturkestan) zu, die unter zunehmender religiöser Unterdrückung leiden. Hier wurden Moscheen und Koranschulen geschlossen und Gläubige willkürlich verhaftet.

Was schließlich die «Geheimgesellschaften» anbelangt, so schätzte 1985 ein interner Bericht des Ministeriums für Öffentliche Sicherheit die Geheimgesellschaften als die bedeutendste «gegenrevolutionäre» Kraft ein. Mehrere hundert Organisationen mit insgesamt mehreren Millionen Anhängern wurden als gefährlich eingestuft. Dazu zählt vor allem die international bekannteste chinesische «Geheimgesellschaft», die buddhistisch-daoistische Sekte Falungong (Kultivierung des Geburtsrades). Die Lehrschriften des Begründers Li Hongzhi, der seit 1998 in den Vereinigten Staaten lebt, sind in vielen Grundelementen mit einem rationalistisch-wissenschaftlichen Weltbild unvereinbar und weisen darüber hinaus eine implizite Fundamentalkritik an der bestehenden Herrschaftsordnung der Volksrepublik auf, die Li Hongzhi als moralisch degeneriert bezeichnet. So nimmt es nicht Wunder, dass die Falungong-Sekte 1996 von der Regierung als staatsfeindlich eingestuft und aus der offiziellen Qigong-Vereinigung ausgeschlossen wurde. Im Kontext der Staatsräson der Volksrepublik stand dann auch die massive Reaktion auf den überraschenden Massenprotest der Falungong-Anhänger im April 1999 auf dem Pekinger Tianamen Platz.

VII. Chancen und Grenzen eines inter-religiösen Dialogs

1. Übereinstimmungen und Unterschiede zwischen den Religionen

In der Einleitung war von jener Macht der Weltreligionen die Rede, die das Buch in ihren einzelnen Erscheinungsformen aufgezeigt hat. Während der Niederschrift haben sich weitere Phänomene religiöser Macht offenbart – Phänomene, die auch die kommenden Jahrzehnte des 21. Jahrhunderts bestimmen werden. Es muss deshalb darum gehen, einen interreligiösen Dialog zu führen, um nach einem Werte-Konsens für eine friedliche Koexistenz zu suchen. Hierzu zählt auch der religiöse Fundamentalismus, und deshalb wäre jede Intention verfehlt, ihn von dem Glauben, auf den er sich beruft, zu trennen. Der wie auch immer instrumentalisierte Glaube bildet die Grundlage der religiösen Gewaltbereitschaft. Zudem ist vor allem dem Islam eine globale Säkularisierung fremd. Der 11. September 2001 verstärkte nicht nur die Konflikte zwischen der christlichen und der islamischen Welt, er hat auch die Idee einer globalen Säkularisierung zerstört. Nachfolgend sollen als Grundlagen für einen interreligiösen Dialog die Übereinstimmungen und Unterschiede der Weltreligionen aufgezeigt und gewichtet werden. Dabei geht die Untersuchung von einem Vergleich der Religionen mit dem Christentum in der Reihenfolge der inhaltlichen Gliederung des Buches aus, um im zweiten Teil die Prämissen und Perspektiven eines interreligiösen Dialogs aufzuzeigen.

Das Judentum und das Christentum

Das Judentum und das Christentum entstammen einer gemeinsamen Wurzel, sie sind verschiedene Religionen und doch auf besondere Weise miteinander verbunden. Da existiert zunächst der eine Gott, den das jüdische Glaubensbekenntnis, heraushebt: «Höre, Israel! Jahwe, unser Gott, Jahwe ist einzig» (Deuteronomium 6,4).[1] Dieser Satz ist nicht nur zur Grundlage des ersten Artikels des christlichen Glaubensbekenntnisses geworden, er verbindet sich auch im Evangelium nach Markus 12,29 ff. mit dem christlichen Gebot der Nächstenliebe: «Höre, Israel, der Herr, unser Gott, ist der einzige Herr. Darum sollst du den Herrn, deinen Gott, lieben mit ganzem Herzen und ganzer Seele, mit all deinen Gedanken und all deiner Kraft. Als zweites kommt hinzu: Du sollst deinen Nächsten lieben wie dich selbst. Kein anderes Gebot ist größer als diese beiden.» An diesem Punkt wird die christliche Aneignung jüdischer Tradition besonders deutlich. Denn auch im Levitikus 19,18 heißt es: «Du sollst deinen Nächsten lieben wie dich selbst.»

Diese Bibelzitate – aus dem Alten und dem Neuen Testament – zeigen nur eine kleine, wenngleich äußerst bedeutsame Übereinstimmung auf; deshalb sollte hinzugefügt werden, dass Christen und Juden den Großteil ihrer Heiligen Schriften gemeinsam besitzen. In ihren liturgischen Vollzügen beten sie mit den Psalmen dieselben Gebete; sie verehren in ihnen denselben einen und einzigen Gott. So sind denn auch Juden und Christen in ihrem Selbstverständnis dadurch bestimmt, dass sie sich von dem einen Gott erwählt wissen. In dieser Erwählung hat Gott seine Liebe und seine Gerechtigkeit offenbart. Daraus resultiert die Verpflichtung, Gerechtigkeit und Liebe in dieser Welt zu verwirklichen. In all den Übereinstimmungen zwischen Juden und Christen ist Jesus Christus die vermittelnde Person, jener Jesus, den Gerd Theißen wie folgt beschreibt: «Jesus ist ein Jude, der durch Lebensstil und ethischen Radikalismus am Rande des Judentums steht – aber hinsichtlich seiner Grundüberzeugungen in dessen Zentrum gehört ... Die zentrale Bezugsgestalt des Christentums gehört zwei Religionen an: Er war ein Jude – und wurde durch Interpretationen seines Geschicks in nachösterlicher Zeit zur Grundlage des Christentums.»[2]

Jenseits von Übereinstimmung und Unterschied ist mit Heinz Gahlen die christliche Deutung des Alten Testaments im Modell «Verheißung – Erfüllung» zu sehen. Hier sind es die Evangelisten, die im Verheißung-Erfüllungs-Schema das Christusereignis interpretieren. Vor allem der Kreuzestod Jesu hinterließ bei seinen Jüngern eine Unsicherheit, waren doch ihre Erwartungen und Hoffnungen – so, wie sie sie hegten – unerfüllt geblieben. Erst die Auferstehung verdeutlichte ihnen, dass das Leben und Sterben ihres Herrn dem Willen Gottes gerecht wurde. Um diesen göttlichen Willen zu erkennen, durchsuchten sie den Tanach, die hebräische Bibel; hier fanden sie die Erklärung für die Leiden Jesu und sein Sterben. Namentlich im prophetischen Buch Jesaja steht geschrieben: «Wir meinten, er sei von Gott geschlagen, von ihm getroffen und gebeugt. Doch er wurde durchbohrt wegen unserer Verbrechen, wegen unserer Sünden zermalmt. Zu unserem Heil lag die Strafe auf ihm, durch seine Wunden sind wir geheilt.» Solche Aussagen aus dem Alten Testament waren es, auf die namentlich Paulus zurückgriff, als er den ersten Brief an die Korinther schrieb: «Denn vor allem habe ich euch überliefert, was auch ich empfangen habe: Christus ist für unsere Sünden gestorben, gemäß der Schrift.» Die Deutung «gemäß der Schrift» wurde in neutestamentlicher Zeit zur Grundlage der Botschaft der Jünger Jesu.

Ein davon unterschiedenes – gleichwohl nicht nach Rubriken wie Übereinstimmungen und Unterschiede einzuordnendes – Phänomen umfasst die Vorstellung vom Gesetz und vom Verhältnis, das der Mensch zum Gesetz hat.[3] Es geht um den

Umstand, dass neben dem jüdischen Gesetz, das im Grunde nur die nationale Kultur der Juden bezeichnet – historisch bedingte – andere Gesetze existieren, die als gottgewollt zu deuten sind, weil nur unter ihrer Bedingung gemeinschaftsbezogenes Leben möglich ist. Diese Gesetze weisen gemeinsame Werte auf, indem sie Ungerechtigkeit, Habgier, Neid, Mord etc. verwerfen. Unabhängig davon ist das ewige Gesetz des Christentums, das nach dem zitierten Evangelium nach Markus 12,29 f. darauf verweist, man solle Gott lieben und den Nächsten wie sich selbst. Von diesem ewigen Gesetz sprach Jesus: «Denkt nicht, ich sei gekommen, um das Gesetz und die Propheten aufzuheben. Ich bin nicht gekommen, um aufzuheben, sondern um zu erfüllen. Amen, das sage ich euch: Bis Himmel und Erde vergehen, wird auch nicht der kleinste Buchstabe des Gesetzes vergehen, bevor nicht alles geschehen ist» (Evangelium nach Matthäus 5,17 f.). Wenn man die Bergpredigt, in der Matthäus und Lukas die ethischen Forderungen Jesu – kurze Sprüche und Spruchgruppen – zusammenstellten, als Auslegung des historisch bedingten Gesetzes für die Menschen zur Zeit Jesu liest, dann zeigen bereits die Seligpreisungen, «dass Jesus die Wertungen Gottes im menschlichen Leben sichtbar macht» (Heinz Gahlen). Das Evangelium nach Matthäus 5,17 ff. zielt über die äußere Erfüllung des Gesetzes hinaus zu dessen Verinnerlichung. Wer es erfüllt, überwindet das Böse; und das Evangelium nach Matthäus 6,1–6 wendet vom Ansehen vor den Menschen weg zum Ansehen vor Gott. Die zuletzt genannte Stelle des Matthäus-Evangeliums lautet: «Hütet euch, eure Gerechtigkeit vor den Menschen zur Schau zu stellen; sonst habt ihr keinen Lohn von eurem Vater im Himmel zu erwarten. Wenn du Almosen gibst, lass es also nicht vor dir herposaunen, wie es die Heuchler in den Synagogen und auf den Gassen tun, um von den Leuten gelobt zu werden. Amen, das sage ich euch: Sie haben ihren Lohn bereits erhalten. Wenn du Almosen gibst, soll deine linke Hand nicht wissen, was deine rechte tut. Dein Almosen soll verborgen bleiben, und dein Vater, der auch das Verborgene sieht, wird es dir vergelten. Wenn ihr betet, macht es nicht wie die Heuchler. Sie stellen sich beim Gebet gern in die Synagogen und an die Straßenecken, damit sie von den Leuten gesehen werden. Amen, das sage ich euch: Sie haben ihren Lohn bereits erhalten. Du aber geh in deine Kammer, wenn du betest, und schließ die Tür zu; dann bete zu deinem Vater, der im Verborgenen ist. Dein Vater, der auch das Verborgene sieht, wird es dir vergelten.»

Ein Unterschied zwischen dem Judentum und dem Christentum, und zwar ein bedeutender, auf den weitere Divergenzen zurückgehen, zeigt sich im jüdischen Gesetz, das eng mit dem Sündenfall verbunden ist. Nach dem jüdischen Gesetzesdenken wurden die göttlichen Gebote übertreten, indem Adam vom Baum der Erkenntnis aß. Für die Christen dagegen ist der Sündenfall von wesentlich größerer Bedeutung, wollte doch Adam, unabhängig von Gott, selbst erkennen, was Gut und Böse sei. Das Judentum sieht im Sündenfall nur den menschlichen Hang zum Bösen, während das Christentum in Adams Fall eine fundamentale Gottesferne des Menschen sieht, woraus die Erbsünde resultiert, die im Judentum unbekannt ist. Nach dieser Erbsünde erfüllt der Christ die Gebote nur, indem er auf Gottes Lohn hofft – und nicht aus Liebe zu Gott. Daraus ergibt sich der christliche Glaube, dass nur Gottes Liebe – die durch Christus offenbarte Liebe – die Menschen erlösen kann. Durch den Opfertod Jesu Christi «bekundete Gott seine grenzenlose Solidarität mit den Menschen, und durch dessen Auferstehung von den Toten schenkte er ihnen die Hoffnung auf seine Gnade und die Wiederherstellung ihrer Gottesnähe».[4] Eine solche Gottesliebe bedeutet mehr als die Barmherzigkeit Gottes, von der das Alte Testament spricht. Darüber hinaus verbindet sich mit der heilsgeschichtlichen Botschaft Christi die dem Judentum fremde Vorstellung vom trinitarischen Moment des christlichen Monotheismus, wonach Gott in Christus Mensch wurde und beide durch den Heiligen Geist verbunden sind, der nach Christi Tod die Gläubigen tröstet.

Der Islam und das Christentum

Die Verbindung des Islam zum Judentum und zum Christentum zeigt sich besonders darin, dass der Koran in religionsgeschichtlicher Betrachtung bis auf Abraham und Adam zurückgeht – obwohl der Islam als Religion erst im 7. Jahrhundert in Arabien entstand. Die islamische Religion, die Gehorsam gegenüber dem Willen Allahs fordert, erhält dem Koran zufolge ihre Formulierung durch Abraham, sie wird von hebräischen (israelitischen) Patriarchen angekündigt und erfährt in der Erscheinung Jesu Christi im 1. Jahrhundert in Palästina einen ersten Höhepunkt. Zur gleichen Zeit treten in verschiedenen nicht-jüdischen Gemeinschaften arabische Gestalten auf – ein Prozess, der über die ismaelitische Linie in Mohammed kulminiert.[5] Mit anderen Worten: Der Koran kennzeichnet den Islam als Glauben an die Offenbarung Mohammeds und aller früheren Propheten – wie Abraham, Moses und Jesus – und stellt damit eine Identität der Botschaft her. In der Sura Al-'Imrân 84[6] heißt es: «Wir glauben an Allah und an das, was auf uns herabgesandt worden ist, und was herabgesandt worden ist auf Abraham und Ismael und Isaak und Jakob und die Stämme (Israels), und was gegeben worden ist Moses und Jesus und den Propheten von ihrem Herrn; wir machen keinen Unterschied zwischen ihnen, und Ihm sind wir ergeben.» Der Gott der Juden und Christen und der Gott der Muslime «ist Einer», so die Sura Al-'Ankabut 46. Innerhalb der Religionsgemeinschaften steht die islamische in der Mitte der anderen; sie erklärt den Menschen, «was ihnen herabgesandt wurde …» (Sura An-Nahl 44). Die religiöse Toleranz, die aus diesen Koranzitaten spricht, wird vor allem durch die Sura Al-'Imrân 85 als abrogiert bezeichnet: «Und wer eine andere Religion als den Islam begehrt: nimmer soll sie von ihm angenommen werden, und im Jenseits wird er unter den Verlierern sein.» Zudem zeigt sich für den christlich-islamischen Dialog eine Ambivalenz: Zum einen nimmt der Islam alle Offenbarungsreligionen in sich auf; zum anderen müssen sich alle früheren Offenbarungsschriften am Koran messen lassen. Denn der Islam begreift sich als die abschließende, authentische Offenbarungswahrheit.

Die koranische Offenbarung dient zudem als Grundlage, um die ursprüngliche Einheit der Gottesoffenbarungen erneut zu errichten. In der Sura Al-Baqara 113 heißt es: «Allah wird ... am Tag der Auferstehung zwischen ihnen über das richten, worüber sie gestritten haben.» Und in der Sura Al-Mâ'ida 48 steht zu lesen: «Und wenn Allah gewollt hätte, hätte Er euch zu einer einzigen Gemeinde gemacht. Er wollte euch aber in alledem, was Er euch gegeben hat, auf die Probe stellen. Darum sollt ihr um die guten Dinge wetteifern. Zu Allah werdet ihr allesamt zurückkehren; und dann wird Er euch das kundtun, worüber ihr uneins waret.» Auf diesen Worten beruht die traditionelle Möglichkeit, dass sich «Leute des Buches» nicht unbedingt zum Islam bekennen müssen, wie dies die «Ökumenischen Überlegungen» des ÖRK über die «Beziehungen zwischen Christen und Muslimen» von 1992 feststellen. Es muss allerdings betont werden, dass der Islam als abschließende Offenbarung mit dem interreligiösen Dialog die islamisch verstandene Mission verbindet. Darüber hinaus bleibt die Möglichkeit der individuellen Bekehrung des Christen, auch ohne formell Muslim zu werden, bestehen; damit ist man jedoch nur ein «Teilgläubiger» (A. Theodor Khoury).

In diesem Kontext erfährt der Fideismus, die theologische Lehre, nach der der Glaube keiner rationalen Begründung bedarf, eine besondere Bedeutung im Dialog zwischen dem Islam und dem Christentum, da der Islam ebenfalls den Fideismus vertritt. Dem Glauben kommt gegenüber der Vernunft die Priorität zu. Mit Shabbir Akhtar lässt sich feststellen, dass in theologischen Fragen der Glaube in zweierlei Weise die Macht und die Grenzen der Vernunft bestimmt. Ein von der göttlichen Gnade nicht erleuchteter Intellekt vermag den Glauben nicht zu bewerten, während ein von der göttlichen Gnade erleuchteter Intellekt den Glauben positiv betrachten kann.[7] In seinem Impuls, nicht immer in seinem Gehalt, wird der Fideismus im muslimischen Denken mit dem Fideismus des Christentums identisch – mit dem Unterschied, dass das christliche Vermögen der Vernunft durch den Sündenfall nur sporadisch besteht. Der orthodoxe Islam beinhaltet deshalb nicht jene besondere Form des Fideismus, wie sie namentlich die evangelischen Christen kennen. Die muslimische Sicht kommt der katholischen Sicht des Hl. Augustinus nahe, der später, über den Hl. Thomas von Aquin, das christliche Denken des Mittelalters bestimmte. Damit lässt sich summa summarum sagen, dass der Vorrang des Glaubens ebenso ein Merkmal des orthodoxen islamischen wie des orthodoxen christlichen Denkens ist.

Es existieren freilich auch Probleme in der Dialogbereitschaft des Islam mit dem Christentum. So nennt Kurt Hübner für den Dialog mit dem arabischen Islam drei Grundpositionen[8]: Der Dialog wird nur als möglich betrachtet, wenn das Christentum die «Wahrheit» der islamischen Überlieferung und die «Verfälschung» seiner eigenen – vom Koran überholten – Lehren wahrnimmt. Zum Zweiten ist der Dialog nur als Wettbewerb über den Wahrheitsgehalt und über die Überzeugungskraft der jeweiligen Religion möglich. Und schließlich wird der Dialog zwischen den drei monotheistischen Religionen als notwendig bezeichnet, weil sie auf gemeinsamer Grundlage beruhen. Man hat zu Recht betont, dass nur die letzte Position als dialogfähig eingeschätzt werden kann. Dies hängt zu einem Großteil damit zusammen, dass die überwiegende Mehrheit der Muslime zu einem interreligiösen Dialog nur auf der Grundlage der koranischen Religionstheologie bereit ist.

Die stärkste Gefährdung eines interreligiösen Dialogs lässt sich in der erwähnten «Verfälschung» der christlichen – vom Koran angeblich überholten – Lehren sehen, zu denen die Trinität und der Kreuzestod Jesu zählen. In Bezug auf den Gottessohn Jesus bestreitet der Koran, dass Gott, der Eine und Einzige, einen Sohn haben (zeugen) kann. In der Sura Al-Ihlâs heißt es:» Er ist Allah, ein Einziger, Allah, der Absolute (Ewige Unabhängige, von Dem alles abhängt). Er zeugt nicht und ist nicht gezeugt worden, und ihm ebenbürtig ist keiner.» Dass die Christen als «Buchbesitzer» in Jesus den Gottessohn sehen,[9] beurteilt der Koran als einen eminenten Falschglauben, der die Christen auf eine Stufe mit den Ungläubigen stellt. Als gleichermaßen verwerflich deutet der Koran die christliche Trinität (s. Sura Al-Mâ'ida 73), die im Islam als Glaube an drei Götter interpretiert und als Rückfall in die heidnische Vielgötterei betrachtet wird. In der Sura An-Nisâ' 171 richtet sich der Koran an die Christen mit den Worten: «O Leute der Schrift, übertreibt nicht in eurem Glauben und sagt von Allah nichts als die Wahrheit. Wahrlich, der Messias, Jesus, Sohn der Maria, ist nur der Gesandte Allahs und Sein Wort, das Er Maria entboten hat, und von Seinem Geist. Darum glaubt an Allah und an Seine Gesandten, und sagt nicht: ‹Drei›. Lasset (davon) ab – (das) ist besser für euch. Allah ist nur ein einziger Gott.» Schließlich wird, wie erwähnt, auch der Kreuzestod Christi vom Islam als eine Verfälschung angesehen. Nach islamischem Verständnis kann ein Gesandter Gottes nicht gekreuzigt werden. Deshalb vermeinen muslimische Gelehrte, dass ein anderer, Jesus ähnlicher Mann, den Kreuzestod erlitt. Jesus selbst ist ihnen zufolge gen Himmel gefahren. Er wird wiederkehren und als Muslim in Jerusalem leben und alles zurückweisen, was dem muslimischen Glauben widerspricht.

Dass die Christen in der islamischen Bewertung des Korans eine Bedrohung für den interreligiösen Dialog sehen, wird verständlich, wenn man sich dieser Bewertung etwas näher zuwendet: Der Koran ist nach islamischem Verständnis diejenige Offenbarung Gottes, die alle vorausgegangenen einbeschließt, sie ablöst und vollendet. Dass sich Gott zuvor den Juden und den Christen offenbarte, bestätigen der Pentateuch, die Evangelien und der Koran. An den Stellen jedoch, wo Juden und Christen ihre göttliche Botschaft «verfälscht» haben, stellt der Koran ihre ursprüngliche Reinheit wieder her. Ähnlich verhält es sich mit Mohammed, dem Propheten, den die Muslime als das Siegel der Propheten verehren – als den letzten und bedeutendsten Propheten, der die Prophetengeschichte, zu der den Muslimen zufolge auch Jesus zählt, abschließt. Nach christlichem Verständnis jedoch kann Mohammed nicht der Träger einer Offenbarung sein, die Christus gleichsam überholt. Aus christlich-theologischer Sicht lässt sich das Prophetentum Mohammeds nicht bestreiten; es bleibt jedoch fraglich, ob man hier von einer Entsprechung zwischen Mohammed und den alttestamentlichen Propheten reden kann. So erscheint es angebrachter, Mohammed als Prediger des Gerichts in der Tradition der Heidenpredigt im Sinne des ersten Briefes an die Thessaloniker 1,9 einzubeziehen, wo es um die Bekehrung der Götzen zu Gott geht, «um dem lebendigen und wahren Gott zu dienen …»

Mit Reinhart Hummel lässt sich ein Problem darin erkennen, dass für den Islam die Einheit der Offenbarung und die Einheit Gottes eng verbunden sind. Der Umstand, dass der Gott der Christen und der Gott der Muslime Einer ist (s. Sura Al-'Ankabut 46), bewirkt im koranischen Kontext die Einheit der an das Christentum und an den Islam ergangenen – von den Christen jedoch angeblich verfälschten – Offenbarung. Dieser Zusammenhang muss bei der Frage, ob Christen und Muslime den gleichen Gott anbeten, berücksichtigt werden. Hierzu nur einige Hinweise: Auf der volkstümlichen Ebene gründet die Frage, ob «Gott» und «Allah» identisch sind, auf einem unreflektierten Polytheismus, «der von der Pluralität der Gotteserfahrungen und -vorstellungen auf die Pluralität von Göttern, von Stammesgöttern sozusagen, zurückschließt, wenn er nicht sogar Allah irrtümlich für den Namen eines individuellen Gottes hält».[10] Demgegenüber ist auf die Kontinuität der von Israel ausgehenden Gottesgeschichte hinzuweisen. Und zudem sind nach dem Christentum alle Gottesvorstellungen und Religionen auf denselben Gott bezogen. Daraus resultiert allerdings nicht die Möglichkeit, die «verschiedenrangigen» Gottheiten der einzelnen Religionen mit dem Gott der Bibel gleichzusetzen. Die einzelnen Religionen schließen die Eventualität ein, dass menschliches Gottsuchen den wahren Gott nicht erreicht – im Unterschied zur hinduistischen Religionssynthese, nach der der Mensch sich von Wahrheit zu Wahrheit vorwärts bewegt.

Neben der Gottesfrage ist bedeutsam, was Zirker[11] und Hummel das Endgültigkeitsbewusstsein genannt haben, das dem Christentum wie dem Islam gemein ist. Eine Entlastung in dieser Problematik kann aus der Einsicht erwachsen, dass sich das Judentum, das Christentum und der Islam, einmal ungeachtet der Beerbungsproblematik, gegenseitig ergänzen. Louis Massignon hat im Anschluss an den ersten Brief an die Korinther 13 das Judentum als Religion der Hoffnung, das Christentum als dasjenige der Liebe und den Islam als die Religion des Glaubens bezeichnet. Und auf islamischer Seite hat der schiitische Theologe Seyyed Hossein Nasr[12] die drei Religionen als die Religion der Gottesfurcht, die der Gottesliebe und den Islam als die der Gotteserkenntnis einander zugeordnet. Im Rückgriff auf die islamische Unterscheidung von Scharia (Gesetz) und Tariqa (Weg, insbesondere mythischer Weg) deutet Nasr das Judentum als den gesetzlichen und exoterischen Aspekt der abrahamitischen Tradition, das Christentum als deren esoterischen Aspekt und den Islam als Integration beider Aspekte und als Wiederherstellung ihrer ursprünglichen Einheit.

In der Auffassung Seyyed Hossein Nasrs, der Islam sei die Religion der Gotteserkenntnis und die Integration des jüdischen und des christlichen Aspekts in Bezug auf die Unterscheidung von Scharia und Tariqa, zeigt sich erneut das Endgültigkeitsbewusstsein, das den Islam prägt. Wenn man zudem mit Shabbir Akhtar[13] die traditionelle christliche Frömmigkeit betrachtet, dann ist es unmöglich zu glauben, dass Christen wie der Hl. Paulus bewusst wünschen, Allah bzw. Gott zu entehren, wenn sie bekennen: «Christus ist unser Herr». Dass eine solche «kraftvolle dissidente Frömmigkeit» (Shabbir Akhtar) außerhalb des Islam existiert, ist für Muslime religiös beunruhigend. Doch es gibt sie – jenseits allen islamischen Endgültigkeitsbewusstseins. Wenn man sich darüber hinaus mit dem Judentum befasst, ist man von den zahlreichen Menschen beeindruckt, die eine tiefe Frömmigkeit zeigen. Und wenn man sich schließlich den nicht-theistischen östlichen Religionen zuwendet, so trifft man auf eine andere Metaphysik, aber auf ein ähnliches Bemühen um moralische Vollkommenheit. Obwohl dort eine zyklische – statt einer linearen – Sicht der Geschichte besteht und die Menschen auf das Rad der Wiedergeburten bis zu ihrer endgültigen Befreiung gebunden sind, so beinhaltet ihr Leben doch all die «moralischen Tugenden», die auch den theistischen und nicht zuletzt den islamischen Glauben durchherrschen. Nicht miteinander zu rivalisieren, sondern sich an die Empfehlung des Korans zu halten, sollte wesentlich sein – entsprechend der Sura Al-Baqara 148: «Jeder hat eine Richtung, der er sich zuwendet. So wetteifert miteinander in guten Werken. Wo immer ihr auch seid, Allah wird euch allesamt zusammenführen; wahrlich, Allah hat Macht über alle Dinge.»

Im Kontext des religiösen Pluralismus ist es für den interreligiösen Dialog bedeutsam, den Beitrag des Islam für das christliche Selbstverständnis – und umgekehrt – näher zu betrachten. So kann der Islam das Christentum erstens auf die wichtige Gottesfrage lenken, die in der Begegnung mit dem Buddhismus allzu rasch durch die Frage nach dem Menschen und seinem Heil eine sekundäre Bedeutung annimmt, und zweitens auf den «öffentlichen Anspruch des Evangeliums» (Reinhart Hummel). In den Worten Theo Sundermeiers: Die Herausforderung des Islam liegt darin, dass er das «mühselig aufgebaute Arrangement von Religion und Gesellschaft, von Kirche und Staat stört».[14] Hierbei bleibt allerdings die Endgültigkeitsproblematik ausgespart. Wendet man sich ihr erneut zu, so zeigt sich, dass sich das islamische Endgültigkeitsbewusstsein in der Abneigung gegen die Missionierung des Christentums dokumentiert. Mit Recht hat Reinhart Hummel darauf hingewiesen, dass der Islam wegen seines «ausgeprägten Gemeinschaftscharakters» und seiner «Verbindung von Religion und Gesellschaft» besonders sensibel gegenüber allem ist, was er als «Proselytismus» – als fragwürdige Formen von bekehrender Tätigkeit – betrachtet. «Im Einzelfall ist schwer zu entscheiden, ob theologische Motive oder gesellschaftliche Abwehrmechanismen gegen alles Fremde dabei ausschlaggebend sind. Jedenfalls stellt das Verlangen nach individueller Freiheit des Religionswechsels den Islam vor schwere religiöse, gesellschaftliche und rechtliche Probleme ...»[15]

Es lässt sich davon ausgehen, dass der Islam, seitdem er sich mit nachislamischen Traditionen auseinander setzen muss, für jene Probleme ein größeres Verständnis aufbringt, die dem Christentum aus islamischen Beerbungsansprüchen erwachsen. Auch ist in diesem Zusammenhang die Frage eines Missionsverzichts anzusprechen. Ein solcher Missionsverzicht würde im Verhältnis zum Islam die unterschwellige Anerkennung des islamischen Endgültigkeitsanspruchs bedeuten. Ein christlicher Missionsverzicht sollte deshalb weder von muslimischer Seite als Vorbedingung für einen interreligiösen Dialog gefordert noch von christlicher Seite erbracht werden. Die Diskussion über den Proselytismus dagegen «muss weitergehen und zu einer wechselseitigen Übereinkunft über den

Verzicht auf unangemessene Missionierungsmethoden führen»[16].

Von Bedeutung können hier die erwähnten «Ökumenischen Überlegungen» über die «Beziehungen zwischen Christen und Muslimen» sein: «Eine häufige Ursache von Spannungen zwischen Christen und Muslimen ergibt sich aus der Tatsache, dass sowohl Islam als auch Christentum auf Mission (da'wa) ausgerichtete Religionen sind; beide glauben, dass sie von Gott dazu berufen sind, andere zur Annahme gerade ihres Glaubens einzuladen. Dieses Recht und diese Pflicht dürfen nicht geleugnet werden. Doch sollten Muslime und Christen in ihrem Verlangen, ihren Glauben auszubreiten und andere zur Erkenntnis und Anbetung Gottes zu führen, versuchen, ihre Mission so zu gestalten, dass Freiheit und Würde anderer Menschen geachtet werden und die Harmonie zwischen den Glaubensgemeinschaften bewahrt bleibt.»[17]

Hinduismus, Buddhismus und das Christentum

Ein religiöser Dialog zwischen dem Christentum und dem Hinduismus und dem Buddhismus kündigt sich bereits deshalb als schwierig an, weil das Christentum und die beiden anderen Religionen vor allem in der Erkenntnisquelle nicht übereinstimmen, da das Christentum der Offenbarung entspringt, während die Erkenntnisquelle des Hinduismus und des Buddhismus die Metaphysik ist. Zudem besteht der Umstand, «dass man nicht Christ sein und gleichzeitig an das Samsāra und an das Karma glauben kann».[18] Denn die christliche Heilsgeschichte konzentriert sich ganz auf das von Gott geschaffene konkrete Individuum hic et nunc. Hinzu kommt, dass das Christentum den Status corruptonis und die Erlösungsbedürftigkeit mit der Schöpfungsgeschichte und dem Sündenfall verbindet, während die dem christlichen Status corruptionis analoge Existenz auf dem Rad des Lebens, worauf der Mensch nach hinduistischer und buddhistischer Auffassung gebunden ist, auf einem ontologisch-metaphysisch begründeten Weltgesetz beruht. Des Weiteren divergiert die Vorstellung von der Erlösung, die christlich aus der Heilsgeschichte resultiert – vor allem in Bezug auf die Erlösung von der Erbsünde durch Christus –, während im Hinduismus und im Buddhismus die Erlösung essentiell eine Selbsterlösung ist.

Neben diesen Unterschieden besteht auch eine Gemeinsamkeit zwischen dem Christentum und dem Hinduismus und dem Buddhismus, die ersichtlich wird, wenn man ihre konnotative Seite einbeschließt, die dem Hinduismus und dem Buddhismus über deren metaphysische Verfassung hinaus das Gepräge einer Religion verleiht. Hier ist es vor allem der Bereich der Mystik, bei dem sich von einer Gemeinsamkeit sprechen lässt, aber auch der hinduistische und buddhistische Kult, in dem sich mystische Elemente mit der Metaphysik vereinen. An dieser Stelle ist eine interessante Annäherung versucht worden. Vor allem erkennen katholische Theologen in der mystischen Einheitserfahrung eine innere Nähe zur christlichen Botschaft. Vergleichbare Überlegungen auf evangelischer Seite zeigen sich bei Michael von Brück, der «in beiden, der östlichen All-Einheitsschau und der christlichen Trinitätslehre, nur unterschiedliche Symbole für die ‹Einheit der Wirklichkeit› und für eine holistische Welterfahrung sieht».[19]

Mit Blick auf die Widersprüche und die Gemeinsamkeiten der drei Religionen resultiert aus der Sicht des Christentums ein theologischer Grundsatz, auf den sich seine Toleranz den anderen Religionen gegenüber stützt. Er lässt sich mit Kurt Hübner wie folgt beschreiben: «Bedingt durch den Status corruptionis, leuchtet nicht allen das göttliche Licht der Offenbarung in der gleichen Klarheit.»[20] Ergänzt man diese Aussage durch das allgemeine Liebesgebot, dann lässt sich christliche Toleranz gegenüber dem Hinduismus und dem Buddhismus folgendermaßen resümieren: Das Christentum als Evangelium der Liebe verwehrt die Unterdrückung der beiden Religionen.

Des Weiteren dokumentiert sich christliche Toleranz darin, dass sie prinzipiell das Absolute achtet, auch wenn es den Christen – wie im Hinduismus und Buddhismus – unzulänglich oder fremd erscheint. Und schließlich gründet sich christliche Toleranz «auf die Ehrfurcht vor jener Ehrfurcht, die das Leben des Hindu oder des Buddhisten erfüllt» (Kurt Hübner). Damit endet aus christlicher Sicht die Toleranz dort, wo der Hinduismus oder der Buddhismus den Evangelien widersprechen.

Schließlich bleibt noch, die Beziehung des Konfuzianismus und des Daoismus zu den dargelegten Religionen, vor allem zum Christentum, aufzuzeigen. Was Konfuzius anbelangt, so muss man zunächst die wichtigste Kardinaltugend: die Menschlichkeit (ren), erwähnen, die der Einzelne verkörpert, wenn er die anderen Menschen liebt. Doch diese Liebe ähnelt nur wenig der christlichen Nächstenliebe. Und dies deshalb, weil sie den Edlen dazu auffordert, alle Menschen zu lieben, ihn aber verpflichtet, sie nicht unterschiedslos zu behandeln, sondern so, wie sie es aufgrund ihres Verhaltens verdienen. Eine ähnliche Problematik weist die zweite Kardinaltugend, die Sittlichkeit (li) auf, die in Bezug auf die Integration in Gesellschaft und Staat die gleichzeitige Wahrung der persönlichen moralischen Integrität verspricht, sie jedoch letztlich einem ethisch-politischen Elitismus unterstellt. Auch muss berücksichtigt werden, dass der Konfuzianismus keine Religion, sondern eine Morallehre mit religiösen Elementen ist – im Unterschied zum Daoismus, der als Chinas authentische Religion bezeichnet werden kann und dessen Lehren von Laotse geprägt wurden. Der Dao, dem das Yang und das Yin, der Lebensatem und die gesamte Mannigfaltigkeit des Universums, entspringen, stellt das metaphysische Wesen des Seins dar. Diese Metaphysik steht genauso wie die des Hinduismus und des Buddhismus in ständiger Spannung zum Mythischen. Insgesamt ist der Daoismus dem Christentum weit ferner als der Hinduismus und der Buddhismus.

2. Prämissen und Perspektiven eines interreligiösen Dialogs

Gegenwart und Zukunft stehen im Zeichen religiöser Konflikte, denen nur ein interreligiöser Dialog entgegenwirken kann – ein Dialog, der von einem religiösen Pluralismus geprägt sein muss. Dieser Pluralismus als ein normativer Begriff zielt auf die Toleranz, die den Religionen diesseits des Hindukusch schwerer fallen dürfte als den Religionen Asiens mit ihrer größeren Fähigkeit zur Toleranz. Damit verbindet sich freilich keine Minderung religiöser Eigenständigkeit. Denn die Reaktionen der jeweiligen Religionen, ihre Stellung zum religiösen Pluralismus sind ernst zu nehmen, vor allem wenn sie zur Substanz einer Religion zählen. Was den interreligiösen Dialog selbst anbelangt, so bedarf er der genauen Kenntnis der Dialogpartner. Und dies gilt vor allem für den Islam, den Hinduismus, den Buddhismus und den Konfuzianismus, während das Judentum und das Christentum weit stärker bekannt sind, aber auch zu den Religionen zählen, die – wie der Islam – einen interreligiösen Dialog erschweren. Nachfolgend sollen die hierfür relevanten Problemfelder aufgezeigt werden. Galten die bisherigen Überlegungen den religions-immanenten Fragen, so ist jetzt auf die konkrete Dialogbereitschaft und auf die bestehenden religiösen Konflikte einzugehen.

2.1. Das Judentum und das Christentum im Dialog

Oben war die Rede davon, dass das Judentum einen interreligiösen Dialog erschweren könnte. Diese Aussage muss auf den Dialog zwischen dem Christentum und dem Judentum eingeengt werden: Wenn man von einer Grundwahrheit des jüdischen Glaubens sprechen kann, die die jüdische Tradition uneingeschränkt durchherrscht, so ist es das «Schema Israel»: «Höre Israel! Jahwe, unser Gott, Jahwe ist einzig» (Deuteronomium 6,4). Dieses Bekenntnis zur Einzigkeit Gottes beinhaltet die Ablehnung jedes Dualismus und vor allem die der christlichen Trinität – eine Ablehnung, die in späteren Jahrhunderten durch den eindeutigen Monotheismus des Islam und dessen Zurückweisung des Christusglaubens eine Bestätigung für die Juden fand.[1] Mit dieser Problematik sollte freilich ein interreligiöser Dialog nicht beginnen. Als geeigneter erweist sich die gemeinsame Wurzel des Judentums und des Christentums, die jüdische Basis des Christentums. Und da Jesus und seine Anhänger Juden waren, hat sich eine bis heute währende Gemeinsamkeit herausgebildet, die den Glauben an den einen Gott, das Alte Testament, das die Grundlage gemeinsamer Werte bildet, den Gottesdienst, in dem die Psalmen, die Gebete und Lesungen zu nennen sind, und schließlich das Ethos der Gerechtigkeit sowie die Gottes- und Nächstenliebe umfasst.

Trotz dieser zahlreichen Gemeinsamkeiten in Bezug auf einen jüdisch-christlichen Dialog ist zwischen den beiden Religionen kein Geringerer als der Jude Jesus zum Problem geworden. Nicht unmaßgeblich hat hierzu die deutsche Bischofskonferenz mit ihrer Erklärung beigetragen: «Der wesensgleiche Sohn Gottes» erscheine «vielen Juden» als «etwas radikal Unjüdisches», als «etwas dem strengen Monotheismus, wie er besonders im ‹Schema Israel› für den frommen Juden täglich zur Sprache kommt, absolut Widersprechendes, wenn nicht gar als Blasphemie»[2]. Mit Recht hat Hans Küng die Frage gestellt, was wohl der Jude Jesus von solchen «dogmatischen Formulierungen der griechisch-hellenistischen Christenheit über seine ‹Wesensgleichheit mit Gott›» gehalten hätte.[3] Die jüdischen Gelehrten vertreten insgesamt die Auffassung, dass Jesus als Jude so etwas niemals hätte von sich sagen können – Jesus, von dem der Satz stammt: «Warum nennst du mich gut? Niemand ist gut außer Gott, dem Einen» (Evangelium nach Markus 10,18). In diesem Kontext sollte, wie das Hans Küng vorgeschlagen hat, die deutsche Bischofskonferenz den jüdisch-christlichen Dialog nicht «von oben», von der Christologie der Konzilien, sondern «von unten», von den damaligen Menschen her führen. Es bleibt beispielsweise zu fragen, wie die Jünger Jesu ihn verstanden haben, ob sie von einem Messias oder von einem himmlischen Gottessohn ausgingen und nicht vielmehr von einem jüdischen Menschen. Das eigentlich Trennende lässt sich auf die letzten 48 Stunden vom Nachmittag des Karfreitags an zurückführen. Hierauf beruht nahezu die gesamte Christologie.

Der Antijudaismus
Im vorletzten Absatz wurde auf Jesus und seine jüdischen Anhänger verwiesen, durch die eine bis heute andauernde Gemeinsamkeit zwischen dem Judentum und dem Christentum besteht. Nachträglich ist hinzuzufügen: trotz einer für die Juden grauenhaft-konfliktreichen Geschichte, die nicht erst mit dem Holocaust begann und im jüdisch-christlichen Dialog mit besonderer Sensibilität anzugehen ist. Das trifft bereits für den Antijudaismus zu, den manche Theologen im Neuen Testament, namentlich im Evangelium nach Matthäus sehen, in dem eine antithetische Position zu den Juden in der Szene aus dem Prozess gegen Jesus bezogen wird. In seinem Evangelium 27,24 f. beschreibt Matthäus diesen Vorgang wie folgt: «Als Pilatus sah, dass er nichts erreichte, sondern dass der Tumult immer größer wurde, ließ er Wasser bringen, wusch sich vor allen Leuten die Hände und sagte: Ich bin unschuldig am Blut dieses Menschen. Das ist eure Sache! Da rief das ganze Volk: Sein Blut komme über uns und unsere Kinder! Darauf ließ er Barrabbas frei und gab den Befehl, Jesus zu geißeln und zu kreuzigen.» Hier wird deutlich: Pilatus glaubt nicht an die Schuld Jesu. So überträgt Matthäus der jüdischen Volksmenge den Schuldspruch für die Kreuzigung. Rolf Rendtorff[4] verbindet nun den – nur bei Matthäus zu findenden – Satz «Sein Blut komme über uns und unsere Kinder» mit einer Gleichniserzählung von einer Einladung zu einem festlichen Mahl. Im

Evangelium nach Lukas (14,16–24) kommen die Eingeladenen der Einladung nicht nach, woraufhin der Gastgeber Arme, Blinde und Lahme an seinem Festmahl teilhaben lässt. Im Evangelium nach Matthäus (22,2–7) verlagert sich diese Szene auf die politische Ebene. Bei ihm lädt ein König zur Hochzeitsfeier seines Sohnes Gäste ein. Die Eingeladenen lehnen jedoch die Einladung ab und misshandeln und töten zudem die königlichen Diener, die sie an die Einladung erinnern. «Da wurde der König zornig; er schickte sein Heer, ließ die Mörder töten und ihre Stadt in Schutt und Asche legen.» Nach Rendtorff lässt sich nicht bezweifeln, dass Matthäus dies im Rückblick auf die Zerstörung Jerusalems im Jahre 70 n. Chr. verfasst hat und so diese Zerstörung als Strafe für die Juden deutet. Derart erfüllt sich das, was die Volksmenge beim Prozess gegen Jesus gerufen hatte: Das Blut Jesu ist über sie gekommen.

Eine horrende Wende in der Einstellung der christlichen Kirche zum Judentum vollzog sich vor allem im 11. und 12. Jahrhundert. Höhepunkt dieses kirchlichen Antijudaismus war die Vierte Lateransynode von 1215 unter dem Pontifikat Innozenz III. Nicht also die Ausschreitungen während des Ersten Kreuzzugs in Palästina von 1099, sondern diese Synode brachte die erwähnte Wende. Die Juden als «Ungläubige» wurden als «Knechte der Sünde» gesehen und sollten nun Knechte der christlichen Fürsten sein. Die Lage der Juden verschlimmerte sich erheblich im 13. und 15. Jahrhundert. Nachdem man vergeblich versuchte, sie zu bekehren, wurden im 13. Jahrhundert in England Hunderte von Juden durch den Strang getötet und Tausende eingekerkert.⁵ Im Jahre 1290 schließlich vertrieb man alle Juden unter Konfiskation ihres Vermögens aus dem Land. In Spanien kam es im 15. Jahrhundert zur Inquisition, die – nachdem die Zielsetzung, die Juden, wenn nötig, mit Gewalt zu bekehren, gescheitert war – dazu führte, dass im Jahre 1481 in Gesamtspanien über 12 000 Juden verbrannt wurden. Ohne hier auf weitere Einzelheiten eingehen zu können, lässt sich sagen, dass der Antijudaismus in den nachfolgenden Jahrhunderten die Geschichte der christlichen Kirche bis zum Ende des Holocaust durchzog.

Der Holocaust

Das Wort «Holocaust», das das schreckliche Geschehen in den Vernichtungslagern Auschwitz, Treblinka, Sobibor, Belzec und Chelmno meint, erreichte als ein starkes Wort aus dem Buch Levitikus 1 der Bibel auf dem Umweg über die lateinische Fassung (holocaustum) des hebräischen Wortes ('ola) die deutschen Christen, die an die abstrakten und bürokratischen Begriffe wie «Endlösung» und «Massenvernichtung» gewöhnt waren. Das mit dem Holocaust gemeinte Phänomen, das zunächst mit «Auschwitz» umschrieben wurde, steht für eine von Terrorgewalt missbrauchte Rationalität; es versinnbildlicht die entgrenzte Machtanwendung eines Staatsapparates. Und vor allem zeigte Auschwitz das Versagen der christlichen Zivilisation, in deren Namen es erlaubt schien, zu morden, zu vernichten, auszurotten. Damit stellte sich die Frage, wie die Deutschen mit einer solchen Vergangenheit umgingen – jene Frage, die Alexander und Margarete Mitscherlich in ihrem Buch «Die Unfähigkeit zu trauern»[6] aus der Sicht der Psychoanalyse mit dem Hinweis auf die Abwehrmechanismen der Verleugnung, der Isolierung, der Verkehrung ins Gegenteil, des Aufmerksamkeits- und Affektentzugs beantworteten. So kam es zu einer De-Realisation der nationalsozialistischen Vergangenheit – zur Abwehr von Schuld. Es waren nur wenige, die auf das Versprechen «Niemals wieder» setzten, nur wenige, die, wie Theodor W. Adorno, davon sprachen, man könne nach Auschwitz keine Gedichte mehr schreiben.[7] Auch wer dieses Wort in seiner Stringenz nicht hinnehmen wollte, musste doch eingestehen, dass in diesem Diktum ein treffender Kern steckt.

Das, worauf es nach dem Holocaust ankommt, hat Richard von Weizsäcker, der damalige Bundespräsident und ehemalige

Präsident des Deutschen Evangelischen Kirchentages, vor dem Bundestag am 8. Mai 1985 in seiner Rede anlässlich des 40. Jahrestages der Beendigung des Zweiten Weltkrieges in die mahnenden Worte gefasst: «Jeder, der die Zeit mit vollem Bewusstsein erlebt hat, frage sich heute im Stillen selbst nach seiner Verstrickung.» Die Ausführung des vor der Öffentlichkeit abgeschirmten Holocaust-Verbrechens habe zwar in der Hand weniger gelegen. «Aber jeder Deutsche konnte miterleben, was jüdische Mitbürger erleiden mussten, von kalter Gleichgültigkeit über versteckte Intoleranz bis zu offenem Hass.» Richard von Weizsäcker stellte die Frage, wer nach den Bränden der Synagogen, den Plünderungen, der Stigmatisierung mit dem Judenstern, dem Rechtsentzug, «den unaufhörlichen Schändungen der menschlichen Würde» arglos bleiben konnte. Er erinnerte an den «Versuch allzu vieler ..., nicht zur Kenntnis zu nehmen, was geschah», und an die vielen Formen, «das Gewissen ablenken zu lassen, nicht zuständig zu sein, wegzuschauen, zu schweigen».[8] Der damalige Bundespräsident, der Christ und Humanist, wandte sich an die gesamte deutsche Bevölkerung, als er davon sprach: «Wir alle, ob schuldig oder nicht, ob alt oder jung, müssen die Vergangenheit annehmen. Wir alle sind von ihren Folgen betroffen und für sie in Haftung genommen ... Für uns kommt es auf ein Mahnmal des Denkens und Fühlens in unserem eigenen Innern an.»[9]

Der Vatikan im Nationalsozialismus

Dieses Denken und Fühlen, das der ehemalige Präsident des Deutschen Evangelischen Kirchentages von Weizsäcker ansprach, vermag von christlicher Seite her den Dialog zwischen dem Judentum und dem Christentum wesentlich zu erleichtern – ganz im Gegensatz zum Vatikan und seiner Rolle im Nationalsozialismus. In dieser Zeit währte von 1933 bis 1939 das Pontifikat Pius XI.; er war Papst seit 1922 und erlebte mithin auch die Machtergreifung der Faschisten in Italien. Ihm folgte 1939 Pius XII., dessen Pontifikat 1958 endete. Von den zahlreichen Konkordaten in dieser Zeit sind zwei besonders bedeutsam: die 1929 mit Mussolini vereinbarten Lateranverträge und das von Hitler angestrebte Reichskonkordat von 1933. In beiden Konkordaten ging es um kirchliche Belange und nicht um eine Legitimation der politischen Systeme.[10] Beide Konkordate verpflichteten den Vatikan zur Neutralität gegenüber der jeweiligen Politik – ein Umstand, der sich im Verhalten – besser: im Schweigen – der beiden Päpste alsbald dokumentierte.

Nach dem «Anschluss» Österreichs an das Deutsche Reich im März 1938 kam es zu massiven Ausschreitungen gegen die Juden, worauf der amerikanische Präsident Roosevelt im Juli 1938 eine internationale Konferenz einberief. Die Vertreter aus 32 Ländern erörterten mehrere Tage lang ergebnislos eine Möglichkeit, die jüdischen Flüchtlinge in den benachbarten Ländern aufzunehmen. Auf die Frage, warum der Papst mit seiner internationalen moralischen Autorität nicht die Konferenz unterstütze, gab es damals drei Antworten: Zum Ersten existierte im römischen Katholizismus ein ausgeprägter Antijudaismus. Zum Zweiten war Pius XI. im Sommer 1938 bereits schwer krank. Und zum Dritten berief sich der Papst auf das Prinzip des Vatikans, nicht als ein Staat neben anderen bei Konferenzen mitzuwirken. Als der Antisemitismus stark zunahm, verfasste im Auftrag des Papstes der amerikanische Jesuit John LaFarge eine Enzyklika gegen den nationalsozialistischen Rassismus, die unter dem Titel «Humani generis unitas» im Herbst 1938 vorlag. Der Text verwarf den nationalsozialistischen Rassismus und vor allem den Antisemitismus mit theologischen Gründen, verteidigte jedoch gleichzeitig den theologischen Antijudaismus, dessen Substanz darin besteht, dass das historische Judentum verworfen wird, weil es Jesus als Messias nicht anerkannte. Damit wurde dem Nationalsozialismus gleichsam eine weitere Begründung für die von ihm betriebene Judenverfolgung erteilt.

Nachdem Eugenio Pacelli im März 1939 das Pontifikat übernahm, trat ein Mann die Nachfolge von Papst Pius XI. an, der dessen Kardinalstaatssekretär und engster Vertrauter gewesen war. Insofern konnte man auch von ihm kein anderes Verhalten als das Schweigen erwarten. Als im März 1939 Prag besetzt und der Rest der Tschechei annektiert wurde, verfolgte Pius XII. eine recht schwache diplomatische Aktivität, um dann beim deutschen Überfall auf Polen ganz zu schweigen – ebenso wie 1940 beim deutschen Angriff auf Belgien, Luxemburg und auf die Niederlande. Als daraufhin alle Welt einen intensiven Protest des Papstes erwartete, beschränkte sich Pius XII. auf persönliche Beileidstelegramme an die drei regierenden Häuser, die nach England ins Exil gingen.

Die Politik der strikten Neutralität, wie der Vatikan das Schweigen des Papstes nannte, zeigte sich auch, als im Juni 1940 Mussolini Frankreich und Großbritannien den Krieg erklärte. Pius XII. proklamierte die Besinnung auf die eigentliche Wahrheit als weltüberwindende Kraft, während seit 1942 auch im Vatikan das bisherige Wissen zur Gewissheit wurde, dass die Deportationen der europäischen Juden in den Osten in den Tod führten. Dieser Völkermord an den Juden veranlasste zahlreiche Politiker, unter ihnen die Botschafter im Vatikan, dem Papst eine öffentliche Verurteilung nahe zu legen. Im Dezember 1942 kam es zu einer Erklärung, in der die Vereinigten Staaten, Großbritannien und die Sowjetunion die Vernichtung der Juden strikt verurteilten und in der der Papst dringend darum gebeten wurde, die Erklärung der Alliierten durch eine ähnliche Stellungnahme zu unterstützen. Pius XII. weigerte sich. – Rolf Hochhuths Stück «Der Stellvertreter» bringt diese und die weitere Wahrheit zutage.

2.2. Das Christentum im Dialog
Der Vatikan heute und «Christsein als radikales Menschsein»

Selbstkritik, die Voraussetzung für jeden Dialog zwischen den Religionen, wird vom Christentum mit Blick auf die heutige Haltung des Vatikans in Bezug auf die Entwicklungsgesellschaften gefordert. Papst Johannes Paul II. erwähnt zwar in seiner Sozialenzyklika «Centesimus Annus» mit Genugtuung das Scheitern der Sowjetunion und der Comecon-Staaten und übt berechtigte Kritik am Kapitalismus und an der Ausbeutung besonders in den Entwicklungsgesellschaften. Er weiß, dass eine Welternährungskrise unermesslichen Ausmaßes dazu führt, dass über ein Drittel der Menschen auf den Kontinenten des Südens hungert oder an Unterernährung leidet, dass dort 20 bis 25 Prozent der Kinder vor dem fünften Geburtstag sterben und für die große Masse der Bevölkerung Lebensumstände herrschen, die die menschliche Würde beleidigen. Umso mehr muss es befremden, dass sich Johannes Paul II. an diesem Massenelend mitschuldig macht, wenn er die weltweite Kampagne gegen Empfängnisverhütung und neuerdings auch gegen Kondome zur Aids-Bekämpfung fortsetzt.[1] Der Vatikan muss sich zu einem entschiedenen Umdenken bereit erklären, er muss die sich in den Entwicklungsgesellschaften vollziehende Gleichzeitigkeit von teils beachtlichen wirtschaftlichen Wachstumsraten und einem ebenso starken Verelendungswachstum erkennen – ein Phänomen, das sich dadurch erklärt, dass das ökonomische Wachstum nur äußerst sporadisch die Armutsgruppen erreicht. Indem die Ungleichheiten der Lebensbedingungen zwischen Kern- und Randregionen, zwischen Stadt und Land und zwischen den sozialen Schichten unberücksichtigt bleiben, wird auch das Armutsproblem übersehen – ein Problem, das die Ursache für viele andere Weltprobleme bildet: in Bezug auf das Bevölkerungswachstum, die Migration, die armutsbedingte Umweltzerstörung und nicht zuletzt die inner- und zwischenstaatlichen Verteilungskonflikte.

Eine weitere Aufgabe der Christen, und nicht nur der Kirchen, besteht heute darin, gegen die ungerechten Strukturen in den Gesellschaftssystemen anzukämpfen, ob in der Ausbildung, der Wirtschaft, in den Verbänden, den Parteien etc. Wenn dies unterbleibt, erweisen sich alle christlichen Programme von einem «neuen Menschen», einer «Neuschöpfung» als gesellschaftlich folgenlos. Mit Hans Küng lässt sich sagen, dass die Botschaft von Jesus Christus auf diese Veränderung, auf diesen neuen Menschen zielt. Sicherlich, Jesus hat – «ganz im Horizont der Naherwartung des Reiches Gottes» – kein Programm für eine Veränderung der sozialen Strukturen erstellt, weder für die Bereiche von Recht und Politik, noch für die allgemeine Emanzipation des Menschen. Aber es muss erkannt werden, dass Jesus in seiner Ablehnung von Gewalt kein Apologet des Bestehenden war. «Von Gottes Anspruch auf den Menschen her stellte er das religiös-gesellschaftliche System grundlegend in Frage, und nur insofern hatte seine Botschaft politische Implikationen.»[2] Doch diese politischen Implikationen sollten die Christen ermutigen und ermahnen, vor allem die westliche Demokratie mit kritischem Blick zu betrachten, denn sie steht in toto vor neuen – internen und externen – Herausforderungen, die ein selbstkritisches Überdenken ihrer Wertvorstellungen erforderlich machen. Intern zeigen sich gravierende Mängel in den westlichen Gesellschaften, in denen nicht nur die demokratischen Institutionen an Bedeutung verlieren, sondern auch die Maßstäbe für die Orientierung zu schwinden drohen. Extern verdeutlichen sich vor allem in den Entwicklungsgesellschaften auf den Kontinenten des Südens essentielle Probleme bei der Umsetzung westlicher Normen und organisatorischer Prinzipien, die den religiösen Dialog mit der so genannten Dritten Welt erheblich erschweren. Denn die Frage nach dem Grad der Akzeptanz des westlichen Demokratiemodells mündet in die Problematik, dass die in den Entwicklungsregionen immer noch bestehende strukturelle Gewalt durch eine weitere – die kulturelle – Gewalt ergänzt würde.

Das Christentum und die Islam-Diaspora
Ein besonderes Problem für Europa – namentlich für Deutschland – bildet die Islam-Diaspora. Hier gilt es, im Pro und Contra der Freunde und Feinde des Islam den beträchtlichen Unterschied zwischen dem Islam und dem Islamismus[3] zu erkennen, da der islamische Fundamentalismus den islamisch-christlichen Dialog massiv gefährdet. Die über drei Millionen Muslime in Deutschland – unter ihnen Islamisten, die einen totalitären Gottesstaat anstreben – wählten und wählen für ihre Migration Westeuropa, besonders Deutschland, in Bezug darauf, dass hier für die Fremden kaum konkrete Vorschriften bestehen. Mit Recht hat das amerikanische Magazin «Newsweek» vom 5. November 2001 auf diesen Sachverhalt hingewiesen: «Fundamentalistische Gruppen haben die liberale Asylgesetzgebung, die nicht zwischen der Religion des Islam und fanatischem Islamismus unterscheidet, ausgenutzt, um in den Genuss europäischer Freiheiten zu kommen und dadurch Vorteile für ihre Sache zu erlangen und diese voranzubringen. Sie missbrauchen die Toleranz, um Intoleranz zu predigen.» Zweifellos hat sich nach dem 11. September 2001 manches geändert. So wurden noch im Dezember desselben Jahres zwei Gesetzeswerke zur inneren Sicherheit erlassen, die jedoch – nach Kennern der Problematik wie Bassam Tibi[4] – nicht weit genug reichen.

Die Islamisten, die auf die Entwestlichung der Welt und auf die Vorherrschaft des Islam zielen, treten nach außen als gemäßigte Muslime auf. Um die Islam-Diaspora für ihre Ziele zu instrumentalisieren, gebrauchen sie nicht selten den Begriff «Hidjra», der sich «auf den Auszug des Propheten Mohammed aus Mekka im Jahre 622 nach Medina» bezieht, «von wo aus er seinen Djihad gegen die Kufar [den Unglauben] von Mekka führte ...»[5] Was sich konkret hiermit verbindet, wurde Anfang Oktober 2003 auf einer Veranstaltung in Berlin deutlich, zu der die im Zentralrat der Muslime organisierte Islamische Gemeinschaft in Deutschland geladen hatte. Vor 5000 Zuhörern forderte der Vorsitzende des Islamrats, Ali Kizilkaya: «Wenn die Muslime integriert werden sollen, sollen sie auch alle Freiheiten bekommen: sei es in Sachen Kopftuch, sei es in Sachen Schächten oder Religionsunterricht.» Wie sich diese Freiheit des Weiteren gestalten könnte, hatte bereits zuvor der ägyptische Imam Omar Abdel Kafi den Muslimen im Land der «Ungläubigen» mit den Worten geschildert: «Unsere wichtigste Aufgabe ist, den Islam zu verbreiten. Wir müssen die ganze Welt besiedeln und zum Islam bekehren.» Diese und andere aggressive Zielsetzungen islamischer Fundamentalisten dürfen nicht unterschätzt werden. Der Islamismus muss nicht erst dann entschieden zurückgewiesen werden, wenn er zum Terrorismus wird.

Namentlich die deutschen Gesinnungsethiker sind oft mehr darum bemüht, kein «Feindbild Islam» entstehen zu lassen, als darum, der Bedrohung der demokratischen Freiheit durch den Islamismus entgegenzusteuern. Möglicherweise ist es, wie Bassam Tibi mit Helmuth Plessner meint, bis heute nicht gelungen, die Neigung der Deutschen zu Extremen zu überwinden; möglicherweise ist das entgegengesetzte Extrem an die Stelle der Mentalität der Nationalsozialisten getreten, die alles Fremde dämonisierten. Jedenfalls kann der Islamismus hier zu Lande damit rechnen, dass ihm die deutschen Intellektuellen eine hohe Toleranz entgegenbringen – eine Toleranz, die im Islam mit Intoleranz einhergeht. So bleibt mahnend festzustellen, dass die Deutschen keine Integration islamischer Einwanderer erreichen, ohne den bedeutsamen Unterschied zwischen dem Islam und dem Islamismus gebührend zu beachten. Der

Islamismus sucht die Integration zu verhindern, indem er die Integrationsunwilligkeit massiv unterstützt.

Den Islamismus trifft man auch in den insgesamt 2500 Moscheen und Gebetshäusern in Deutschland an. Bereits die Namen der Moscheen, von denen hier zwei herausgegriffen werden, zeugen von einer recht aggressiven Einstellung.[6] Die große Moschee in Pforzheim nennt sich al-Fatih (Eroberer-Moschee) und erinnert damit an den mit Mitteln des Djihad-Krieges verfolgten Futuhat (Öffnung der Welt), der im Jahre 1453 zur Eroberung Konstantinopels durch Mehmed II. al-Fatih führte. Auch die größte türkische Moschee in Deutschland, die Selim-Moschee in Mannheim, trägt den Namen eines Eroberers. Mit Bassam Tibi lässt sich sagen, dass diese Namen Symbole darstellen, durch die sich die geschichtliche Kontinuität des islamischen Djihad verdeutlicht. Die Prediger dieser Moscheen sprechen unter den Muslimen vor allem die Islamisten an, die da glauben, über die Migration Europa islamisieren zu können.

Darüber hinaus reden Prediger, die auf die Djihad-Mobilisierung zielen, vom «Heiligen Krieg», ungeachtet dessen, dass nach dem Koran dieser Begriff nicht mit dem des Djihad gleichzusetzen ist. Auch erlaubt der Koran keine individuelle Gewalt, wodurch der Koran zweifach missachtet wird: zum einen durch den Begriff «Djihad» und zum anderen dadurch, dass einzelne Fundamentalisten durch Terror- und Selbstmordanschläge töten – im Zeichen der verblendeten Deutung des Djihad. Und vielleicht sollte in diesem Kontext auch betont werden, dass ein Dialog nur mit jenen Predigern durchführbar ist, die dialogbereit sind. Aber auch hier gilt das, was Bassam Tibi in die Worte fasste: «Djihad-Islamisten verfolgen eine Doppelstrategie: Einmal lehnen sie den Dialog mit dem ‹kreuzzüglerischen Westen› ab; in ihnen opportunen Zusammenhängen gehen sie jedoch durchaus darauf ein und ‹täuschen die Ungläubigen›»[7].

2.3. Das amerikanische Christentum und der Islam im Konflikt

Der 11. September 2001

Ein islamistischer Terroranschlag, der jeden interreligiösen Dialog durch kriegerische Konflikte ersetzen sollte, ereignete sich am 11. September 2001. An diesem Septembermorgen wurde ein terroristischer Angriff gleichzeitig in Manhattan und in Washington verübt. Vier Passagierjets waren gekapert worden, von denen zwei in die Türme des World Trade Center und einer in das Pentagon gesteuert wurden. Das vierte Flugzeug stürzte ab, bevor es sein – noch immer unbekanntes – Ziel erreichte. In Manhattan stürzten der Südturm nach etwa neunzig Minuten und der Nordturm nach zwei Stunden komplett ein, wobei sie über 2000 Menschen unter sich begruben. Zu diesen Toten kommen noch 266 Passagiere und etwa 300 Feuerwehrleute sowie 124 Menschen im Pentagon. Der tiefe Schock der Amerikaner und ihrer Nation, den diese Anschläge auslösten, lässt sich kaum in Worte fassen. Die Illusion von Sicherheit, in der sich die Vereinigten Staaten wähnten, war irreal geworden. Das World Trade Center in Trümmern, Teile des Pentagon in Flammen, das Weiße Haus evakuiert, die Flughäfen geschlossen: die Szene übertraf jene Fiktion der ins Meer stürzenden Freiheitsstatue in Roland Emmerichs Film «Independence Day».

Man muss sich ein paar Fakten vergegenwärtigen, um diesen Schock zu verstehen: In der rigorosen Einheit von Glauben und Politik hatte sich in den Vereinigten Staaten ein christliches Gemeinwesen herausgebildet, wie es das zweite Kapitel mit dem Hinweis auf das stolze Bewusstsein der Amerikaner herausstellte, dass ihr Land «God's own country» sei. Hinzu kam, dass nach dem Ende des Ost-West-Konflikts und dem Zerfall der Sowjetunion im Jahre 1991 die Vereinigten Staaten zur alleinigen Supermacht avancierten. Bush senior sprach damals von einer Neuen Weltordnung und meinte damit in Anlehnung an die These vom «Ende der Geschichte» von Francis Fuku-yama[1] den globalen Sieg der liberalen Demokratie und der freien Marktwirtschaft unter politischer und ökonomischer Führung der Vereinigten Staaten. «Wir hatten an etwas ge-glaubt», so beschreibt Norman Mailer die Situation nach den Anschlägen: «Das Schiff der Vereinigten Staaten war unan-greifbar und folgte einem großartigen Kurs. Wir steuerten einer strahlenden Zukunft entgegen. Plötzlich dieser Gewiss-heit beraubt zu sein, war nicht anders, als wäre man selber der Verräter am großen Ganzen. Also scharten wir uns um George W. Bush.»[2] Sicherlich, die Vereinigten Staaten bildeten schon immer das Ziel nahöstlichen Terrors. Doch noch nie wurden sie so zentral getroffen wie am 11. September. Bomben im Libanon, Anschläge auf die amerikanischen Botschaften in Kenia und Tansania, Entführungen, selbst der Autobomben-anschlag von 1993 auf das World Trade Center: dies war ein Terror, der die Vereinigten Staaten traf, den sie aber auch irgendwie überwanden. Dieses Mal zeigte sich die Verwund-barkeit der Supermacht durch einen konzentrierten Angriff, der erstmals seit 1812 ein Angriff auf die Amerikaner in Ame-rika war, direkt auf Ziele mit einer hohen Symbolkraft – durch einen Angriff, der einem Krieg gleichkam, den die Vereinigten Staaten auf ihrem Boden nie hatten erleben müssen, obwohl sie sich bei ihrem hartnäckigen Unterfangen, ihre demokratischen Normen und organisatorischen Prinzipien, kurz: ihren Ameri-can Way of Life, auf weltweitem Terrain zu implantieren, mehr Feinde als jeder andere Staat der Welt gemacht haben.

In einem Land, das zu den religiösesten und kirchgangsfreu-digsten Nationen der Welt zählt, hatte sich nun für die Bush-Administration jenes Böse manifestiert, das nach Norman Mailer darin besteht, «ziemlich genau zu wissen, welch irrepa-rablen Schaden man anrichten wird, und es trotzdem zu tun.»[3] Die Inkarnation dieses schlechthin Bösen war für die Bush-Administration die Al-Qaida-Organisation und der sunnitische Terrorist Osama Bin Laden, der davon sprach, der Islam müsse «gegen den Kreuzzug, den der Westen erneut zur Vernichtung des Islam vorbereitet»[4], ankämpfen. Bin Laden, der zu allem entschlossene Führer, der durch manipulative Indoktrination junge Gläubige in seine Terroraktionen einbezog und der mit seinen mehreren Milliarden Dollar nicht nur das Taliban-Regime in Afghanistan finanzierte, sondern auch den Islamischen Djihad in Palästina und die Nationale Islamische Front im Sudan. Hinzu kam vor allem jener Krieg, den er der westlichen, vorrangig der amerikanischen Welt erklärt hat. Dem War on America (George W. Bush) musste dem amerikanischen Präsidenten zufolge der Krieg zur «Selbstverteidigung» Amerikas – der Chosen Nation im göttlichen Heilsplan – folgen, dessen Konzeption sich in Umrissen erkennen ließ: In einer lang andauernden Aktion mit verschiedenen militärischen Operationen galt es, den Krieg gegen den internationalen Terrorismus zu führen, der anti-religiös, weil menschenverachtend sei: «Wir werden», so George W. Bush, «einen Kreuzzug führen, um die Welt von den Übeltaten zu befreien.» Demgegenüber erklärte Bin Laden unter Rückgriff auf eine Formulierung Sayyid Outbs, einem der geistigen Väter des islamischen Fundamentalismus: «Dieser Krieg ist im wesentlichen ein Religionskrieg, also einer zwischen Iman/Glauben und dem al-Kufr al-Alami/internationalen Unglauben.»[5]

Die Antwort auf die Frage, die sich nach den Terroranschlägen stellte, kulminierte im Antiamerikanismus. Damit verband sich die Detailfrage: Wie war es möglich, dass in Amerika, das sich schon immer als das versprochene Land eines auserwählten Volkes und als die «einzige Hoffnung für die Welt» (Norman Mailer) betrachtete, diese Attentate erfolgten.[6] Um diese Frage zu beantworten, muss man einen kurzen zeitgeschichtlichen Blick auf die amerikanische und die islamische Entwicklung werfen. Was die Entwicklung des Westens – namentlich der Vereinigten Staaten – anbelangt, so verfügt dieser mit seiner modernen Wissenschaft und Technologie über die Möglichkeit, die Länder der Welt in die westlich geprägte Weltordnung einzubeziehen und seine Wertmaßstäbe auf diese Länder zu übertragen. Diese Ordnung ist so umfassend global ausgerichtet, «dass sogar das Territorium der als Dar al-Islam (Haus des Islam) definierten islamischen Zivilisation in sie eingefügt ist».[7] So bestehen heute über fünfzig nominelle Nationalstaaten, die teils Werte und Institutionen des Westens aufweisen, die der islamische Fundamentalismus ablehnt. Die von ihm verfolgte politische Form des Islam zielt auf eine Entwestlichung der Welt. Mit anderen Worten, insbesondere die Vereinigten Staaten, die nach dem Zerfall der Sowjetunion die einzige Supermacht bilden, haben ihre drei normativen Prinzipien: den Kapitalismus und den freien Markt, die Menschenrechte und die liberale Demokratie in die islamischen nominellen Nationalstaaten implantiert. Die problematische Realität besteht jedoch darin, dass diese organisatorischen Prinzipien des Westens auf die Gesellschaftssysteme des Islam destabilisierend wirken.

Nimmt man zu dieser Entwicklung hinzu, dass die Vereinigten Staaten in zahlreiche Gewaltaktionen involviert sind, die sich gegen die Normen des Völkerrechts richten, dass sie ihre Ziele vielfach mit martialischen Mitteln durchsetzen und dass ihre geopolitische Interessenlage eindeutig dominiert, so versteht man jene Einstellung etwas besser, die oben mit dem Begriff «Antiamerikanismus» angedeutet wurde. Namentlich die Bush-Administration überhört hierbei angesehene amerikanische Autoren und Wissenschaftler, von denen zwei herausgegriffen seien: Der Philosoph und Stanford-Universitätsprofessor Richard Rorty[8] kritisierte die amerikanische Regierung mit den Worten: «Der John-Wayne-Machismo, der uns dazu brachte, weiterhin Menschen in Vietnam zu töten, obwohl wir längst wussten, dass wir diesen Krieg nicht würden gewinnen können, beherrscht nach wie vor die Politik in Washington.»

Was immer bevorstehe – sicher sei, dass sich die Vereinigten Staaten noch stärker als bisher militarisierten. Der Schriftsteller Norman Mailer[9] wies auf die Notwendigkeit eines politischen Umdenkens in den Vereinigten Staaten hin: Die Amerikaner müssten «endlich lernen, weshalb so viele Menschen ihr Land verabscheuen». Namentlich die Länder, deren religiöse Gegebenheiten unberücksichtigt bleiben, empfänden Amerika als «ihren kulturellen Unterdrücker». Den Menschen dieser Länder, zu denen die des Islam zählen, nähme man ihre autochthonen Werte. «Bis Amerika den Schaden begreift, den es anrichtet, indem es darauf besteht, dass der amerikanische, auf Profit ausgerichtete way of life nicht zu allen Ländern passt», dürften die Vereinigten Staaten «die meistgehasste Nation auf der Erde sein».

Umstritten ist, ob die Palästinafrage einen weiteren Grund für den Antiamerikanismus darstellt. Möglicherweise hätte ein Oslo-Frieden von 1993 am «Hass in der islamischen Welt auf Amerika» nichts geändert. Möglicherweise instrumentalisierte Bin Laden die Palästinafrage, und möglicherweise wollte (und will) Bin Laden mit dieser «Instrumentalisierung die islamische Frontstellung gegenüber dem Westen intensivieren» (Bassam Tibi).[10] Andererseits muss der Israel-Palästina-Konflikt als ein Kristallisationspunkt gedeutet werden, aus dem antiwestliche arabisch-nationalistische und islamistische Bewegungen eine Legitimation im Terrorkampf herleiten. Immerhin verkörpert Israel die stärkste Militärmacht im Nahen Osten, und dies nicht zuletzt deshalb, weil die Vereinigten Staaten auch nach dem Irak-Krieg im Rahmen ihrer Waffenverkäufe in Milliardenhöhe an Saudi-Arabien und an die Golfstaaten eine erhöhte Anzahl von Gratiswaffen (Flugzeuge und Raketen) nach Israel lieferten. Die Vereinigten Staaten gelten zudem in der Sicht der arabisch-islamischen Völker als eine nicht zu unterschätzende Schutzmacht der israelischen Besatzungs- und Besiedlungspolitik; sie werden daher für die Demütigung der

Palästinenser mitverantwortlich gemacht. Und was Osama Bin Laden anbelangt, so dürfte auch bei ihm, dem gläubigen Muslim, die Palästinafrage nicht nur eine Instrumentalisierung bedeutet haben, sondern auch ein wichtiges religiöses Motiv. Der Antiamerikanismus, ein vielschichtiges Faktum, gründet bei der Al-Qaida auf einer – mehrere Motive umfassenden – Interpretation des Djihad, entsprechend der Deutung Sayyid Outbs in Bezug auf einen «Konflikt zwischen Glauben und Unglauben». Der Westen, besonders die Vereinigten Staaten, steht hierbei für den Unglauben, der Islam dagegen – besser: der Islamismus – für den Glauben, auch wenn er ein falscher Glaube im Sinne des Korans ist.

Der Krieg gegen den Terrorismus

Dem Djihad als Terrorismus richtete die Bush-Administration jenen «langen und blutigen Krieg gegen den Terrorismus» entgegen, von dem der amerikanische Verteidigungsminister Rumsfeld im War Cabinet am 15. September 2001 sprach. So führten die Vereinigten Staaten und ihre Verbündeten einen Krieg in Afghanistan, der sich gegen das Taliban-Regime und die in Afghanistan operierende Al-Qaida wandte, die für die Terroranschläge verantwortlich gemacht wurde. Durch den massiven Einsatz namentlich der amerikanischen Streitkräfte wurde das Taliban-Regime sehr schnell, in nur zwei Monaten, von der Macht in Kabul vertrieben.[11] Vom Dezember 2001 an konnte eine neue Übergangsregierung unter Führung Hamid Karzais die ihr übertragene – problembeladene – Regierungskompetenz ausüben. Dem steht allerdings entgegen, dass das Al-Qaida-Netzwerk noch lange nicht besiegt ist. Aber der Krieg gegen den Terrorismus sollte ja George W. Bush zufolge in einer «lang andauernden Aktion mit verschiedenen militärischen Operationen» durchgeführt werden.

Einzelheiten in Bezug auf die Vereinten Nationen, auf die Kontroversen mit den Bündnispartnern und in Bezug auf die negativen Resultate der eingesetzten Expertenkommission können hier übergangen werden. Herauszustellen ist, dass im März 2003 die Vereinigten Staaten und vereinzelte Verbündete einen Krieg gegen den Irak und Saddam Hussein begannen, dem die Zusammenarbeit mit Terrorgruppen, die Herstellung von ABC-Waffen und die Verletzung des Völkerrechts vorgeworfen wurde. Dieser Krieg gegen den Irak, der zur Ausschaltung einer angeblich zunehmend wachsenden Bedrohung geführt wurde, zeugte von einer neuen strategischen Orientierung der amerikanischen Außenpolitik, die von nun an auf der Präventivkriegsdoktrin beruhte. Diese Doktrin zielt nicht nur auf die Terroristen, sondern auch auf die beliebig erweiterbaren «Schurkenstaaten». Kurz, die amerikanische Außenpolitik wurde zu einer an Worst-case-Annahmen ausgerichteten Sicherheitspolitik.[12] Die Doktrin des Präventivschlages beinhaltet die wie folgt umschriebene Strategie: «Je größer die Bedrohung, desto größer ist das Risiko des Nichthandelns – und um so zwingender der Grund, eine zuvorkommende Handlung zu unternehmen, um uns zu verteidigen, auch wenn Unsicherheit verbleibt, was die Zeit und den Ort des gegnerischen Angriffs betrifft.»[13]

Der Irak-Krieg gründete auf jener strategischen Doktrin, die am 20. September 2002 Condoleezza Rice als «Nationale Sicherheitsstrategie für die Vereinigten Staaten» vorstellte.[14] Zuvor hatte sich George W. Bush mehrmals auf diese Doktrin berufen – besonders im Frühjahr 2002 in West Point, als er davon sprach: «Wir müssen die Schlacht [ins Land des Feindes] tragen, seine Pläne durchkreuzen und den schlimmsten Bedrohungen mutig begegnen, bevor sie akut werden.»[15] Die Substanz der Doktrin geht auf die Denkschrift «Rebuilding America's Defence» zurück, die mit einem Brief des Präsidenten eingeleitet wird. In ihm verweist George W. Bush auf die grundlegend veränderten Verhältnisse: «In der Vergangenheit benötigten Feinde große Heere und bedeutende industrielle

Kapazitäten, um Amerika gefährden zu können. Heute können im Verborgenen agierende Netzwerke von Individuen für weniger als die Anschaffungskosten eines einzigen Panzers viel Chaos und Leid in unser Land tragen. Terroristen organisieren sich mit dem Ziel, offene Gesellschaften zu penetrieren und die Macht moderner Technologien gegen uns zu kehren.» Angesichts dessen müssten die Vereinigten Staaten ihre Strategie entscheidend ändern. Es gelte von nun an, «gegen solche sich anbahnenden Bedrohungen vorzugehen, bevor sie voll ausgereift sind».[16]

Mit Benjamin R. Barber lässt sich darauf hinweisen, dass damit der Präventivkrieg legitimiert wird. Die Denkschrift setzt die amerikanische Hegemonie voraus: «Die Vereinigten Staaten», so ihr Präsident, «verfügen über ein nie dagewesenes – und unangefochtenes – Maß an Stärke und Einfluss auf der Welt.» Mehr noch, sie hebt hervor, dass diese globale Vorherrschaft ein «Geburtsrecht der USA» sei, das im Interesse des Friedens uneingeschränkt gelten müsse: «Unsere Streitkräfte», so Präsident Bush weiter, «werden stark genug sein, um die Hoffnung potentieller Widersacher zunichte zu machen, sie könnten durch eigene Rüstungsanstrengungen die Macht der Vereinigten Staaten überflügeln oder mit ihr gleichziehen ... Wir müssen unsere Verteidigungskräfte auf ein unangreifbares Niveau steigern und sie dort belassen.» Das alles stehe für das Gute vor dem Bösen, für die Unschuld vor der Verderbtheit: Amerika werde seine Macht nur zur Förderung «freier und offener Gesellschaften» einsetzen. Treffend hat Benjamin R. Barber die Vereinigten Staaten und die Bush-Administration mit den Worten charakterisiert: «Jemand, der mit Amerika und seiner moralistischen Literatur vertraut ist und den Einfluss der Moral auf die amerikanische Politik erlebt hat, erkennt darin zugleich eine vertraute puritanische exzeptionalistische und moralistische Melodie in neuem Arrangement. Bush mag in seinen Hüftholstern die Revolver des Sheriffs tragen, den

Gary Cooper in *Zwölf Uhr mittags* spielte, doch er hat sich eine Bibel unter den einen Arm geklemmt und ein Exemplar der Unabhängigkeitserklärung unter den anderen. Kein Wunder, dass er davon überzeugt ist – wie mit ihm große Teile der amerikanischen Bevölkerung –, Amerika werde die ‹Ungläubigen› zerschmettern und am Ende – nach wie vielen Monaten und Jahren auch immer – als Sieger aus dem Kampf gegen das Böse hervorgehen, einem Kampf, den es notfalls einsam und allein zu Ende führen würde.»[17] Dass eine solche Zielsetzung ebenso wie die Doktrin des Präventivkriegs ohne Realitätsgehalt ist, braucht nicht erst erwähnt zu werden. Die von Präsident Bush betonte Präventivkriegsdoktrin erhebt den Anspruch auf ein Recht, das – wenn es international anerkannt werden soll – auch allen anderen Staaten zugebilligt werden muss, inklusive den «Schurkenstaaten». Am Ende stünde dann eine Anarchie, in der jede Nation eigenständig darüber befindet, wann sie gegen wen Krieg führt.

Mit der Intention, Saddam Hussein zu stürzen, verband sich vor dem 11. September die Hoffnung, eine entscheidende Verbesserung der politischen Konstellation im Nahen Osten zu erzielen. Eine mit den Vereinigten Staaten kooperierende «demokratische Regierung» im Irak hätte sich möglicherweise für Israel und die amerikanischen Ölkonzerne positiv ausgewirkt.[18] Nach dem 11. September – nachdem diese Erwartungen in den Kampf gegen den Terrorismus einbezogen wurden – und nach dem Sturz Saddam Husseins gehen manche amerikanische Politiker und Intellektuelle davon aus, nun eine Lösung für die Probleme amerikanischer Nahostpolitik zu erreichen – «als historische Gelegenheit, die ‹politische Landschaft› der gesamten Region zu verändern oder zumindest die den Antiamerikanismus nährenden Probleme zu bereinigen ...»[19]

Eine solche Erwartungshaltung ist weit von der Präventivkriegsdoktrin entfernt, die die amerikanische Administration proklamiert. Sie könnte auf eine sukzessive Re-Stabilisierung im Nahen Osten beschleunigend einwirken; und sie könnte – bei einer weitgehenden Zurückhaltung der Vereinigten Staaten in der (noch) konfliktreichen Region – einen interreligiösen Dialog in Richtung einer friedlichen Koexistenz einleiten. Der Nachdruck liegt freilich auf der weitgehenden Zurückhaltung der Vereinigten Staaten, die nach der rivalisierenden Einmischung der einstigen beiden Supermächte mittlerweile eine singuläre «Vermittlerposition» im Nahen Osten eingenommen haben. Zudem kann hier eine weitere Eskalation nur verhindert werden, wenn die globale Organisation der Vereinten Nationen und beispielsweise die regionale Arabische Liga sich in einem wesentlich höheren Maße als bisher auf Gewaltvorbeugung konzentrieren und mit aller Kraft den gewaltfreien Konfliktaustrag sicherstellen. Darüber hinaus bieten sich neben der Arabischen Menschenrechtsorganisation und Einzelpersonen wie der mit dem Friedensnobelpreis 2003 ausgezeichneten iranischen Bürgerrechtlerin Schirin Ebadi vor allem zwei weitere Möglichkeiten an: zum Einen die zu aktivierenden Non-Governmental Organizations, nicht zuletzt angesichts dessen, dass der zum Friedensvertrag von Oslo (1993) führende Prozess im Nahen Osten von einem norwegischen Soziologie-Institut eingeleitet wurde, und zum Zweiten die multilateralen Verfahren, in denen alle Konfliktpartner konferenzöffentlich verhandeln – analog der Konferenz von Madrid, die den Versuch unternahm, in einem multilateralen Verfahren den Konflikt einer Lösung näher zu bringen. Insofern begann der Friedensprozess von Oslo in Madrid; und dass er am Regierungswechsel in Israel Ende Mai 1996 zerbrach, ändert nichts an der Leistung, die der Multilateralismus gezeigt hat.

Einmal ungeachtet der zwischenstaatlichen Probleme muss es im Nahen Osten vorrangig darum gehen, Sicherheitsgarantien für alle Staaten der Region zu erarbeiten. Für diesen Prozess können die einzelnen Konferenzen ein notwendiges Instrument bilden – ähnlich dem Entwicklungsprozess der

KSZE, worauf der Verfasser dieses Buches bereits vor über zehn Jahren[20] hingewiesen hat. Inzwischen haben sich die Chancen einer regionsimmanenten Konfliktlösung erheblich verschlechtert, gleichwohl soll der damalige Vorschlag im Indikativ nochmals präsentiert werden: Möglicherweise kann die Konferenz für Sicherheit und Zusammenarbeit in Europa als Modell für das dienen, was mit einer Konferenz für Sicherheit und Zusammenarbeit im Nahen Osten vielleicht nur vage erreichbar ist. Eine mögliche KSZNO, deren Mitgliedstaaten von ihrem politischen System her ebenso unterschieden sind wie die der KSZE (mit der einstigen Sowjetunion und den Comecon-Staaten auf der einen und den kapitalistisch-marktwirtschaftlichen Staaten auf der anderen Seite), muss auf die KSZE-Regeln zielen: auf zwar nicht rechtliche, aber politisch-moralische Verpflichtungen der Staaten, ihr Verhalten am Frieden auszurichten. Wie bei der Konferenz für Sicherheit und Zusammenarbeit in Europa sind auch bei einer Konferenz für Sicherheit und Zusammenarbeit im Nahen Osten in langen Diskussionen Körbe voller Problemkomplexe abzuarbeiten. Wenn es bei der KSZE um die drei Körbe der Militärischen Aspekte und der Sicherheit, der Wirtschaftlichen, Wissenschaftlichen, Technischen und Ökologischen Zusammenarbeit sowie nicht zuletzt um die Menschlichen Kontakte ging und weiterhin geht, so muss die Konferenz für Sicherheit und Zusammenarbeit im Nahen Osten neben diesen Themen über die Gebiete und Grenzen Israels und Palästinas ebenso reden wie über einen finanziellen Ausgleich zwischen den ölreichen, aber bevölkerungsarmen Golfländern und den bevölkerungsreichen, aber ölarmen anderen Staaten der Region. Seitens der KSZE (bzw. heute: der OSZE) wurden vor allem in den Bereichen der Menschenrechte und der Grundfreiheiten wesentliche Fortschritte erzielt; ein ähnlicher Erfolg wäre vermutlich auch einer KSZNO beschieden.

Schließlich soll – mit Blick auf die in sich heterogene Welt des Islam – das Bemühen der Reformtheologie um eine «islamische Reformation» mit Dieter Senghaas[21] kurz angedeutet werden. Hier geht es vor allem um einen für die Moderne anzustrebenden Brückenschlag zwischen dem Islam und der Pluralität sowie zwischen dem Islam und seiner Säkularisierung. Was den Islam und die Pluralität anbelangt, so ist ein solcher Brückenschlag nach den Überlegungen von Sadik J. Al-Azm dogmatisch betrachtet undenkbar, historisch jedoch möglich.[22] Geschichtlich gesehen ist der Islam durchgehend eine sich zwar idealiter ganzheitlich verstehende Religion, die sich jedoch in ihrer aufgegliederten Erscheinung pluraler Interpretation nicht erwehren konnte. Sunna, Schia und andere Zugangsweisen zu den Dokumenten zeigen dies deutlich. Ähnlich ist nach Al-Azm die Frage, ob der Islam säkularisierbar ist, mit dem Hinweis zu beantworten: dogmatisch betrachtet, nein, historisch jedoch ja. Hier dokumentiert sich, dass die meisten islamischen Gesellschaften mit ihrem politischen System, ihrem Rechtswesen etc. de facto einen schleichenden Säkularisierungsprozess vollzogen haben.

Die Reformtheologie im Islam erachtet eine kritische Auseinandersetzung mit der Scharia als notwendig, da wesentliche Elemente zeitbedingt zu betrachten und an die heute bestehenden Gegebenheiten anzupassen sind. Der Hinweis auf den zu reflektierenden historischen Kontext fordert freilich den Protest der meisten islamistischen Bewegungen ebenso heraus, wie die Intention, die Kontextualität des Korans herauszuarbeiten, was nicht zu einer Minderung, sondern zu einer Komprimierung des religiösen Gehalts im Islam führen kann. Auch wird der Korantext nach dem Reformtheologen Nasr Hamid Abu Zaid nicht entwürdigt, wenn sich bei der Textkritik herausstellte, wie stark man die Sakralisierung zur Rechtfertigung von Herrschaft missbrauchte.[23] – Die von der Reformtheologie mit dem Ziel einer islamischen Reformation genannten Vorschläge dürften nur sehr schwer realisierbar sein. Am ehesten kann dies bei dem Brückenschlag zwischen dem Islam und der Pluralität gelingen, da auch die Welt des Islam der sozialkulturellen Pluralisierung unterliegt.

2.4. Der Hinduismus im Dialog
Der Kaschmirkonflikt
Leichter als der Nahost-Konflikt lässt sich der Kaschmirkonflikt einer Lösung näher bringen. Hier kann man mit Dietmar Rothermund[1] auf den ursprünglichen Vorschlag der Vereinten Nationen von 1950 zurückgreifen, der von dem australischen Vermittler Sir Owen Dixon ausgearbeitet wurde. Inzwischen haben Diplomaten aus aller Welt, darunter auch Kofi Annan, versucht, beschwichtigend auf Pakistan und Indien einzuwirken. Und so hat sich mittlerweile eine vage Entspannungspolitik herausgebildet, in der sowohl der indische Regierungschef Atal Behari Vajpayee als auch der pakistanische Staats- und Regierungschef Pervez Musharraf jenem modifizierten Vorschlag von Dixon zustimmen könnten, der darauf abzielt, Jammu von Kaschmir zu trennen und die von den Vereinten Nationen geforderte Volksabstimmung zu präzisieren. Jammu, in dem mehrheitlich Hindus wohnen, und Ladakh, in dem mehrheitlich Buddhisten siedeln, sollten bei Indien verbleiben, während die von Pakistan besetzten muslimischen Gebiete von Gilgit und Baltistan weiterhin Pakistan zugehören sollten. Die seit langer Zeit angemahnte Volksabstimmung könnte sich dann auf das Tal von Kaschmir begrenzen, da dort keine einheitliche Stellungnahme der Bevölkerung vorliegt. Indien erklärte sich bereit, den Vorschlag anzunehmen, Pakistan hingegen lehnte ihn ab, weil es die Hoffnung hegte, bei einem Referendum im gesamten Staat nicht nur das Tal von Kaschmir, sondern auch das Umland zu erhalten. Die indischen Bedenken, dass sich das mehrheitlich von Muslimen besiedelte Tal von Kaschmir für

Pakistan entscheiden werde, bezogen sich auf die möglicherweise negativen Reaktionen der muslimischen Minderheit in Indien, die sich inzwischen weit mehr um die innerstaatlichen Konflikte sorgt, als um einen möglichen Verlust des von Muslimen bewohnten Tals von Kaschmir.

Die Beweggründe Indiens, den Vorschlag der Volksabstimmung aufzugreifen, sind heute noch gültig. Die Bauernpartei «National Conference» im Tal von Kaschmir wird von ihrer Klientel positiv bewertet. Wenngleich noch manche die utopische Vorstellung hegen, eine Unabhängigkeit zu erlangen, so ist dies in Bezug auf ein – auf das Tal von Kaschmir begrenztes – Referendum ohne Realitätsgehalt. Bei einem Anschluss des Tals von Kaschmir an Pakistan würde zweifellos die Besitzstandswahrung der Bauern erhalten bleiben. Bei einem Referendum zu Gunsten Indiens würde sich Pakistan allerdings schwer tun, weil es den Gründungsmythos der Volksabstimmung über die Gründung Pakistans tangieren würde, die realiter durch einen Verwaltungsakt zustande kam. Kurz, negative Konsequenzen lassen sich zweifelsohne nicht ausschließen. Mit Sicherheit kann allein darauf verwiesen werden, dass Pakistan seine überstarke Armee abbauen könnte. Indien vermag mit dem Ergebnis einer Volksabstimmung wesentlich besser zurechtzukommen – unabhängig davon, wie sie ausfällt. Jedenfalls kann nur durch ein Referendum der immer wieder aufflammende Kaschmirkonflikt gelöst werden. Allerdings müssten sich zuvor die beiden Konfliktparteien dahingehend verständigen, dass sie ausländische Beobachter nicht nur für die Kontrolle der Grenzlinien zulassen, sondern auch dahingehend, dass die von Pakistan und Indien kontrollierten Teile Kaschmirs insgesamt für Beobachter offen sind.

Der innerindische Konflikt
Neben dem Kaschmirkonflikt besteht der im vierten Kapitel aufgezeigte innerindische Konflikt zwischen den Hindus und

den Muslimen, der durch einen interreligiösen Dialog kaum zu lösen ist. Was Indien vor einer Konflikteskalation bewahren kann, ist bereits in der indischen Verfassung verankert. Es handelt sich um eine säkulare Verfassung, die keine Religion zur Staatsreligion erklärt, keine von ihnen privilegiert und jeder von ihnen die Religionsfreiheit zuerkennt. Probleme bereitet das Kastensystem, das zwar im Zuge des Wandels der ökonomischen Gegebenheiten durch Klassenstrukturen überlagert wird, das jedoch den real existierenden Hinduismus weiterhin beherrscht. Die Ordnung in Kasten erweist sich als konfliktverschärfend und führt deshalb zu der Frage, inwieweit man dem Kastensystem mit seiner Hierarchisierung entgegenwirken könnte. Dazu wäre es notwendig, den Hinduismus vom Kastensystem zu trennen – ein Unterfangen wider die eigene Tradition, die zumeist als eine Symbiose von Hinduismus und Kastenordnung bezeichnet wird, in der jedoch nach anderen Interpretationen, wie nach der von Ram Adhar Mall, das Kastenwesen für den Hinduismus nicht wesensbestimmend ist. Insgesamt ist zu erkennen, dass der Hinduismus eine überholte Sozialstruktur beinhaltet und deshalb Versuche, den Hinduismus in reformatorischer Intention zu überdenken, bedeutsam sind.

Mit Dieter Senghaas[2] lässt sich in diesem Kontext auf Arvin Sharma hinweisen, der erneut das Kastenwesen im Hinduismus reflektierte[3] und nun einen Vorschlag unterbreitet, der für viele utopisch klingt: Sharma setzt in seinen Überlegungen bei der Charakteristik der Kaste an, in die man gemäß des Karmas des früheren Lebens hineingeboren wird und in der man bis zu seinem Tode verbleibt. Die jeweilige Kaste ist mithin während einer Lebensspanne unveränderbar; erst die Geburt ermöglicht einen Übergang zu einer anderen Kaste. Bei seiner Re-Interpretation des Hinduismus weist Sharma darauf hin, dass – entgegen dem relativ kurzen Leben in der vormodernen Gesellschaft – heute eine etwa dreimal so lange Lebenserwartung besteht. Nach Arvin Sharma ist es deshalb möglich, in einer Lebensspanne mehrere Leben zu realisieren und damit der lebenslangen Zuordnung zu einer Kaste zu entkommen. Das Karma, die Kaste und die geburtsmäßige Fixierung des Menschen würden dadurch getrennt, ohne die Karma-Idee preiszugeben. In den Worten Sharmas: «Ich schlage also vor, dass wir im Hinblick auf unsere Zeit davon ausgehen, als seien alle vier Kasten in allen von uns enthalten: Die Idee ist, dass *alle* Kasten in *jedem* Individuum von jetzt an enthalten sind, anstatt davon auszugehen, jedes Individuum sei nur in einer Kaste lokalisiert.»[4]

In einem solchen Kontext wären die vier Kasten und die vierfache Verpflichtung in jedem einzelnen Hindu enthalten: In seiner Eigenschaft als Brahmane müsse er zumindest sporadisch die heiligen Schriften der Hindus kennen; als Kshatriya habe er Wehrpflicht zu leisten und sich am politischen Leben zu beteiligen; als Vaishya müsse er einen Beruf ergreifen; und schließlich habe jeder Hindu als Shudra Dienstleistungen wahrzunehmen. Hinzu kommt nach Sharma die hinduistische Idee der vier Lebensstadien, die zu durchlaufen sind: dasjenige des Schülers, des Familienvaters, des Einsiedlers und des Wanderasketen. Hier schlägt Sharma vor, jeden einzelnen Tag oder jede einzelne Woche wie eine ganze Lebensspanne zu werten. Durch eine solche zweiteilige Interpretation soll das Grundanliegen des Hinduismus neu gestaltet werden. Die vorgeschlagene Re-Interpretation klingt, wie erwähnt, utopisch. Es dürfte beim real existierenden Hinduismus mit seinem Kastenwesen bleiben, zumal es durch eine strukturelle und kulturelle Gewalt gekennzeichnet ist. Beide tragen zu einer direkten Gewalt in der indischen Gesellschaft bei, in der die Idee der Gewaltlosigkeit ihre Wirkung verloren hat.

2.5. Der Buddhismus und der Konfuzianismus im Dialog

Der Buddhismus

Die beiden Morallehren – auch die buddhistische Religion zielt primär auf die Ethik – werden hier angesichts der Kürze der Texte unter einer Überschrift zusammengefasst, obwohl der Buddhismus im Gegensatz zum Konfuzianismus nur sehr wenig zur heutigen Kulturdebatte oder zu anderen aktuellen Problemen beisteuern kann.[1] Das zeigt sich bereits darin, dass der Unterschied zwischen dem «mitleidenden Buddha» und dem «in Hingabe leidenden Jesus» kaum einen Diskussionsstoff bietet – schon gar nicht für weltliche Probleme. «Es hat Buddha ferngelegen», schreibt Klaus Mylius zu Recht, «eine Philosophie zur Erkundung weltlicher Zusammenhänge zu entwickeln, die den Geist nur in neue Fesseln legen würde.»[2] Nur sporadisch findet man Erörterungen über die Rahmenbedingungen einer traditionalen Gesellschaft, kaum solche über die sich auch in buddhistischen Gesellschaften modernisierende Umwelt. Es dominiert im Buddhismus die Ethik, die sich auch in dem zeigt, was Sulak Sivaraksa über die buddhistische Vision einer Erneuerung der heutigen Gesellschaft schreibt: «Indem man den Buddhismus relevanter für die gegenwärtige Welt macht, ist es wichtig, keine Abstriche von den wesentlichen Punkten, also den ethischen Vorschriften zu machen. Jedoch, diese ethischen Anleitungen müssen erneut durchdacht werden, so dass sie für das Leben in den gegenwärtigen Gesellschaften Sinn machen. Buddhisten haben traditionell in ziemlich einfachen Gesellschaften gelebt, die im Wesentlichen agrarisch strukturiert waren … Wenn die Gesellschaft um ein Vielfaches komplexer wird, dann klappt das mit den einfachen Interpretationen dieser ethischen Normen nicht mehr so gut.»[3] Sivaraksas Abhandlung hebt dann vor allem im Mahāyāna-Buddhismus das menschenfreundliche gesellschaftliche Engagement heraus. Gewarnt wird vor politischem Dogmatismus und vor jeglicher Gewalt – die sich gleichwohl in mannigfachen Konflikten zwischen den buddhistischen Singhalesen und den hinduistischen Tamilen auf Sri Lanka dokumentiert.

Der Konfuzianismus

Was den Konfuzianismus anbelangt, so zielte der Rückgriff auf die eine oder andere Variante des Neokonfuzianismus auf die Frage, ob und wie China so zu modernisieren ist, dass es den westlichen Industrienationen standhalten und schließlich selbst eine die Vereinigten Staaten überholende Industriemacht werden kann – entsprechend der Vorstellung, das 21. Jahrhundert werde zum «Pazifischen Zeitalter».[4] Beim genannten Rückgriff konnte aufgezeigt werden, dass der Konfuzianismus den rapiden Entwicklungsprozess in der Volksrepublik auch in Zukunft maßgeblich mitbestimmen wird. Verantwortlich zeichnen hierfür die konfuzianische Moralität, die eng mit einem Elitismus verbunden ist, und die «Drei unumstößlichen Beziehungen», von denen die chinesische Partei jene herausgestellt hat, wonach sich das Volk dem Herrscher unterordnen muss. In diesem Kontext lässt sich aufgreifen, was Ralf Moritz im Nachwort zu dem von ihm übersetzten und herausgegebenen Werk «Lun-yu» über die drei großen Syntheseleistungen in der Geschichte des Konfuzianismus schrieb: «Die erste bestand in der Rezeption von Konzepten anderer chinesischer Denkrichtungen und brachte den Konfuzianismus vor zwei Jahrtausenden an die Macht; die zweite vor nunmehr 1000 Jahren war geprägt durch die Aufnahme des indischen Buddhismus und führte zur Entstehung des Neo-Konfuzianismus; die dritte greift jetzt, nach weiteren 1000 Jahren, in Gestalt des Konfuzianismus der Gegenwart in die westliche Welt – drei Syntheseleistungen, die als konzentrische Kreise mit zunehmend größerem Durchmesser erscheinen. Und im Mittelpunkt steht niemand anderes als Konfuzius –

Zentrum eines eigenen Modernemodells, als dessen normgebende Dimension, wobei die Entwicklung der Wirtschaftspotentiale Ostasiens die bedrückende Vorstellung einer Identität von Modernisierung und Verwestlichung auflöst ... Im Sinne einer solch neuen Perspektive gilt Konfuzius heute auch in der Volksrepublik China ... als ‹Stolz der chinesischen Nation›.»

Ein Wort zum Schluss

Am Ende dieses Buches soll skizzenhaft ein kurzer Blick auf die Politisierung der Religionen erfolgen. Die Glaubenskonflikte der Gegenwart sind zu bestimmenden Faktoren in der Weltpolitik geworden. Verantwortlich zeichnen hierfür die religiösen Fundamentalismen, die sich als soziale Protestbewegungen – ob legal als Parteien oder, wie hier, als extremistische Gruppen – gegen die westliche Moderne wenden. So stellt der islamische Fundamentalismus eine neue, zeitgenössische Synthese zwischen der Religion und der Politik dar, «die im Kontext der Konfrontation des Islam mit der Moderne entstanden ist».[1] In diesem Kontext steht dann auch der Unterschied zwischen dem (gewaltlosen) Djihad als «Anstrengung zur Verbreitung des Islam gegen die Ungläubigen», der in concreto allerdings die Gewaltanwendung nicht ausschließt, und dem Djihad bzw. Neo-Djihad der Islamisten, mit dem diese im gewaltsamen Kampf ihre Ziele zu erreichen suchen. Islamismus, Terror und Gewalt sind eng miteinander verbunden. Der Terrorismus, dem man den Djihadismus zuordnen kann, ist dadurch gekennzeichnet, dass er über ein globales Netzwerk verfügt, das sich nach dem 11. September 2001 weiter ausgedehnt hat. Damals wie heute steht die Intention im Mittelpunkt, die westliche Weltordnung durch eine Islamische Ordnung, eine Nizam Islami, zu ersetzen.

Die Vereinigten Staaten, die dem Terrorismus einen weltweiten Krieg gegen «das Böse» erklärt haben, bedienen sich einer Rhetorik, die der des Terrorismus sehr nahe kommt. Mit Recht lässt sich mit Benjamin R. Barber von einer Komplementarität der Rhetorik sprechen: «Auf der einen Seite brandmarkt Al-Qaida die USA als Nation der Ungläubigen, die das Werk des Teufels vollbringen, auf der anderen Seite verwenden die Amerikaner dieselbe manichäische Sprache, um Al-Qaida als eine von Bösewichtern geführte Organisation darzustellen.»[2] Wenn die Vereinigten Staaten diese Rhetorik mit der Doktrin des Präventivkriegs verbinden und damit ein Recht postulieren, das sie anderen Staaten nicht zubilligen wollen, dann werden sie nicht nur mit weiteren Terroranschlägen zu rechnen haben, sondern vor allem mit zunehmenden Konflikten mit den Verbündeten und besonders mit den beliebig erweiterbaren «Schurkenstaaten», in denen der ohnehin zunehmende Anti-amerikanismus den Fundamentalismus nicht unerheblich stärkt. Dann werden weitere Terroristen hochkomplexe Flugzeuge steuern und sie als Cruise Missiles einsetzen. Denn das Vertrauen «auf den Schutz der göttlichen Vorsehung» nimmt der Doktrin des Präventivkriegs nicht ihre provozierende Wirkung. Zudem gründet der Terrorismus nicht nur auf religiösem Fanatismus, sondern auch auf geschichtlichen Umständen, «zu deren Entstehung die Vereinigten Staaten, stellt man ihre außerordentliche militärische, wirtschaftliche und kulturelle Macht in Rechnung, sicherlich den einen oder anderen Teil beigetragen haben – sei es unwillentlich oder durch das Verfolgen erklärter imperialistischer Ziele oder, am wahrscheinlichsten, durch eine verwirrende Kombination aus beidem.»[3]

Neben dem Faktum, dass man jederzeit auch relativ harmlose Fundamentalisten und Separatisten zu Terroristen erklären kann, wie dies nach dem 11. September 2001 drei Staaten taten – indem sie wie Peking seine islamischen Uiguren, Moskau seine islamischen Tschetschenen und Ankara seine

Kurden als Terroristen betrachteten –, verfolgen in zahlreichen Weltregionen, namentlich im Nahen Osten, Fundamentalisten und Terroristen ihre verschiedenartigen Intentionen. Zu nennen sind beispielsweise die algerische Groupe Islamique Armé und die radikal-islamistische Hamas einerseits und die gemäßigten ägyptischen Muslim-Brüder andererseits sowie die islamischen Fundamentalisten in der säkularen türkischen Republik, in der sie zunehmend an Bedeutung gewinnen. Eine ganz besondere Art, mit Fundamentalisten umzugehen, zeigt sich in Saudi-Arabien, wo die Islamisten im Inland verfolgt, im Ausland jedoch mit Millionen Petrodollars unterstützt werden.[4] Darüber hinaus wächst der Fundamentalismus vor allem in Bereichen, in denen mehrere Religionen bestehen. Der Buddhismus, der Konfuzianismus und der Shintoismus beispielsweise müssen sich Asien mit dem Islam und dem Hinduismus teilen, was zu erheblichen religiösen Konflikten führt. In Südasien bildete sich in Indien ein massiver Hindu-Fundamentalismus heraus, und mit ihm ein kaum zu unterschätzender religiöser Konflikt zwischen dem Hinduismus und dem Islam. Und schließlich bestehen die Konflikte zwischen den buddhistischen Singhalesen und den hinduistischen Tamilen auf Sri Lanka. – Dem religiösen Fundamentalismus muss entgegengewirkt werden, bevor er zum Terrorismus mutiert.

Der in diesem Wort zum Schluss – neben dem religiösen Fundamentalismus – herausgestellte Terrorismus, der bereits in hohem Maße aktiv ist, wird sich rasch vervielfachen, wenn, wie angedeutet, die Bush-Administration ihre Doktrin des Präventivkriegs weiterhin anwendet und damit neue Konfliktpotentiale heraufbeschwört. Diese werden sich vor allem dort herausbilden, wo sich die Staaten weigern, westliche und vor allem amerikanische Wertvorstellungen anzunehmen. Der Verfasser dieses Buches verweist deshalb nochmals auf die Problematik der Universalisierung der westlichen Demokratie – der Umsetzung westlicher Normen und organisatorischer Prinzipien in nicht-westlichen Religionsbereichen. Die Frage nach dem Grad der Akzeptanz des westlichen Demokratiemodells – in seiner Reduktion auf essentielle Elemente: Herrschaftslimitierung, Toleranz und Rechtsstaatlichkeit – kann nur im autochthonen Kontext der Weltreligionen eine Antwort erfahren. Entgegen jeder Verwestlichungsbemühung und entgegen der amerikanischen Präventivkriegsdoktrin muss es eine realpolitische Perspektive für einen interreligiösen Dialog geben. Es geht bei einem solchen Dialog zwischen den Religionen darum, von dem derzeitigen Wertekonflikt zu einem Werte-Konsens zu gelangen – einem Werte-Konsens für eine friedliche Koexistenz der Weltreligionen.

Anmerkungen

Einleitung

1 Siehe hierzu Bassam Tibi, Die fundamentalistische Herausforderung. Der Islam und die christliche Welt, München 1999, S. 18 ff.
2 Siehe hierzu Emma Brunner-Traut, Die großen Weltreligionen (Einleitung), in: dies. (Hrsg.), Die fünf großen Weltreligionen, Freiburg i. Br. 2002, S. 13 ff.
3 Siehe hierzu Wilfried Röhrich, Egoismus und Gemeinwohl – Aspekte der Politischen Ideengeschichte, in: ders., Herrschaft und Emanzipation. Prolegomena einer kritischen Politikwissenschaft, Berlin 2001, S. 33 ff.
4 Siehe hierzu Robert Kagan, Macht und Ohnmacht. Amerika und Europa in der neuen Weltordnung, Berlin 2003, SS. 7, 37, 45 und 102.
5 Hans Küng, Das Judentum. Die religiöse Situation der Zeit, München 2001, S. 760.
6 Benjamin R. Barber, Imperium der Angst. Die USA und die Neuordnung der Welt, München 2003, S. 110.

I. Das Judentum

1. Die Religion und der jüdische Fundamentalismus
1 Siehe hierzu und zum folgenden Siegfried Herrmann, Israel, in: Iring Fetscher/Herfried Münkler (Hrsg.), Frühe Hochkulturen und europäische Antike, Pipers Handbuch der politischen Ideen (nachf. abgek.: Herrmann, Israel), Bd. 1, S. 169 ff.; und Arnold M. Goldberg, Judentum, in: Emma Brunner-Traut (Hrsg.), Die fünf großen Weltreligionen (nachf. abgek.: Goldberg, Judentum), Freiburg i. Br. 2002, S. 88 ff.
2 Flavius Josephus, Contra Apionem, Bd. 2, S. 165; siehe hierzu auch Hubert Cancik, Theokratie und Priesterherrschaft. Die mosaische Verfassung bei Flavius Josephus, in: Jacob Taubes (Hrsg.), Religionstheorie und politische Theologie, Bd. 3: Theokratie, München 1987, S. 63 ff.

3 Dictionnaire universel, La Haye et Rotterdam 1701, Art. Théocratie; siehe auch B. Gladigow (Hrsg.), Staat und Religion, 1981.

4 Siehe hierzu Herrmann, Israel, S. 169 ff.

5 Siehe hierzu Rudolph Sohm, Kirchenrecht, in: Bindings Großes Systematisches Handbuch der Deutschen Rechtswissenschaft, Abt. 8, München/Leipzig 1923, Bd. 1, S. 26 ff. und Bd. 2, S. 178 ff. und S. 226 ff. Max Weber hat selbst darauf hingewiesen, dass er über Rudolph Sohm zu seinem Charisma-Begriff gelangte.

6 Max Weber, Wirtschaft und Gesellschaft, 1. Hbd., S. 140.

7 Siehe hierzu Abraham Malamat, Charismatische Führung im Buch der Richter, in: Wolfgang Schluchter (Hrsg.), Max Webers Studie über das antike Judentum. Interpretation und Kritik, S. 110 ff.

8 Siehe hierzu Eric Williams (Hrsg.), Studies in the Period of David and Solomon and other Essays, Berlin 1982.

9 Siehe erneut Goldberg, Judentum, S. 88 ff.

10 Das Alte Testament wird hier und im folgenden zitiert nach: Neue Jerusalemer Bibel. Einheitsübersetzung mit dem Kommentar der Jerusalemer Bibel, neu bearbeitete und erweiterte Ausgabe von Alfons Deissler und Anton Vögtle in Verbindung mit Johannes M. Nützel, Freiburg i. Br. 2000. Siehe hierzu und zum folgenden Georg Fohrer, Glaube und Leben im Judentum, Heidelberg 1979, S. 12 ff.

11 Goldberg, Judentum, S. 98.

12 Siehe hierzu Hans-Jochen Gamm, Das Judentum, Frankfurt/New York 1998, S. 36 ff.

13 Siehe hierzu und zum folgenden Klaus Kienzler, Der religiöse Fundamentalismus. Christentum, Judentum, Islam, München 1999, S. 95 ff.

14 Kienzler, Der religiöse Fundamentalismus, S. 109.

15 Kienzler, Der religiöse Fundamentalismus, S. 110.

16 Rabbi Benjamin Minz, zitiert nach: Michael Wolffsohn, Wem gehört das Heilige Land? Die Wurzeln des Streits zwischen Juden und Arabern, München 2002, S. 39.

2. Israel und der Nahost-Konflikt

1 Siehe hierzu und zum folgenden Michael Wolffsohn, Wem gehört das Heilige Land? Die Wurzeln des Streits zwischen Juden und Arabern, München 2002, S. 51 ff.

2 Siehe hierzu auch Michael Wolffsohn und Douglas Bokovoy, Israel. Geschichte, Politik, Gesellschaft, Opladen 1995, S. 15 ff.

3 Der Koran wird hier und im folgenden zitiert nach der 7. verbesserten und im Anhang erweiterten Auflage Al-Muharram 1416 (Mai/Juni 1995), Islamische Bibliothek, Köln 1995.

4 Siehe Bernard Lewis, The Middle East: A Brief History of the Last 2000 Years, New York 1996.

5 Siehe hierzu Friedrich Schreiber/Michael Wolffsohn, Nahost. Geschichte und Struktur des Konflikts, Opladen 1992.

6 Siehe hierzu Gabriel Ben-Dor, State and Conflict in the Middle East. Emergence of the Post-Colonial-State, New York 1983.

7 Siehe hierzu Moshe Zimmermann, Wende in Israel. Zwischen Nation und Religion, Berlin 1997.

8 Siehe hierzu Alan R. Taylor, The Arab Balance of Power, Syracuse 1982.

9 Siehe ergänzend hierzu Robert O. Friedman, Soviet Policy toward the Middle East since 1970, New York 1978.

10 Siehe hierzu erneut Friedrich Schreiber/Michael Wolffsohn, Nahost. Geschichte und Struktur des Konflikts, Opladen 1996, S. 66 ff.

11 Siehe hierzu Bassam Tibi, Konfliktregion Naher Osten. Regionale Eigendynamik und Großmachtinteressen, München 1991, S. 80 ff.

12 Edgar O'Ballance, The Third Arab-Israeli War, London 1972, S. 268; und Michael Hudson, Arab politics. The Search for Legitimacy, New Haven 1979, S. 5.

3. Jerusalem: Das Judentum und der Islam

1 Siehe hierzu und zum folgenden Michael Wolffsohn, Wem gehört das Heilige Land? Die Wurzeln des Streits zwischen Juden und Arabern, München 2002, S. 124 ff.

2 Bernard Lewis, Die Juden in der islamischen Welt, München 1987, S. 165 ff.

3 Siehe hierzu Michael Wolffsohn/Douglas Bokovoy, Israel. Geschichte, Politik, Gesellschaft, Opladen 1995, S. 28 ff.

4 Siehe hierzu Bassam Tibi, Der Islam und das Problem der kulturellen Bewältigung sozialen Wandels, Frankfurt a. M. 1991.

5 Siehe hierzu Hans-Eberhard Meyer, Geschichte der Kreuzzüge, Stuttgart 1989.

6 Siehe hierzu Bassam Tibi, Krieg der Zivilisationen. Politik und Religion zwischen Vernunft und Fundamentalismus, München 1995, S. 291 ff.

II. Das Christentum

1. Die Religion und der christliche Fundamentalismus

1 Friedrich Nietzsche, Der Antichrist. Versuch einer Kritik des Christentums, Kritische Gesamtausgabe VI,3, Berlin 1969, S. 209.

2 Ebd.

3 Friedrich Nietzsche, Der Antichrist, S. 213 f.

4 Siehe hierzu Adolf von Harnack, Lehrbuch der Dogmengeschichte I–III, Tübingen 1931; ders., Das Wesen des Christentums, Gütersloh 1977.

5 Siehe hierzu Matthias Lutz-Bachmann, Hellenisierung des Christentums?, in: Carsten Colpe et al. (Hrsg.), Spätantike und Christentum, Berlin 1992.

6 Siehe hierzu Johann Gustav Droysen, Geschichte des Hellenismus I–III, 1877, hg. v. E. Bayer, 1952; vgl. hierzu J. Busche, Der Begriff Hellenismus als Epochenname, 1970.

7 Siehe hierzu C. Zintzen (Hrsg.), Der Mittelplatonismus, Darmstadt 1981.

8 Siehe Platon, Timaios, insbes. 27c–47e.

9 Matthias Lutz-Bachmann, Hellenisierung des Christentums?, S. 86.

10 Siehe hierzu Friedrich Ricken, Nikäa als Krise des altchristlichen Platonismus, in: B. Welte (Hrsg.), Zur Frühgeschichte der Christologie, Freiburg i. Br. 1970, S. 74 ff.

11 Zitiert nach der Übersetzung bei A. Grillmeier, Jesus der Christus im Glauben der Kirche I, Freiburg i. Br. 1979, S. 364 f.

12 Grillmeier, Jesus der Christus im Glauben der Kirche I, S. 406.

13 Siehe hierzu und zum folgenden Alfred von Harnack, Das Wesen des Christentums, Gütersloh 1977; und: Helmuth von Glasenapp, Die fünf Weltreligionen. Hinduismus, Buddhismus, Chinesischer Universismus, Christentum, Islam, Kreuzlingen/München 2001, S. 339 ff.

14 Siehe hierzu David Flusser, Jesus in Selbstzeugnissen und Bilddokumenten, Reinbek 1984, S. 22 ff.

15 Flavius Josephus, Contra Apionem, Bd. 2, Kap. 3, S. 3.

16 Siehe hierzu J. Ratzinger, Einführung in das Christentum, München 1977; Rudolf Bultmann, Das Urchristentum im Rahmen der antiken Religionen, Zürich 1949; und: Erwin Möde (Hrsg.), 2000 Jahre Christentum und europäische Kultur, Graz/Wien/Köln 1999, S. 21 ff. und S. 85 ff.

17 Siehe hierzu Flusser, Jesus in Selbstzeugnissen, S. 24 ff.

18 Vatikanisches Konzil, zitiert nach Helmuth von Glasenapp, Die fünf Weltreligionen, S. 281. Dieses hervorragende Werk hat auch nachfolgende Passagen angeregt.

19 Siehe hierzu Hans Küng, Christsein, München 1980, S. 137 ff.

20 Siehe hierzu und zum folgenden Klaus Kienzler, Der religiöse Fundamentalismus. Christentum, Judentum, Islam, München 1999, S. 28 ff.

21 W. Gitt, Das Fundament, S. 165; zitiert nach Kienzler, Der religiöse Fundamentalismus, S. 33.

22 Das Reagan-Zitat findet sich in Kienzler, Der religiöse Fundamentalismus (S. 33), ein Buch, das hier allgemein herangezogen wurde.

23 Kienzler, Der religiöse Fundamentalismus, S. 41.

2. Der innerkirchliche Konflikt und die christliche Reformation

1 Während durchgehend die Neue Jerusalemer Bibel. Einheitsübersetzung mit dem Kommentar der Jerusalemer Bibel, neu bearbeitete und erweiterte Ausgabe, herausgegeben von Alfons Deissler und Anton Vögtle in Verbindung mit Johannes M. Nützel, Freiburg i. Br. 2000, herangezogen wird, wird bei der Darlegung Luthers die in den Jahren 1957–1984 überarbeitete Luther-Bibel zitiert (Stuttgart 1985).

2 Martin Luther, zitiert nach Heinrich Lutz, Das Ringen um deutsche Einheit und kirchliche Erneuerung. Von Maximilian I. bis zum Westfälischen Frieden 1490–1648, Berlin/Frankfurt a. M. 1987; siehe hierzu und zum folgenden auch Hanns Lilje, Martin Luther in Selbstzeugnissen und Bilddokumenten, Reinbek 1983; und Luise Schorn-Schütte, Die Reformation. Vorgeschichte, Verlauf, Wirkung, München 1996, S. 12 ff.

3 Luise Schorn-Schütte, Die Reformation, S. 30; siehe auch Heinrich Lutz, Das Ringen um deutsche Einheit, S. 180.

4 Martin Luther, Die 95 Thesen mit Luthers Einladung zur Disputation, 1517, in: ders., Die reformatorischen Grundschriften in vier Bänden, Bd. I: Gottes Werke und Menschenwerke, München 1983 (Lizenzausgabe für die Wissenschaftliche Buchgesellschaft, Darmstadt), S. 15.

5 Luther, Die reformatorischen Grundschriften in vier Bänden, Bd. 1, S. 21.

6 Luther, An den christlichen Adel deutscher Nation von des christlichen Standes Besserung, in: ders., Die reformatorischen Grundschriften in vier Bänden, Bd. 2, S. 65.

7 Luther, Traktat von der christlichen Freiheit, in: ders., Die reformatorischen Grundschriften in vier Bänden, Bd. 4, S. 41.

8 Joseph Bohatec, Calvins Lehre von Staat und Kirche, Aalen 1961, S. 169; siehe hierzu und zum folgenden Udo Bermbach, Widerstandsrecht, Souveränität, Kirche und Staat: Frankreich und Spanien im 16. Jahrhundert, 2. Die Monarchomachen, in: Iring Fetscher/Herfried Münkler (Hrsg.), Pipers Handbuch der politischen Ideen, Bd. 3: Neuzeit: Von den Konfessionskriegen bis zur Aufklärung, München 1985, S. 107 ff.

9 Johannes Calvin, Unterricht in der christlichen Religion (Institutio christianae religionis; übersetzt und bearbeitet von Otto Weber), Neukirchen 1963, Bd. IV, Kap. 20, S. 3.

10 Calvin, Unterricht in der christlichen Religion, Bd. IV, Kap. 21, S. 10.

11 Siehe hierzu Bermbach, Die Monarchomachen, S. 108f.

12 Calvin, Unterricht in der christlichen Religion, Bd. IV, Kap. 20, S. 15.

13 Calvin, Unterricht in der christlichen Religion, Bd. IV, Kap. 21, S. 18.

14 Siehe hierzu und zum folgenden Johannes Wallmann, Kirchenge-schichte Deutschlands seit der Reformation, S. 104ff.

15 Max Weber, Die Wirtschaftsethik der Weltreligionen, in: ders., Gesam-melte Aufsätze zur Religionssoziologie, Tübingen 1986, Bd. 1, S. 252.

16 Siehe hierzu Max Weber, Die protestantische Ethik und der Geist des Kapitalismus, in: ders., Gesammelte Aufsätze zur Religionssoziologie, Tübingen 1986 (im folgenden abgekürzt: Die protestantische Ethik), Bd. 1, S. 32ff.

17 Weber, Die protestantische Ethik, S. 49.

18 Weber, Die protestantische Ethik, S. 74.

19 Weber, Die protestantische Ethik, S. 87f.

20 Siehe hierzu Weber, Die protestantische Ethik, S. 114f.

21 Siehe hierzu Weber, Die protestantische Ethik, S. 115f.

22 Weber, Die protestantische Ethik, S. 192.

23 Weber, Die protestantische Ethik, S. 190.

24 Karl Löwith, Gesammelte Abhandlungen. Zur Kritik der geschicht-lichen Existenz, Stuttgart 1960, S. 64. – Grundlegend hierzu ist: Constanz Seyfarth/Walter M. Sprondel (Hrsg.), Seminar: Religion und gesellschaftliche Entwicklung. Studien zur Protestantismus-Kapita-lismus-These Max Webers, Frankfurt a. M. 1973.

25 Weber, Die protestantische Ethik, S. 205.

26 Weber, Die protestantische Ethik, S. 205.

27 Brief Max Webers an Adolf von Harnack vom 5. 2. 1906; zitiert nach Wolfgang J. Mommsen, Max Weber und die deutsche Politik – 1890–1920, Tübingen 1974, S. 100.

3. Das amerikanische Christentum und die Pluralität der Sekten

1 Norman Mailer im Spiegel-Gespräch «Unsere Religion heißt Ame-rika», in: Der Spiegel vom 19. 5. 2003, S. 152.

2 John Adams, Works, ed. C. F. Adams, 10 Bde., Boston 1850–56 III, S. 452. Wie dieses Zitat finden sich auch einige weitere in dem Beitrag von Gustav H. Blanke, Das amerikanische Sendungsbewusstsein: Zur Kontinuität rhetorischer Grundmuster im öffentlichen Leben der USA, in: Klaus M. Kodalle (Hrsg.), Gott und Politik in USA. Über den Einfluss des Religiösen. Eine Bestandsaufnahme, Frankfurt a. M. 1988.

3 Woodrow Wilson, zitiert nach R. S. Baker und W. E. Dodds (Hrsg.), Presidential Messages, New York 1926, Bd. 2, S. 367.

4 Siehe hierzu Sidney E. Mead, The Nation with the Soul of a Church, in: Church History, 36 (1967), S. 275 ff.

5 Peter Berkley, zitiert nach Karl Dietrich Bracher, Ursprünge des demokratischen Sendungsbewusstseins in Amerika, in: Alois Dempf (Hrsg.), Politische Ordnung und menschliche Existenz, München 1962, S. 32. Siehe hierzu und zum folgenden Jürgen Heideking, Geschichte der USA, Tübingen 2003.

6 Jürgen Heideking, Geschichte der USA, Tübingen 2003, S. 175.

7 John Foster Dulles, Krieg oder Frieden, Wien 1950, S. 262.

8 Adlai Stevenson, zit. in: J. K. Jessup (Hrsg.), The National Purpose, New York 1960, S. 25.

9 Jürgen Heideking, Geschichte der USA, S. 192 f.

10 Alexis de Tocqueville, Über die Demokratie in Amerika (im folgenden zitiert: Tocqueville, Über die Demokratie), München 1976, S. 748.

11 Tocqueville, Über die Demokratie, S. 748.

12 Tocqueville, Über die Demokratie, S. 749.

13 Jürgen Heideking, Geschichte der USA, S. 114.

14 Siehe hierzu Jürgen Heideking, Geschichte der USA, S. 285.

15 Siehe hierzu Jürgen Heideking, Geschichte der USA, S. 284 f.; siehe auch Robert Wuthnow, Der Wandel der religiösen Landschaft in den USA seit dem Zweiten Weltkrieg, Würzburg 1996, S. 110 ff.

16 James Davidson Hunter, Der amerikanische Kulturkrieg, in: Peter L. Berger (Hrsg.), Die Grenzen der Gemeinschaft. Konflikt und Vermittlung in pluralistischen Gesellschaften, Gütersloh 1997, S. 77.

17 Siehe hierzu Dan Cohn-Sherbok, Judentum, Freiburg i. Br. 2000, S. 160 ff.

18 Richard H. Niebuhr, Der Gedanke des Gottesreiches im amerikanischen Christentum, New York 1948, S. 109.

19 Theodore Roosevelt in seiner Botschaft des Präsidenten vom Dezember 1901; zitiert nach: William A. Williams, Die Tragödie der amerikanischen Diplomatie, Frankfurt a. M. 1973, S. 69.

20 Max Weber, Gesammelte Aufsätze zur Religionssoziologie, Bd. 1, Tübingen 1986, S. 190.

21 Zitiert nach Williams, Die Tragödie der amerikanischen Diplomatie, S. 79.

22 Siehe hierzu Martin Riesebrodt, Die amerikanischen Religionen, in: Willi Paul, Die Religionen, Bd. II, Frankfurt a. M. 1992, S. 515 ff.

23 Margarat Thaler Singer, Sekten – wie Menschen ihre Freiheit verlieren und wiedergewinnen können, München 1997, S. 34.

24 Robert Jay Lifton, Terror für die Unsterblichkeit, München 2000, S. 17.

III. Der Islam

1. Die Religion und der Islamismus

1 Siehe hierzu und zum folgenden: Bassam Tibi, Der Islam und das Problem der kulturellen Bewältigung sozialen Wandels (nachfolgend abgekürzt: Tibi, Der Islam), Frankfurt a.M. 1985, insbes. die §§ 1 und 2.

2 Repräsentativ für die islamische Reformtheologie ist vor allem das Werk: Abdullahi Ahmed An-Na'im, Toward an Islamic Reformation. Civil Liberties, Human Rights and International Laws, Syracuse 1990. – Siehe hierzu Dieter Senghaas, Pluralität und Politisierung. Herausforderungen für Kulturen, in: ders., Zivilisierung wider Willen, Frankfurt a.M. 1998, S. 84f.

3 Siehe hierzu Johan Bouman, Gott und Mensch im Koran, Darmstadt 1977.

4 Tibi, Der Islam, S. 44.

5 Siehe hierzu: Jacques Berque, Der Koran neu gelesen, Frankfurt a.M. 1996.

6 Der Koran wird durchgehend zitiert nach der 7. verbesserten und im Anhang erweiterten Auflage Al-Muharram 1416 (Mai/Juni 1995) im IB Verlag Islamische Bibliothek, Köln.

7 Dieter Senghaas, Pluralität und Politisierung, in: ders., Zivilisierung wider Willen, Frankfurt a.M. 1997, S. 74. Diese Interpretation geht auf Bassam Tibi zurück: Der religiöse Fundamentalismus im Übergang zum 21. Jahrhundert, Mannheim 1995. – Siehe hierzu auch: Yousef Yaradhawi, Le licite et illicite en Islam, Paris 1992.

8 Tibi, Der Islam, S. 58.

9 Zur Bestimmung des Islam als eines organischen Religionssystems siehe Bassam Tibi, The Renewed Role of Islam in the Political and Social Development of the Middle East, in: The Middle East Journal, Bd. 37 (1983), S. 4f.

10 Tibi, Der Islam, S. 77.

11 Darüber hinaus existieren im Koran zwei Passagen, in denen das Verb scharia und ein zweites Derivat Scharia enthalten sind. Siehe: Sure 26, Vers 13, und Sure 5, Vers 48, in dem es heißt: «Für jeden von euch haben Wir Richtlinien und eine Laufbahn bestimmt.»

12 Siehe hierzu Albrecht Metzger, Die vielen Gesichter des Islamismus, in: Aus Politik und Zeitgeschichte, B 3–4/2002.

13 Siehe hierzu Bassam Tibi, Kreuzzug und Djihad. Der Islam und die christliche Welt (nachfolgend abgekürzt: Tibi, Kreuzzug und Djihad), München 1999, S. 9.

14 Siehe Bassam Tibi, Die fundamentalistische Herausforderung. Der Islam und die Weltpolitik (nachfolgend abgekürzt: Tibi, Die Herausforderung), S. 17 ff. Die prinzipielle Bedeutung des Begriffs des Djihad kommt in den Worten von Vers 25 der zu Mekka offenbarten Sura Yunus zum Ausdruck: «Und Allah lädt ein zum Haus des Friedens und leitet, wen Er will, zum geraden Weg.» – Zitiert nach der in Anmerkung 6 erwähnten Ausgabe des Korans.

15 Im Koran ist an mehreren Stellen vom Djihad die Rede. So heißt es im Vers 5 der zu Medina offenbarten Sura At-Tauba: «Und wenn die heiligen Monate abgelaufen sind, dann tötet die Götzendiener, wo immer ihr sie findet, und ergreift sie und belagert sie und lauert ihnen aus jedem Hinterhalt auf. Wenn sie aber bereuen und das Gebet verrichten und die Zakāh entrichten, dann gebt ihnen den Weg frei.» In derselben Sure wird festgestellt: «Allah hat von den Gläubigen ihr Leben und ihr Gut für das Paradies erkauft: Sie kämpfen für Allahs Sache, sie töten und werden getötet ...» – Der Koran wurde nach der in Anmerkung 6 genannten Ausgabe zitiert. – Siehe hierzu und zum folgenden: Tibi, Kreuzzug und Djihad, S. 79 ff.

16 Tibi, Kreuzzug und Djihad. S. 85.

17 Katajun Amirpur, Kleiner, großer Djihad, in: Das Parlament vom 18./25. Januar 2002, S. 3.

18 Tibi, Kreuzzug und Djihad, S. 6.

19 Tibi, Die Herausforderung, S. 248.

20 Tibi, Kreuzzug und Djihad., S. 85.

2. Der arabische Nahe Osten und die Länderskizzen Ägypten, Marokko und Saudi-Arabien

1 Siehe hierzu Bassam Tibi, Die fundamentalistische Herausforderung. Der Islam und die Weltpolitik (nachfolgend abgekürzt: Tibi, Die Herausforderung), München 2002, S. 37.

2 «Transplantat ohne Wurzeln. Identitätskrise des Nationalstaates in Ländern der islamischen Zivilisation»: so lautet der Titel des Beitrags von Bassam Tibi in meiner Festschrift: Dieter S. Lutz (Hrsg.), Globalisierung und nationale Souveränität. Festschrift für Wilfried Röhrich, Baden-Baden 2000, S. 319–373.

3 Siehe hierzu Tibi, Transplantat ohne Wurzeln, S. 323 ff.

4 Siehe hierzu Wilfried von Bredow, Abschied vom Westfälischen System? Die Zukunft der internationalen Staatenwelt, in: Dieter S. Lutz (Hrsg.), Globalisierung und nationale Souveränität. Festschrift für Wilfried Röhrich, Baden-Baden 2000, S. 201 ff.

5 Siehe hierzu Michael Hudson, Arab Politics, New Haven 1977, S. 51; siehe hierzu Bassam Tibi, Krieg der Zivilisationen. Politik und Religion zwischen Vernunft und Fundamentalismus, München 1995, S. 85 ff.

6 Tibi, Die Herausforderung, S. 159.

7 Tibi, Die Herausforderung, S. 161.

8 Siehe hierzu und zum folgenden: Bassam Tibi, Der Islam und das Problem der kulturellen Bewältigung sozialen Wandels, Frankfurt a.M. 1985, S. 173 ff.

9 Siehe hierzu erneut: Bassam Tibi, Der Islam und das Problem der kulturellen Bewältigung sozialen Wandels (nachfolgend abgekürzt: Tibi, Der Islam), S. 173 ff.

10 Siehe hierzu: Nazih Ayubi, Politischer Islam. Religion und Politik in der arabischen Welt, Freiburg i. Br. 2002, S. 107 ff.

11 Siehe hierzu Reinhard Bendix, Könige oder Volk. Machtausübung und Herrschaftsmandat, 2 Bde., Frankfurt a. M. 1980, hier Bd. 1, S. 73 ff.; und: Tibi, Der Islam, S. 214 ff.

12 Tibi, Der Islam, S. 218; siehe dazu erneut die Passagen 214 ff. dieses Werkes, und: Maxime Rodinson, Muhammed, Luzern/Frankfurt a. M. 1975.

13 Siehe hierzu Nazih Ayubi, Politischer Islam. Religion und Politik in der arabischen Welt, Freiburg i. Br. 2002, S. 145 ff.

3. Die persisch-schiitische Variante der Re-Politisierung des Sakralen

1 Siehe hierzu und zum folgenden: Bassam Tibi, Der Islam und das Problem der kulturellen Bewältigung sozialen Wandels (im folgenden abgekürzt: Tibi, Der Islam) Frankfurt a.M. 1985, S. 187 ff.

2 Hamid Enayat, Iran: Khumayni's Concept of the Guardianship of the Juriconsult, in: James Piscatori (Hrsg.), Islam and the Political Process, Cambridge 1983, S. 161 und 176.

3 Siehe hierzu Peter Scholl-Latour, Allah ist mit den Standhaften. Begegnungen mit der islamischen Revolution, Stuttgart 1983, S. 93 ff.

4 Tibi, Der Islam, S. 197.

5 Udo Steinbach, Iran – Halbzeit der islamischen Revolution? In: Außenpolitik Bd. 31 (1980), S. 56.

6 Max Weber, Wirtschaft und Gesellschaft, 1. Hbd., Tübingen 1976, S. 140.

7 Max Weber, Wirtschaft und Gesellschaft 2. Hbd., Tübingen 1976, S. 657.

8 Siehe hierzu Bassam Tibi, Fundamentalismus im Islam. Eine Gefahr für den Weltfrieden?, Darmstadt 2000, S. 117–132.

9 Siehe hierzu Udo Steinbach, Der Islam im «Thermidor». Zur Lage des Islam im Nahen Osten, in: Aus Politik und Zeitgeschichte, B 22/90, S. 11 ff.

10 Siehe hierzu: Edward Said, Covering Islam, New York 1981, S. 75 ff.; und: Bassam Tibi, Im Schatten Allahs. Der Islam und die Menschenrechte, München 1994, S. 117.

11 Zu den sozialpsychologischen Aspekten des Martyriums siehe Werner Schmucker, Iranische Märtyrer-Testamente, in: Die Welt des Islam, 27 (1987), S. 185–250.

12 Max Weber, Wirtschaft und Gesellschaft, 1.Hbd., Tübingen 1976, S. 142 f.

13 Siehe hierzu und zum folgenden Silvia Tellenbach, Zur Änderung der Verfassung der Islamischen Republik Iran vom 28. Juli 1989, in: Orient 31/1990.

14 Michael M.J.Fischer, Iran. From Religious Dispute to Revolution, Cambridge/Mass. 1980, S 104.

4. Die türkische Politisierung des Islam und der Kemalismus

1 Siehe hierzu: Bassam Tibi, Aufbruch am Bosporus. Die Türkei zwischen Europa und dem Islamismus (im folgenden abgekürzt: Tibi, Aufbruch am Bosporus), München/Zürich 1998.

2 Tibi, Aufbruch am Bosporus, S. 15.

3 Siehe hierzu: Serif Mardin, Anmerkungen zu normativen Konflikten in der Türkei, in: Peter L.Berger (Hrsg.), Die Grenzen der Gemeinschaft. Konflikt und Vermittlung in pluralistischen Gesellschaften, Gütersloh 1997, S. 355 ff.

4 Serif Mardin, Anmerkungen zu normativen Konflikten in der Türkei, in: Peter L.Berger (Hrsg.), Die Grenzen der Gemeinschaft. Konflikt und Vermittlung in pluralistischen Gesellschaften, Gütersloh 1997, S. 374.

5 Tibi, Aufbruch am Bosporus, S. 86.

IV. Der Hinduismus

1. Die Religion und der Hindu-Fundamentalismus

1 Helmuth von Glasenapp, Die fünf Weltreligionen. Hinduismus, Buddhismus, Chinesischer Universismus, Christentum, Islam, München 2001, S. 15. Siehe dazu auch Ram Adhar Mall, Der Hinduismus. Seine Stellung in der Vielfalt der Religionen, (nachfolgend zitiert: Mall, Der Hinduismus) Darmstadt 1997. – Ein Werk, das allgemein heranzuziehen ist.

2 Mahatma Gandhi, zit. in: R.C. Zachner, Hinduismus, München 1962, S. 180.

3 G. Mensching, Toleranz und Wahrheit in der Religion, Hamburg 1955, S. 81.

4 Mall, Der Hinduismus, S. 5.

5 Mall, Der Hinduismus, S. 7.

6 Rabindranath Tagore, zit. in: G. Mensching, Toleranz und Wahrheit in der Religion, München 1955, S. 178. Siehe hierzu auch: Hinduismus, in: Religionen der Welt. Grundlagen, Entwicklung und Bedeutung in der Gegenwart, München 1996, S. 257 ff.

7 W. Eidlitz, Der Glaube und die heiligen Schriften der Inder, Freiburg 1957, S. 29.

8 Mall, Der Hinduismus, S. 4.

9 Siehe hierzu Konrad Meisig, Shivas Tanz. Der Hinduismus, Freiburg i. Br. 1996, S. 62 f.; siehe hierzu auch Jan Gonda, Die Religion Indiens. I Veda und der ältere Hinduismus, Stuttgart 1960, S. 279 ff.

10 Siehe hierzu R. C. Zachner, Der Hinduismus, Gütersloh 1979.

11 Siehe hierzu R. C. Zachner, Der Hinduismus, Gütersloh 1979; und – zum folgenden – Jan Gonda, Die Religion Indiens. I Veda und der ältere Hinduismus, Stuttgart 1960, S. 279 ff.

12 Das Mahābhārata, hrsg. von B. Roy, Köln 1961, S. 218 (hier zitiert nach: Ram Adhar Mall, Der Hinduismus, S. 83 ff.).

13 Partha Chatterjee, History and Nationalization of Hinduism, in: Social Research, 59/1 (1992), S. 112.

14 Siehe hierzu und zum folgenden Konrad Meisig, Shivas Tanz. Der Hinduismus, Freiburg i. Br. 196, S. ff. und S. 173 ff.

2. Indien und der real existierende Hinduismus

1 Siehe Karve Irawati, Hindu Society. An Interpretation, Poona 1968; Dietmar Rothermund (Hrsg.), Indien. Kultur, Geschichte, Politik, Wirtschaft, Umwelt, München 1995; und André Béteille, Der Konflikt von Werten und Normen in der heutigen indischen Gesellschaft, in: Peter L. Berger (Hrsg.), Die Grenzen der Gemeinschaft. Konflikt und Vermittlung in pluralistischen Gesellschaften, Gütersloh 1997, S. 447 ff.

2 Verfassung der Republik Indien, zitiert nach Yagi Seiichi und Ulrich Lutz (Hrsg.), Gott in Japan. Anstöße zum Gespräch mit japanischen Philosophen, Theologen, Schriftstellern, München 1973, S. 41.

3 Nishida Kitaro, Was liegt dem Selbstsein zugrunde?, in: Yagi Seiichi und Ulrich Lutz (Hrsg.), Gott in Japan, München 1973, S. 97.

4 B. G. Tilak, Kamayoga and Swaraj, in: His Writings and Speaches, Madras 1922, S. 250.

5 Tilak, Gītā Rahāsya, S. 449.

6 Tilak, Gītā Rahāsya, S. 555.

7 Mahatma Gandhi, zitiert nach W. E. Mühlmann, Mahatma Gandhi. Der Mann, sein Werk und seine Wirkung, Tübingen 1950, S. 101.

8 Mahatma Gandhi, Sarvodaya. Wohlfahrt für alle, Bellhausen/Gladenbach 1968, S. 78.

9 Siehe hierzu Shalini Randeria, (Post)koloniale Moderne: Kastensolidarität und Rechtspluralismus in Indien, in: Berliner Debatte Initial, Jg. 14, 2003, S. 4 ff.

10 Mahatma Gandhi, zitiert nach Helmuth von Glasenapp, Indische Geisteswelt. Glaube, Dichtung und Wissenschaft der Hindus, Baden-Baden 1958, S. 314.

11 Dirk Bronger, Kaste und Politik in Indien, in: Werner Draguhn (Hrsg.), Indien 2002. Politik, Wirtschaft, Gesellschaft, Hamburg 2000, S. 107.

12 Max Weber, Wirtschaft und Gesellschaft, 1. Hbd., Tübingen 1982, S. 300.

13 Randeria, (Post)koloniale Moderne, S. 8.

14 Ram Adhar Mall, Der Hinduismus. Seine Stellung in der Vielfalt der Religionen, Darmstadt 1997, S. 4.

15 Siehe Dirk Bronger, Kaste und Politik in Indien, S. 116 f. Siehe auch Clemens Jürgenmeyer und Jakob Rösel, Das Kastensystem – Hinduismus, Dorfstruktur und politische Herrschaft als Rahmenbedingungen der indischen Sozialordnung, in: Werner Draguhn (Hrsg.), Indien 2000, Hamburg 2000, S. 69 ff.

16 The Hindu, zitiert nach B. Imhasly, Indiens Kasten – Soziales Stigma und politische Stütze, in: Neue Zürcher Zeitung vom 18. Juli 1997.

17 Dietmar Rothermund, Geschichte Indiens, München 2002, S. 104.

18 Georg von Simson, Hinduismus, in: Heinz Bechert und Georg von Simson (Hrsg.), Einführung in die Indologie. Stand, Methoden, Aufgaben, Darmstadt 1979, S. 114.

19 Siehe Karve Irawati, Hindu Society: An Interpretation, Poona 1968; und Dietmar Rothermund (Hrsg.), Indien, Kultur, Geschichte, Politik, Wirtschaft, Umwelt, München 1995.

20 Christophe Jaffrelot, Gewalttätige Zusammenstöße zwischen Hindus und Moslems und Versuch einer Gewichtung der kulturellen, wirtschaftlichen und politischen Faktoren, in: Christian Weiß, Tom Weichert et al. (Hrsg.), Religion – Macht – Gewalt. Religiöser ‹Fundamentalismus› und Hindu-Moslem-Konflikte in Südostasien, Frankfurt a. M. 1996, S. 125.

21 Zitiert nach H.A. Gani, Problems of Minorities in Contemporary India, o.O.1987, S. 99.
22 Siehe Christophe Jaffrelot, Gewalttätige Zusammenstöße zwischen Hindus und Moslems, S. 113 f.
23 India Week, 3/9, November 1989, S. 11.

3. Der Kaschmirkonflikt
1 Siehe Dietmar Rothermund, Krisenherd Kaschmir. Der Konflikt der Atommächte Indien und Pakistan, München 2002.
2 Siehe Mushtaqur Rahmann, Devided Kashmir. Old Problems, New Opportunities for India, Pakistan and the Kashmir People, Boulder 1996.
3 Siehe Dietrich Reetz, Optionen für Indien und Pakistan in Kaschmir: Anatomie eines Konfliktes, in: Werner Draguhn (Hrsg.), Indien 2002. Politik – Wirtschaft – Gesellschaft, Hamburg 2000 (nachf. abgekürzt: Reetz, Optionen für Indien), S. 277 ff.
4 Länderevaluation der Schweizerischen Flüchtlingshilfe vom Oktober 2001.
5 Ebd.
6 ai-Journal 3/1996.
7 Ebd.
8 Siehe Reetz, Optionen für Indien, S. 292 f.
9 Siehe Kerstin Zyber, Der Kaschmirkonflikt, in: ai-Journal 7–8/2002.
10 Reetz, Optionen für Indien, S. 311.

V. Der Buddhismus

1. Die Religion und der buddhistische Fundamentalismus

1 Die Vier Edlen Wahrheiten, die das Kernstück von Buddhas Erlösungs-lehre beinhalten, liegen in deutscher Übersetzung in Auswahltexten vor: Klaus Mylius (Hrsg.), Gautama Buddha, Die Vier Edlen Wahrhei-ten. Texte des ursprünglichen Buddhismus, München 1985 (in dieser Textauswahl befinden sich die meisten der hier gebrachten Zitate); siehe hierzu Moritz Winternitz, Der ältere Buddhismus nach Texten des Tripitaka, Tübingen 1929; und Helmuth von Glasenapp (Hrsg.), Der Pfad zur Erleuchtung. Grundtexte der buddhistischen Heilslehre, Düsseldorf 1956.
2 Siehe Maurice de Percheron, Buddha mit Selbstzeugnissen und Bild-dokumenten, Reinbek 1958.
3 Neben der in Anmerkung 1 genannten Textauswahl befinden sich alle hier gebrachten Zitate in: Die Lehrreden des Buddha aus der Angereih-

ten Sammlung Anguttara Nikāya, übers. und hrsg. von Nyanaponika, 5 Bde., Köln 1969.

4 Siehe hierzu Helmuth von Glasenapp, Die Weisheit des Buddha, Baden-Baden 1946, S. 97ff.

5 A. Theodor Khoury, Buddhismus, in: Emma Brunner-Traut, Die fünf großen Weltreligionen. Islam, Judentum, Buddhismus, Hinduismus, Christentum, Freiburg i. Br. 2002, S. 42.

6 Siehe hierzu Gottfried Hierzenberger, Der Glaube der Buddhisten, Limburg-Kevelaer 2003, S. 47ff.

7 Siehe hierzu Edward Conze, Der Buddhismus, Stuttgart 1995 S. 112ff.; und Étienne Lamotte, Der Mahāyāna-Buddhismus, in: Heinz Bechert und Richard Gombrich (Hrsg.), Die Welt des Buddhismus, München 1984, S. 90ff.

8 Siehe hierzu Hans Waldenfels, Absolutes Nichts: Zur Grundlegung des Dialogs zwischen Buddhismus und Christentum, Freiburg i. Br. 1976.

9 Étienne Lamotte, Der Mahāyāna-Buddhismus, S. 93.

2. Der Theravāda-Buddhismus in Süd- und in Südostasien

1 Siehe hierzu Heinz Bechert, Buddhismus. Staat und Gesellschaft in den Ländern des Theravāda-Buddhismus, 3 Bde., Frankfurt a.M. 1966–1973; siehe hierzu auch Michael B. Carrithers, Buddhismus in Sri Lanka, in: Heinz Bechert und Richard Gombrich (hrsg.), Die Welt des Buddhismus, München 1984, S. 133ff.

2 Valpolaä Rahula, History of Buddhism in Ceylon. The Anuradhapura Period, Colombo 1968.

3 François Houtart, Religion and Ideology in Sri Lanka, Colombo 1974.

4 Heinz Bechert, Buddhismus in Birma, S. 150.

5 Siehe hierzu U Ba Swe, The Burmese Revolution, London 1952; siehe hierzu auch: Heinz Bechert und Richard Gombrich (Hrsg.), Die Welt des Buddhismus, München 1984.

6 Siehe hierzu Maung Htim Aung, Folk Elements in Burmese Buddhism, Rangoon 1981.

7 Siehe hierzu Harold Fielding-Hall, The Soul of a People (dt.: Das Lieblingsvolk Buddhas), London 1898.

8 Jane Bunnag, Der Buddhismus in Thailand, Laos und Kambodscha, in: Heinz Bechert/Richard Gombrich (Hrsg.), Der Buddhismus. Geschichte und Gegenwart, München 1984, S. 159ff.

9 Siehe hierzu Jane Bunnag, Der Weg der Mönche und der Weg der Welt. Der Buddhismus in Thailand, Laos und Kambodscha, in: Heinz Bechert/Richard Gombrich (Hrsg.), Der Buddhismus. Geschichte und Gegenwart, München 1984, S. 190–211.

10 Yonco Ishii, Church and State in Thailand, in: Asian Survey, Vol. 8, 1968.

3. Der Mahāyāna-Buddhismus und die neuen religiösen Bewegungen in Japan

1 Siehe hierzu Hans Dettmer, Grundzüge der Geschichte Japans, Darmstadt 1988.

2 Siehe hierzu Saburo Ienaga, Kulturgeschichte Japans (aus dem Japanischen übersetzt und eingeleitet von Karl F. Zahl), München 1990.

3 Siehe hierzu Gustav Mensching, Buddhistische Geisteswelt, Stuttgart 1955.

4 Siehe hierzu John Whitney Hall, Das japanische Kaiserreich, Frankfurt a. M. 1968.

5 Siehe hierzu Claudia Derichs, Japan: Politisches System und politischer Wandel, in: Claudia Derichs und Thomas Heberer (Hrsg.), Einführung in die politischen Systeme Ostasiens, Opladen 2003.

6 Siehe hierzu Seizaburo Sato, Normative Konflikte in Japan, in: Peter L. Berger (Hrsg.), Die Grenzen der Gemeinschaft. Konflikt und Vermittlung in pluralistischen Gesellschaften, Gütersloh 1997, S. 498 ff.

7 Siehe hierzu Edward Conze, Der Buddhismus. Wesen und Entwicklung, Stuttgart 1953, S. 97 ff.

8 Siehe hierzu Iris Wieczorek, Neue religiöse Bewegungen in Japan. Eine empirische Studie zum gesellschaftspolitischen Engagement in der japanischen Bevölkerung, Hamburg 2002, S. 98 ff., S. 126 ff. und S. 144 ff. Passagen der von Iris Wieczorek detailliert unternommenen Erhebungen wurden – in stark gekürzter Form – in die Darstellung aufgenommen.

VI. Der Konfuzianismus

1. Die Philosophie

1 Die Zitate aus Konfuzius' Werk Lun-yu werden durchgehend zitiert nach der von Ralf Moritz übersetzten und herausgegebenen Reclam-Ausgabe: Konfuzius, Gespräche, Stuttgart 1998.

2 Siehe hierzu Helmuth von Glasenapp, Die fünf Weltreligionen. Hinduismus, Buddhismus, Chinesischer Universismus, Christentum, Islam, München 2001, S. 179 ff.

3 Siehe hierzu Ralf Moritz, Die Philosophie im alten China, Berlin 1990; und Xuewu Gu, Konfuzius zur Einführung, Hamburg 2002, S. 40 ff.

4 Xuewu Gu, Konfuzius zur Einführung, S. 42.

5 Zhu Xi, Lun-yu Jizhu (Gesamtkommentar zu Lun-yu); zit. nach
  Xuewu Gu, Konfuzius zur Einführung, S. 42.
6 Moritz, Die Philosophie im alten China, S. 60.
7 Moritz, Nachwort zu dem von ihm übersetzten und herausgegebenen
  Band «Gespräche» (Lun-yu), Reclam-Ausgabe, Stuttgart 1998, S. 194.
8 Siehe hierzu und zum folgenden: Martina Darga, Konfuzius, München
  2001, S. 39f.
9 Martina Darga, Konfuzius, S. 41.

2. Der Konfuzianismus und die Modernisierung Chinas
  1 Siehe hierzu Alfred Forke, Geschichte der alten chinesischen Philo-
    sophie, Hamburg 1964.
  2 Siehe hierzu Wolfgang Ommerborn und Peter Weber-Schäfer, Die
    politischen Ideen des traditionellen China, in: Iring Fetscher und Her-
    fried Münkler (Hrsg.), Pipers Handbuch der politischen Ideen, Bd. 1:
    Frühe Hochkulturen und europäische Antike, München 1988, S. 58ff.
  3 Ku Ying-t'ai, Ming-shih chi-shih pē-mo [Geschichte der Ming-Dynas-
    tie in Einzeldarstellungen], Com. Pr. 1936, S. 82.
  4 Siehe hierzu E. T. C. Werner, China of the Chinese, London 1919.
  5 Siehe hierzu Beate Geist, Die Modernisierung der chinesischen Kultur,
    Hamburg 1996, S. 51ff.
  6 Geist, Die Modernisierung der chinesischen Kultur, S. 54.
  7 Siehe hierzu Oskar Weggel, China im Aufbruch. Konfuzianismus und
    politische Zukunft, München 1997, S. 66ff.

VII. Chancen und Grenzen eines interreligiösen Dialogs

1. Übereinstimmungen und Unterschiede zwischen den Religionen
  1 Die Bibelzitate entstammen auch hier durchwegs der Neuen Jerusale-
    mer Bibel (Einheitsübersetzung mit dem Kommentar der Jerusalemer
    Bibel), Freiburg i. Br. 2000.
  2 Gerd Theißen, Jesus im Judentum. Drei Versuche einer Ortsbe-
    stimmung KuI 14 (1999), S. 94.
  3 Siehe hierzu und zum folgenden Kurt Hübner, Das Christentum im
    Wettstreit der Weltreligionen. Zur Frage der Toleranz, Tübingen 2003,
    S. 82ff.; siehe hierzu und zum folgenden auch Hermann Flotkötter und
    Bernhard Nocke (Hrsg.), Das Judentum – eine Wurzel des Christlichen,
    Würzburg 1990, S. 86ff.; und Walter Groß (Hrsg.), Das Judentum –
    Eine bleibende Herausforderung christlicher Identität, Mainz 2001.
  4 Hübner, Das Christentum, S. 84.

5 Siehe hierzu Shabbir Akhtar, Der Dialog zwischen dem Islam und den Weltreligionen: Die Rolle der spekulativen Philosophie, in: Peter Koslowski (Hrsg.), Philosophischer Dialog der Religionen statt Zusammenstoß der Kulturen im Prozess der Globalisierung, München 2002, S. 43.

6 Der Koran wird hier durchgehend zitiert nach der 7. verbesserten und im Anhang erweiterten Auflage Al-Muharram 1416 (Mai/Juni 1995), IB Verlag Islamische Bibliothek, Köln.

7 Siehe hierzu erneut Akhtar, Der Dialog zwischen Islam und den Weltreligionen, S. 35 f.

8 Siehe hierzu Kurt Hübner, Das Christentum, S. 126.

9 Siehe hierzu Renate Beyer, Interreligiöser Dialog – Schlagwort oder Chance? Christentum, Islam, Buddhismus, Gütersloh 2000, S. 57 f.

10 Reinhart Hummel, Religiöser Pluralismus oder christliches Abendland? Herausforderung an Kirche und Gesellschaft, Darmstadt 1994, S. 129.

11 H. Zirker, Christentum und Islam, München 1994, S. 55 ff.

12 Seyyed Hossein Nasr, Ideals and Realities of Islam, Boston 1972, S. 35.

13 Siehe hierzu Shabbir Akhtar, Der Dialog zwischen dem Islam und den Weltreligionen, S. 43 f.

14 Theo Sundermeier, Die religiöse und politische Herausforderung des Islam (Evangelische Mission, Jahrbuch 1983), S. 38.

15 Reinhart Hummel, Religiöser Pluralismus, S. 133.

16 Siehe Reinhart Hummel, Religiöser Pluralismus, S. 133 f.

17 Ökumenische Überlegungen über ‹Beziehungen zwischen Christen und Muslimen› (III,7), zitiert nach Reinhart Hummel, Religiöser Pluralismus, S. 134.

18 Siehe hierzu Kurt Hübner, Das Christentum im Wettstreit der Weltreligionen, Tübingen 2003, S. 121 ff.

19 Hummel, Religiöser Pluralismus, S. 58.

20 Hübner, Christentum im Wettstreit, S. 123.

2. *Prämissen und Perspektiven eines interreligiösen Dialogs*

2.1. *Das Judentum und das Christentum im Dialog*

1 Siehe hierzu Hans Küng, Das Judentum. Die religiöse Situation der Zeit, München o. J., S. 422 ff.

2 Die Deutschen Bischöfe, Erklärung über das Verhältnis der Kirche zum Judentum vom 28. April 1980, in: Die Kirchen und das Judentum. Dokumente von 1945 bis 1985, herausgegeben von Rolf Rendtorff und H. H. Henrix, Paderborn und München 1988, S. 265.

3 Küng, Judentum, S. 381.

4 Rolf Rendtorff, Christen und Juden heute. Neue Einsichten und neue Aufgaben, Neukirchen 1998, S. 115 ff.
5 Siehe hierzu Küng, Das Judentum, S. 173.
6 Alexander und Margarete Mitscherlich, Die Unfähigkeit zu trauern (1967), München 1980, S. 32.
7 Theodor W. Adorno, Prismen. Kulturkritik und Gesellschaft, in: Gesammelte Schriften (herausgegeben von Rolf Tiedemann), Bd. 10.1, S. 30.
8 Ansprache des Bundespräsidenten Richard von Weizsäcker am 8. Mai 1985 anlässlich des 40. Jahrestages der Beendigung des Zweiten Weltkrieges, in: Ulrich Gill und Winfried Stefani (Hrsg.), Eine Rede und ihre Wirkung, Berlin 1986, S. 179.
9 Ansprache des Bundespräsidenten, S. 180 f.
10 Siehe hierzu Martin Greschat, Die Rolle des Vatikans in der NS-Zeit, in: Hubert Frankemöller (Hrsg.), Christen und Juden gemeinsam ins dritte Jahrtausend, Paderborn 2001, S. 81 ff.

2.2. Das Christentum im Dialog
1 Siehe hierzu Küng, Das Judentum, S. 753 ff.
2 Küng, Christ sein, München 1980, S. 546.
3 Siehe hierzu Bassam Tibi, Die fundamentalistische Herausforderung. Der Islam und die Weltpolitik, München 2002, S. 191 ff.
4 Siehe hierzu Tibi, Die fundamentalistische Herausforderung, S. 186 f.
5 Tibi, Die fundamentalistische Herausforderung, S. 39.
6 Siehe hierzu Bassam Tibi, Kreuzzug und Djihad. Der Islam und die christliche Welt (Taschenbuchausgabe), München 2001, S. 13 ff. und S. 80 ff.
7 Siehe hierzu Bassam Tibi, Kreuzzug und Djihad. Der Islam und die christliche Welt (Taschenbuchausgabe), München 2001, S. 257

2.3. Das amerikanische Christentum und der Islam im Konflikt
1 Siehe hierzu Francis Fukuyama, Das Ende der Geschichte, München 1992.
2 Norman Mailer, Heiliger Krieg: Amerikas Kreuzzug, Reinbek 2003, S. 19.
3 Mailer, Heiliger Krieg, S. 29.
4 Mohssen Massarrat, Der 11. September: Neues Feindbild Islam? Anmerkungen über tief greifende Konfliktstrukturen, in: Aus Politik und Zeitgeschichte, B 3–4, S. 3.
5 Bassam Tibi, Eine neue Welt(un)ordnung?, in: Gewerkschaftliche Monatshefte 52 (2001) Heft 11–12, S. 619 ff.

6 Siehe Mailer, Heiliger Krieg.

7 Siehe hierzu Tibi, Eine neue Welt(un)ordnung?, S. 618.

8 Siehe hierzu Richard Rorty, Der Spiegel der Natur. Eine Kritik der Philosophie, Frankfurt a. M. 1987.

9 Von den zahlreichen Werken Norman Mailers verdient das Buch: Heere aus der Nacht (1968), hervorgehoben zu werden, in dem sich der Autor mit aller Entschiedenheit gegen den Vietnamkrieg wendet.

10 Siehe hierzu Bassam Tibi, der die These der Instrumentalisierung der Palästinafrage vertritt, in: ders., Eine neue Welt(un)ordnung?, in: Gewerkschaftliche Monatshefte 11–12/2001, S. 621.

11 Siehe hierzu Christian Hacke, Der Terrorangriff vom 11. September 2001 und seine Folgen für die amerikanische Außenpolitik, in: Zeitschrift für Politikwissenschaft 1/2003, S. 75 ff.

12 Siehe hierzu Peter Rudolf, Der 11. September. Die Neuorientierung amerikanischer Außenpolitik und der Krieg gegen den Irak, in: Zeitschrift für Politik 3/2003, S. 257 ff.

13 National Security Strategy, S. 15.

14 Siehe hierzu Benjamin R. Barber, Imperium der Angst. Die USA und die Neuordnung der Welt, München 2003, S. 83 ff.

15 Remarks by the President at the 2002 Graduation Exercise of the United States Military Academy, West Point, New York, 1. Juni 2002.

16 Die nicht anders belegten Zitate von Bush finden sich in: Weißes Haus, The National Security Strategy of the United States of America, September 2002.

17 Benjamin R. Barber, Imperium der Angst, S. 63.

18 Siehe hierzu Stanley A. Weiss, Saddam's Regime in Iraq Should Be the Next Tyranny to Fall, in: IHT vom 28. November 2001; und Rudolf, Der 11. September, S. 263 f.

19 Rudolf, Der 11. September, S. 364.

20 Siehe hierzu Wilfried Röhrich, Horizonte einer Weltinnenpolitik, in: Dieter S. Lutz (Hrsg.), Das Undenkbar denken. Festschrift für Egon Bahr zum siebzigsten Geburtstag, Baden-Baden 1992, S. 373 ff.

21 Siehe hierzu und zum folgenden: Dieter Senghaas, Pluralität und Politisierung, in: ders., Zivilisierung wider Willen, Frankfurt a. M. 1997, S. 71 ff.

22 Sadik J. Al-Azm, Is Islam Secularizable?, in: Jahrbuch für Philosophie des Forschungsinstituts für Philosophie Hannover, Bd. 7, Wien 1996, S. 15 ff.

23 Siehe hierzu: Nasr Hamid Abu Zaid, Islam und Politik. Kritik des religiösen Diskurses, Frankfurt a. M. 1999; und: Navid Kermani, Offenbarung als Kommunikation, Frankfurt a. M. 1996.

2.4. Der Hinduismus im Dialog

1 Siehe hierzu Dietmar Rothermund, Krisenherd Kaschmir. Der Konflikt der Atommächte Indien und Pakistan, München 2002, S. 131 ff.
2 Siehe hierzu Dieter Senghaas, Von spiritueller zu moderner Pluralität? Der Hinduismus am Scheideweg, in: ders., Zivilisierung wider Willen, Frankfurt a. M. 2001, S. 110 ff.
3 Siehe hierzu Arvin Sharma, Hinduism for Our Times, Delhi 1996.
4 Sharma, Hinduism for Our Times, S. 46.

2.5. Der Buddhismus und der Konfuzianismus im Dialog

1 Siehe hierzu Heinz Bechert, Buddhismus. Staat und Gesellschaft in den Ländern des Theravāda-Buddhismus, Frankfurt a. M. 1966, vor allem Bd. 1.
2 Klaus Mylius (Hrsg.), Gautama Buddha: Die vier edlen Wahrheiten, München 1994, S. 35.
3 Sulak Sivaraksa, A Buddhist Vision for Renewing Society, Bangkok 1994, S. 337.
4 Siehe hierzu Dieter Senghaas, Nutzt ein Blick zurück? Relevanz der klassischen chinesischen Philosophie für das moderne China, in: ders., Zivilisierung wider Willen, Frankfurt a. M. 2001, S. 50 ff.

Ein Wort zum Schluss

1 Bassam Tibi, Die fundamentalistische Herausforderung. Der Islam und die Weltpolitik, München 2002, S. 242.
2 Benjamin R. Barber, Imperium der Angst. Die USA und die Neuordnung der Welt, München 2003, S. 64.
3 Ebd.
4 Siehe hierzu Bassam Tibi, Der wahre Imam. Der Islam von Mohammed bis zur Gegenwart, München 2001, S. 333 ff.

Literaturhinweise

Amin, S., Die Zukunft des Weltsystems, Hamburg 2000.

An-Na'im, Abdullahi Ahmed, Toward an Islamic Reformation. Civil Liberties, Human Rights and International Laws, Syracuse 1990.

Antes, Peter, Der Islam als politischer Faktor, Hannover 1997.

Aung, Maung Htim, Folk Elements in Burmese Buddhism, Rangoon 1981.

Ayubi, Nazih, Politischer Islam. Religion und Politik in der arabischen Welt, Freiburg i. Br. 2002.

Barber, Benjamin R., Imperium der Angst. Die USA und die Neuordnung der Welt, München 2003.

Bechert, Heinz, Buddhismus. Staat und Gesellschaft in den Ländern des Theravāda-Buddhismus, 3 Bde., Frankfurt a. M. 1966–1973.

Bendix, Reinhard, Könige oder Volk. Machtausübung und Herrschaftsmandat, Bd. 1, Frankfurt a. M. 1980.

Ben-Dor, Gabriel, State and Conflict in the Middle East. Emergence of the Post-Colonial-State, New York 1983.

Berger, Peter L. (Hrsg.), Die Grenzen der Gemeinschaft. Konflikt und Vermittlung in pluralistischen Gesellschaften, Gütersloh 1997.

Bergsdorf, Wolfgang, Über die Macht der Kultur. Kommunikation als Gebot der Politik, Stuttgart 1988.

Berque, Jacques, Der Koran neu gelesen, Frankfurt a. M. 1996.

Bevan, Edwyn, Hellenism and Christianity, London 1921.

Beyer, Renate, Interreligiöser Dialog – Schlagwort oder Chance?, Gütersloh 2000.

Bibel: Neue Jerusalemer Bibel. Einheitsübersetzung. Mit dem Kommentar der Jerusalemer Bibel (neu bearbeitete und erweiterte Ausgabe).

Bohatec, Joseph, Calvins Lehre von Staat und Kirche, Aalen 1961.

Bouman, Johan, Gott und Mensch im Koran, Darmstadt 1977.

Brunner-Traut, Emma, Die fünf großen Weltreligionen. Islam, Judentum, Buddhismus, Hinduismus, Christentum, Freiburg i. Br. 1974.

Buddha, Gautama, Die Vier Edlen Wahrheiten. Die ursprünglichen Texte des Buddhismus (hrsg. von Klaus Mylius), München 1985.

Buddha, Gautama, Lehrreden des Buddha. Angereihte Sammlung Anguttara Nikaya, 5 Bde., Köln 1969.

Bühl, W. L. (Hrsg.), Konflikt und Konfliktstrategie, München 1972.

Bultmann, Rudolf, Das Urchristentum im Rahmen der antiken Religionen, Zürich 1949.

Busche, J., Der Begriff Hellenismus als Epochenname, 1970.

Calvin, Johannes, Unterricht in der christlichen Religion (Institutio christianae religionis), 4 Bde., Neukirchen 1963.

Cohn-Sherbok, Dan, Judentum, Freiburg i. Br. 2000.

Colpe, Carsten et al. (Hrsg.), Spätantike und Christentum, Berlin 1992.

Conze, Edward, Der Buddhismus. Wesen und Entwicklung, Stuttgart 1953.

Czempiel, Ernst-Otto, Kluge Macht. Außenpolitik für das 21. Jahrhundert, München 1999.

Czempiel, Ernst-Otto, Weltpolitik im Umbruch. Die Pax Americana, der Terrorismus und die Zukunft der internationalen Beziehungen, München 2002.

Darga, Martina, Konfuzius, München 2001.

Denzler, Georg, Das Papsttum. Geschichte und Gegenwart, München 1997.

Derichs, Claudia/Heberer, Thomas (Hrsg.), Einführung in die politischen Systeme Ostasiens, Opladen 2003.

Dettmer, Hans, Grundzüge der Geschichte Japans, Darmstadt 1988.

Dictionnaire universel: Théocratie, La Haye et Rotterdam 1701.

Draguhn, Werner (Hrsg.), Indien 2002. Politik, Wirtschaft, Gesellschaft, Hamburg 2000.

Droysen, Johann Gustav, Geschichte des Hellenismus, 3 Bde., 1877.

Dulles, John Foster, Krieg oder Frieden, Wien 1950.

Dumoulin, Heinrich (Hrsg.), Buddhismus der Gegenwart, Freiburg i. Br. 1970.

Eidlitz, W., Der Glaube und die heiligen Schriften der Inder, Freiburg i. Br. 1957.

Elias, Jamal J., Islam, Freiburg i. Br. 2000.

Fetscher, Iring/Münkler, Herfried (Hrsg.), Pipers Handbuch der Politischen Ideen Bd. 1: Frühe Hochkulturen und europäische Antike, München 1988.

Fetscher, Iring/Münkler, Herfried (Hrsg.), Pipers Handbuch der politischen Ideen, Bd. 3: Neuzeit, München 1985.

Fielding-Hall, Harold, The Soul of a People, London 1898.

Fischer, Michael M. J., Iran. From Religious Dispute to Revolution, Cambridge/Mass. 1980.

Flavius Josephus, Contra Apionem, 3 Bde.

Flothkötter, Hermann/Nacke, Bernhard (Hrsg.), Das Judentum – eine Wurzel des Christlichen. Neue Perspektiven des Miteinanders, Würzburg 1990.

Flusser, David, Jesus in Selbstzeugnissen und Bilddokumenten, Reinbek 1984.

Fohrer, Georg, Glaube und Leben im Judentum, Heidelberg 1979.

Forke, Alfred, Geschichte der alten chinesischen Philosophie, Hamburg 1964.

Frankemölle, Hubert (Hrsg.), Christen und Juden gemeinsam ins dritte Jahrtausend, Paderborn 2001.

Friedrich, Norbert/Jähnichen, Traugott (Hrsg.), Gesellschaftspolitische Neuorientierungen des Protestantismus in der Nachkriegszeit, Münster 2002.

Fukuyama, Francis, Der große Aufbruch. Wie unsere Gesellschaft eine neue Ordnung erfindet, Wien 2000.

Fukuyama, Francis, The End of History and the Last Man, New York 1992.

Gamm, Hans-Jochen, Das Judentum, Frankfurt a. M./New York 1998.

Gandhi, Mahatma, Sarvodaya. Wohlfahrt für alle, Bellhausen/Gladenbach 1968.

Geertz, Clifford, Dichte Beschreibung. Beiträge zum Verstehen kultureller Systeme, Frankfurt a. M. 1987.

Geist, Beate, Die Modernisierung der chinesischen Kultur. Kulturdebatte und kultureller Wandel im China der 80er Jahre, Mitteilungen des Instituts für Asienkunde Hamburg, Hamburg 1996.

Glasenapp, Helmuth von, Die fünf Weltreligionen. Hinduismus, Buddhismus, Chinesischer Universismus, Christentum, Islam, München 2001.

Grillmeier, A., Jesus der Christus im Glauben der Kirche, Freiburg i. Br. 1979.

Groß, Walter (Hrsg.), Das Judentum – Eine bleibende Herausforderung christlicher Identität, Mainz 2001.

Gu, Xuewu, Konfuzius zur Einführung, Hamburg 2002.

Gunturu, Vanamali, Hinduismus, Kreuzlingen/München 2002.

Hall, John Whitney, Das japanische Kaiserreich, Frankfurt a. M. 1968.

Harnack, Adolf von, Das Wesen des Christentums, Leipzig 1900.

Harnack, Adolf von, Lehrbuch der Dogmengeschichte, 3 Bde., Tübingen 1931.

Hartmann, Martin, Der Islam. Geschichte, Glaube, Recht, Leipzig 1909 (Reprint).

Hawkins, Bradley K., Buddhismus, Freiburg i. Br. 2000.

Heideking, Jürgen, Geschichte der USA, Tübingen 2003.

Heilmann, Sebastian, Das politische System der Volksrepublik China, Wiesbaden 2002.

Heine, Peter, Terror in Allahs Namen. Extremistische Kräfte im Islam, Freiburg i. Br. 2001.

Hemminger, Hansjörg (Hrsg.), Fundamentalismus in der verweltlichten Kultur, Stuttgart 1991.

Hertzberg, Arthur, Judaismus. Die Grundlagen der jüdischen Religion, Reinbek 1996.

Hesse, Hermann, Siddhartha. Eine indische Dichtung, Frankfurt a. M. 1974.

Hick, John, Gott und seine vielen Namen, Frankfurt a. M. 2001.

Hierzenberger, Gottfried, Der Glaube der Buddhisten, Limburg-Kevelaer 2002.

Hopkins, T. K. et al., World Systems Analysis: Theory and Methodology, 1982.

Horst, P. W. van der, Hellenism – Judaism – Christianity. Essays on Their Interaction, Leuven 1998.

Houtart, François, Religion and Ideology in Sri Lanka, Colombo 1974.

Hübner, Kurt, Das Christentum im Wettstreit der Weltreligionen, Tübingen 2003.

Hudson, Michael, Arab Politics, New Haven 1977.

Hummel, Reinhart, Religiöser Pluralismus oder Christliches Abendland? Herausforderung an Kirche und Gesellschaft, Darmstadt 1994.

Huntington, Samuel P., Kampf der Kulturen. Die Neugestaltung der Weltpolitik im 21. Jahrhundert, München/Wien 1997.

Ieanaga, Saburo, Kulturgeschichte Japans, München 1990.

Irawati, Karve, Hindu Society. An Interpretation, Poona 1968.

Kagan, Robert, Macht und Ohnmacht. Amerika und Europa in der neuen Weltordnung, Berlin 2003.

Kakar, Sudhir, Die Gewalt der Frommen. Zur Psychologie religiöser und ethnischer Konflikte, München 1997.

Kienzler, Klaus, Der religiöse Fundamentalismus. Christentum, Judentum, Islam, München 1999.

Klimkeit, Hans-Joachim, Der politische Hinduismus. Indische Denker zwischen religiöser Reform und politischem Erwachen, Wiesbaden 1981.

Kodalle, Klaus M. (Hrsg.), Gott und Politik in USA. Über den Einfluss des Religiösen, Frankfurt a. M. 1988.

Konfuzius, Gespräche (Lun-yu), übersetzt und hrsg. von Ralf Moritz, Stuttgart 1998.

Koran: Der Koran und seine ungefähre Bedeutung in deutscher Sprache, 7. verbesserte und im Anhang erweiterte Auflage, IB Verlag Islamische Bibliothek, Köln 1995.

Koslowski, Peter (Hrsg.), Philosophischer Dialog der Religionen statt Zusammenstoß der Kulturen im Prozess der Globalisierung, München 2002.

Krysmanski, H.J., Soziologie des Konflikts, Reinbek 1971.

Küng, Hans, Christ sein, München 1980.

Küng, Hans/Ess, Josef van/Stietencron, Heinrich von/Bechert, Heinz, Christentum und Weltreligionen, München 1984.

Küng, Hans, Projekt Weltethos, München 1990.

Küng, Hans, Das Judentum. Die religiöse Situation der Zeit, München 2001 (2. Aufl.)

Lewis, Bernard, Die Juden in der islamischen Welt, München 1987.

Lewis, Bernard, The Middle East: A Brief History of the Last 2000 Years, New York 1996.

Lilje, Hanns, Luther in Selbstzeugnissen und Bilddokumenten, Reinbek 1983.

Link, Werner, Die Neuordnung der Weltpolitik, München 2001.

Löwith, Karl, Gesammelte Abhandlungen. Zur Kritik der geschichtlichen Existenz, Stuttgart 1960.

Ludwig, Ralf, Mohammed. Der Prophet und seine Lehre, München 2002.

Luther, Martin, Die reformatorischen Grundschriften in vier Bänden: Bd. I: Gottes Werke und Menschenwerke; Bd. II: Reform von Theologie, Kirche und Gesellschaft; Bd. III: Die Gefangenschaft der Kirche; Bd. IV: Die Freiheit eines Christen, München 1983 (Lizenzausgabe für die Wissenschaftliche Buchgesellschaft, Darmstadt).

Lutz, Dieter S. (Hrsg.), Globalisierung und nationale Souveränität. Festschrift für Wilfried Röhrich, Baden-Baden 2000.

Lutz, Heinrich, Das Ringen um deutsche Einheit und kirchliche Erneuerung. Von Maximilian I. bis zum Westfälischen Frieden 1490–1648, Berlin/Frankfurt a.M. 1987.

Mall, Ram Adhar, Der Hinduismus. Seine Stellung in der Vielfalt der Religionen, Darmstadt 1997.

Mall, Ram Adhar, Philosophie im Vergleich der Kulturen, Darmstadt 1996.

Marquardt, Manfred (Hrsg.), Theologie in skeptischer Zeit, Stuttgart 1997.

Mehmet, Özay, Fundamentalismus und Nationalstaat. Der Islam und die Moderne, Hamburg 2002.

Meisig, Konrad, Shivas Tanz. Der Hinduismus, Freiburg i.Br. 1996.

Meisig, Konrad, Klang der Stille. Der Buddhismus, Freiburg i.Br. 1997.

Mensching, Gustav, Buddhistische Geisteswelt, Stuttgart 1955.

Mensching, Gustav, Toleranz und Wahrheit in der Religion, Hamburg 1955.

Meyer, Hans-Eberhard, Geschichte der Kreuzzüge, Stuttgart 1989.
Meyer, Thomas, Identitäts-Wahn. Die Politisierung des kulturellen Unterschieds, Berlin 1998.
Möde, Erwin (Hrsg.), 2000 Jahre Christentum und europäische Kultur, Graz/Wien/Köln 1999.
Moritz, Ralf, Die Philosophie im alten China, Berlin 1990.
Mühlmann, W.E., Mahatma Gandhi. Der Mann, sein Werk und seine Wirkung, Tübingen 1950.
Müller, Harald, Amerika schlägt zurück. Die Weltordnung nach dem 11. September, Frankfurt a.M. 2003.
Müller, Harald, Das Zusammenleben der Kulturen. Ein Gegenentwurf zu Huntington, Frankfurt a.M. 1998.
Müller, Sven-Uwe, Konzeptionen der Menschenrechte im China des 20. Jahrhunderts, Hamburg 1997.
Niebuhr, Richard H., Der Gedanke des Gottesreiches im amerikanischen Christentum, New York 1948.
Nietzsche, Friedrich, Der Antichrist. Versuch einer Kritik des Christentums, Kritische Gesamtausgabe, 6 Bde., Berlin 1969.
O'Balance, Edgar, The Third Arab-Israeli War, London 1972.
Osborn, Ronald E., Der Geist des amerikanischen Christentums, Stuttgart 1960.
Pechmann, Ralph/Reppenhagen, Martin (Hrsg.), Zeugnis im Dialog der Religionen und der Postmoderne, Neukirchen-Vluyn 1999.
Percheron, Maurice de, Buddha in Selbstzeugnissen und Bilddokumenten, Reinbek 1958.
Piscatori, James (Hrsg.), Islam and the Political Process, Cambridge 1983.
Pohl, Manfred, Geschichte Japans, München 2002.
Pohl, Manfred, Japan, München 1992.
Pott, Marcel, Allahs falsche Propheten. Die arabische Welt in der Krise, München 2001.
Prätorius, Rainer, In God We Trust. Religion und Politik in den USA, München 2003.
Rahmann, Mushtaqur, Devided Kashmir. Old Problems, New Opportunities for India, Pakistan and the Kashmir People, Boulder 1996.
Rahula, Valpolaä, History of Buddhism in Ceylon. The Anuradhapura Period, Colombo 1968.
Rendtorff, Rolf (Hrsg.), Christen und Juden. Zur Studie des Rates der Evangelischen Kirche in Deutschland, Gütersloh 1989.
Roetz, Heiner, Konfuzius, München 2003.
Röhrich, Wilfried, Herrschaft und Emanzipation. Prolegomena einer kritischen Politikwissenschaft, Berlin 2001.

Röhrich, Wilfried, Die USA und der Rest der Welt, Münster/Hamburg/ London 2002.

Röhrich, Wilfried, Die politischen Systeme der Welt, München 2003.

Rothermund, Dietmar (Hrsg.), Indien. Kultur, Geschichte, Politik, Wirtschaft, Umwelt, München 1995.

Rothermund, Dietmar, Geschichte Indiens. Vom Mittelalter bis zur Gegenwart, München 2002.

Rothermund, Dietmar, Krisenherd Kaschmir. Der Konflikt der Atommächte Indien und Pakistan, München 2002.

Said, Edward, Covering Islam, New York 1981.

Schleichert, Hubert, Klassische chinesische Philosophie. Eine Einführung, Frankfurt a. M. 1980.

Schluchter, Wolfgang (Hrsg.), Max Webers Studie über das antike Judentum. Interpretation und Kritik, Frankfurt a. M. 1981.

Schluchter, Wolfgang (Hrsg.), Max Webers Studie über Konfuzianismus und Taoismus. Interpretation und Kritik, Frankfurt a. M. 1983.

Schluchter, Wolfgang (Hrsg.), Max Webers Studie über Hinduismus und Buddhismus. Interpretation und Kritik, Frankfurt a. M. 1984.

Schluchter, Wolfgang (Hrsg.), Max Webers Sicht des antiken Christentums. Interpretation und Kritik, Frankfurt a. M. 1985.

Schmidt, Georg, Der Dreißigjährige Krieg, München 2002.

Schneider, Ulrich, Der Buddhismus, Darmstadt 1997.

Scholl-Latour, Peter, Allah ist mit den Standhaften. Begegnungen mit der islamischen Revolution, Stuttgart 1983.

Schorn-Schütte, Luise, Die Reformation. Vorgeschichte, Verlauf, Wirkung, München 1996.

Schreiber, Friedrich/Wolffsohn, Michael, Nahost. Geschichte und Struktur des Konflikts, Opladen 1996.

Schreiner, Klaus-H. (Hrsg.), Islam in Asien, Bad Honnef 2001.

Schwandt, Hans-Gerd (Hrsg.), Pluralistische Theologie der Religionen, Frankfurt a. M. 1999.

Schwemer, Ulrich (Hrsg.), Christen und Juden. Dokumente der Annäherung, Gütersloh 1991.

Seiichi, Yagi/Lutz, Ulrich (Hrsg.), Gott in Japan, München 1973.

Senghaas, Dieter, Konfliktformationen im internationalen System, Frankfurt a. M. 1988.

Senghaas, Dieter, Wohin driftet die Welt?, Frankfurt a. M. 1998.

Senghaas, Dieter, Zivilisierung wider Willen, Frankfurt a. M. 1998.

Seyfarth, Constans/Sprondel, Walter M. (Hrsg.), Seminar: Religion und gesellschaftliche Entwicklung. Studien zur Protestantismus-Kapitalismus-These Max Webers, Frankfurt a. M. 1973.

Shattuck, Cybelle, Hinduismus, Freiburg i. Br. 2000.

Speyer, Wolfgang, Frühes Christentum im antiken Strahlungsfeld, Tübingen 1989.

Steinbach, Udo, Geschichte der Türkei, München 2001.

Stroh, Hans, Juden und Christen – schwierige Partner, Stuttgart 1983.

Swe, U Ba, The Burmese Revolution, London 1952.

Taubes, Jacob (Hrsg.), Religionstheorie und Politische Theologie, Bd. 3: Theokratie, München/Paderborn 1987.

Taylor, Alan R., The Arab Balance of Power, Syracuse 1982.

Tibi, Bassam, Der Islam und das Problem der kulturellen Bewältigung sozialen Wandels, Frankfurt a. M. 1985.

Tibi, Bassam, Im Schatten Allahs. Der Islam und die Menschenrechte, München 1994.

Tibi, Bassam, Krieg der Zivilisationen. Politik und Religion zwischen Vernunft und Fundamentalismus, München 1995.

Tibi, Bassam, Aufbruch am Bosporus. Die Türkei zwischen Europa und dem Islamismus, München/Zürich 1998.

Tibi, Bassam, Europa ohne Identität? Die Krise der multikulturellen Gesellschaft, München 1998.

Tibi, Bassam, Kreuzzug und Djihad. Der Islam und die christliche Welt, München 1999.

Tibi, Bassam, Der wahre Imam, München 2001.

Tibi, Bassam, Die fundamentalistische Herausforderung. Der Islam und die Weltpolitik, München 2002.

Tibi, Bassam, Islamische Zuwanderung. Die gescheiterte Integration, Stuttgart/München 2002.

Tilak, B. G., His Writings and Speaches, Madras 1922.

Tocqueville, Alexis de, Über die Demokratie in Amerika, München 1976.

Todd, Emmanuel, Weltmacht USA. Ein Nachruf, München 2002.

Tworuschka, Monika und Udo (Hrsg.), Religionen der Welt. Grundlagen, Entwicklung und Bedeutung in der Gegenwart, München 1996.

Waldenfels, Hans, Absolutes Nichts. Zur Grundlegung des Dialogs zwischen Buddhismus und Christentum, Freiburg i. Br. 1976.

Wallmann, Johannes, Kirchengeschichte Deutschlands seit der Reformation, Tübingen 2000.

Weber, Max, Gesammelte Aufsätze zur Religionssoziologie, 3 Bände, Tübingen 1988.

Weber, Max, Wirtschaft und Gesellschaft, 2 Bde. und ein Zusatzband, Tübingen 1988.

Weggel, Oskar, China im Aufbruch. Konfuzianismus und politische Zukunft, München 1997.

Weggel, Oskar, Die Asiaten, München 1989.

Weiß, Christian/Weichert, Tom/Hust, Evelin/Fischer-Tiné, Harald (Hrsg.), Religion – Macht – Gewalt. Religiöser ‹Fundamentalismus› und Hindu-Moslem-Konflikte in Südasien, Frankfurt a. M. 1996.

Weizsäcker, Richard von, im Gespräch mit Gunter Hofmann und Werner A. Perger, Eichborn 1992.

Welte, B. (Hrsg.), Zur Frühgeschichte der Christologie, Freiburg i. Br. 1970.

Wieczorek, Iris, Neue religiöse Bewegungen in Japan. Eine empirische Studie zum gesellschaftspolitischen Engagement in der japanischen Bevölkerung, in: Mitteilungen des Instituts für Asienkunde Hamburg, Hamburg 2002.

Williams, Eric (Hrsg.), Studies in the Period of David and Solomon and other Essays, Berlin 1982.

Williams, William A., Die Tragödie der amerikanischen Diplomatie, Frankfurt a. M. 1973.

Wilson, Brian, Christentum, Freiburg i. Br. 2000.

Winternitz, Moritz, Der ältere Buddhismus nach Texten des Tripitaka, Tübingen 1929.

Wolffsohn, Wem gehört das Heilige Land? Die Wurzeln des Streits zwischen Juden und Arabern, München 2002.

Wolffsohn, Michael/Bokovoy, Douglas, Israel. Geschichte, Wirtschaft, Gesellschaft, Politik, Opladen 1995.

Wuthnow, Robert, Der Wandel der religiösen Landschaft in den USA seit dem Zweiten Weltkrieg, Würzburg 1996.

Zimmer, Heinrich, Philosophie und Religion Indiens, Frankfurt a. M. 1973.

Zimmermann, Moshe, Wende in Israel. Zwischen Nation und Religion, Berlin 1997.

Zintzen, C. (Hrsg.), Der Mittelplatonismus, Darmstadt 1981.

Sachregister